Het pauperparadijs

Suzanna Jansen

Het pauperparadijs

Een familiegeschiedenis

UITGEVERIJ BALANS

Deze publicatie werd mede mogelijk gemaakt door een subsidie van het
Fonds Bijzondere Journalistieke Projecten te Amsterdam
(www.fondsbjp.nl).

Eerste druk, januari 2008
Tweede t/m vierde druk, februari 2008
Vijfde en zesde druk, maart 2008
Zevende druk, april 2008
Achtste druk, mei 2008
Negende druk, juni 2008
Tiende druk, juli 2008
Elfde druk, augustus 2008
Twaalfde druk, september 2008

Copyright © 2008 Suzanna Jansen / Uitgeverij Balans, Amsterdam

Alle rechten voorbehouden.

Omslagontwerp Nico Richter
Omslagfoto Morey / Getty Images
Foto auteur Rop Zoutberg
Boekverzorging Studio Cursief
Druk Giethoorn, Meppel

ISBN 978 90 5018 821 0
NUR 320

www.uitgeverijbalans.nl
www.suzannajansen.nl

Mixed Sources
Productgroep uit goed beheerde bossen
en andere gecontroleerde bronnen.
www.fsc.org Cert no. CU-COC-803902
© 1996 Forest Stewardship Council

Uitgeverij Balans stelt alles in het werk om op milieuvriendelijke
en duurzame wijze met natuurlijke bronnen om te gaan. Bij de productie
van dit boek is gebruikgemaakt van papier dat het keurmerk van de Forest
Stewardship Council (FSC) mag dragen. Bij dit papier is het zeker
dat de productie niet tot bosvernietiging heeft geleid.

Inhoud

'We zijn niet dom, alleen maar arm. (...)
Dat is altijd door elkaar gehaald.'
Orhan Pamuk in *Sneeuw*

STAMBOOM

Tobias Braxhoofden + Christina Maria Koenen
(1785-1844)   (1789-1874)

Cato Braxhoofden + Teunis Gijben
(1814-1880)   (1812-1856)

Helena Gijben + Harmen Keijzer
(1856-1934)   (1852-1911)

Roza Keijzer + Wouter Dingemans
(1891-1967)   (1893-1976)

Elisabeth Dingemans + Chris Jansen
(1922)   (1921)

Suzanna Jansen
(1964)

NORG (BIJ ASSEN)

1 Het bidprentje

Het was op een zondag na de kerk dat ze onverwacht vader zagen lopen. Met onzekere tred kwam hij op het huis af, alsof hij bij elke stap aarzelde. Wie hem het eerste had gezien, viel zeventig jaar later niet meer te achterhalen, maar de schrik had zich in ieders geheugen vastgezet. Moeder was net op tijd bij de voordeur om het slot erop te doen. Met een paniekerige stem sommeerde ze de kinderen zich te verstoppen. De groten kropen onder de tafel en trokken de kleintjes mee, de jongens doken samen achter de leunstoel.

Het was windstil, de halmen op de dijk bewogen niet. Bij de ingang van de kerk stond de pastoor nog na te praten met een parochiaan. Ergens achter het huis, door de schuttingen en schuurtjes van de binnentuin heen, klonk het gehuil van een baby. Elisabeth hield vanachter de vingerplant de situatie in de gaten.

'Hallo allemaal,' riep vader van buiten. Hij probeerde een opgewekte toon, maar zelfs vanuit hun verschansing konden de kinderen horen hoe zijn stem trilde. Met een hand boven de ogen tuurde hij door het raam naar binnen. Moeder prevelde een schietgebedje, haar blik strak gericht op de afbeelding van Onze Lieve Vrouw van Altijddurende Bijstand, die boven de schoorsteenmantel hing. De Maagd met het kindje Jezus dat bijna zijn schoentje verloor, bood haar houvast. De kinderen waren muisstil. Natuurlijk had vader ze gezien, het huis was niet zo groot dat je er zeven broertjes en zusjes en een moeder in kon laten verdwijnen.

De splinternieuwe modelwijk waarin ze woonden, was net een dorp, al heette het Amsterdam. Elk gezin had een eigen rijtjeshuis in plaats van zo'n vochtige eenkamerwoning als in de binnenstad. Maar de crisis van de jaren dertig had veel vaders werkloos gemaakt, wat spanning bracht in bijna ieder gezin. Het was onmogelijk hier een ruzie te verbergen. Daarom keek Elisabeth of de buren niet ergens de vitrages opzij schoven.

Vader zwaaide met een pakje voor het raam. 'Ik heb iets meegenomen,' riep hij.

De kinderen verroerden zich nog altijd niet. Ze zagen hoe hij van die gekke bekken trok waar ze vroeger altijd om moesten lachen, maar nu lachte er niemand. Toen vader begreep dat er geen reactie zou komen, liep hij naar de voordeur en schoof het cadeautje door de brievenbus naar binnen. Met een sprong schoot Lenie, de oudste, onder de tafel vandaan. Eerst probeerde ze het pakje terug te duwen, toen dat niet lukte, griste ze het uit de bus en smeet het met een verbeten gezicht op de grond. De jongste, een kleuter nog, begon zacht te snikken.

Het was niet voor niets dat de pastoor moeder had aangemoedigd om vader uit huis te doen. Hoe goedhartig hij ook was, en hoe gezellig het kon zijn als hij op bijzondere dagen met veel theater sinaasappels ging 'toveren', vader viel thuis niet te handhaven. Te vaak had moeder hem gesmeekt uit het café weg te blijven, maar hij hield niet op het huishoudgeld te verdrinken.

Ineens werd er gerammeld aan de achterdeur. Vader was omgelopen om te zien of hij via de keuken het huis in kon.

'Naar boven,' gebood moeder. Er klonk een zachte tik. Bonkend stormden de kinderen de trap op. Toos scheerde langs de staande lamp, hun mooiste, die goddank net niet omviel. Moeder keek achterom de kamer in, alsof ze de hele toestand in één blik probeerde te overzien. Ze was er altijd op gespitst dat het huis aan kant was. Wat er ook gebeurde: niemand mocht iets op hen aan te merken hebben. Overdag poetste ze de kantoren van de notabelen, 's avonds deed ze haar eigen huishouden. De kleren van de kinderen moesten regelmatig uitgelegd of versteld, vooral de jurken en broeken die ze van de parochie kreeg; met wat moeite viel best te verhullen dat het om afdragertjes ging. Al waren ze in de straat niet de enigen die gebrek leden, toch wilde moeder per se niet dat de buren van hun misère wisten. Ze wilde niet worden aangezien voor iemand uit de onderklasse. Het was onduidelijk waarom, maar moeder vond dat haar gezin beter verdiende, of liever: beter wás dan de arbeidersgezinnen om hen heen.

Dat ze 'juffrouw' werd genoemd, zoals alle vrouwen van de mindere stand, dat trof haar als een pijnlijk onrecht. Soms zei ze tegen de kinderen dat die een andere straat moesten noemen als hun werd gevraagd waar ze woonden. Zonder het uit te spreken, gaf ze hun het gevoel dat ze alleen door toeval zo krap zaten, dat het eigenlijk niet klopte, en daar hielden ze zich allemaal aan vast.

Vader had een ruitje uit de achterdeur getild, voorzichtig, om het niet te breken, en nu liep hij de trap op naar zolder. De kinderen schoven naar de verste hoek van de bedden. In gelukkiger tijden was hij hier achter hen aangekropen alsof hij een spin was, en dan zei moeder lachend dat ze de dekens straks wel weer recht moesten trekken.

'Wie komt me een zoen geven?' Vader stak zijn hoofd door het trapgat en deed zijn best jolig te klinken.

Elisabeth, Toos en Lenie, de drie groten, hielden elkaar vast, of misschien hielden ze elkaar wel tegen, uit vrees dat één van hen voor zijn smeekbede zou bezwijken. Ze moesten loyaal blijven aan moeder, dat kon nu eenmaal niet anders. Met zijn afhangende schouders en zijn treurige ogen leek vader op een schooljongen die door de rest van de klas wordt gemeden.

'Je moet ons met rust laten,' riep moeder wanhopig.

Hulpeloos keek vader haar aan. Een paar tellen, het leek wel een minuut, gebeurde er niets. Toen draaide hij zich om en vertrok.

Zeventig jaar later is dit een herinnering die Elisabeth nog altijd liever vergeet. Ze spreekt zelden over haar jeugd. Het is of de beelden uit haar kindertijd afgezonken liggen in de zoutkoepels van haar geheugen. Slechts sporadisch had ik er een glimp van opgevangen. Eens vertelde ze me over de verlammende angst die ze had gevoeld als jong meisje, dat ze betrapt zou worden in de afgedragen jurk van een klasgenoot: dan zou iedereen weten dat ze thuis afhankelijk waren van de liefdadigheid. Toen ik doorvroeg, kapte ze het gesprek af.

'Ach nee,' had ze gezegd, met haar handen als een afwerend scherm voor zich, 'laten we het er niet meer over hebben.'

Elisabeth is mijn moeder. Ze is inmiddels de tachtig gepasseerd, toch zijn de littekens van haar jeugd niet verdwenen. Je kunt merken dat ze zich nog altijd schaamt voor haar achtergrond. Ze reageert steevast fel in gesprekken over onrechtvaardigheid of over mensen met geld – voor haar zo ongeveer synoniem. Ik had me er al bij neergelegd dat ik nooit precies zou weten wat daar allemaal achter stak, maar dat veranderde vanaf het moment dat ik op een zondagmiddag mijn ouders hielp bij het opruimen van de zolder. Rommelend in een doos vol documenten viel mijn oog op een gevouwen vloeipapiertje. Er bleek een bidprentje in te zitten met een naam die ik nooit eerder had gehoord. Op de voorkant stond in zwart-wit een Christus-met-doornenkroon. Het kaartje was gedrukt door de firma Kersjes, Hartenstraat 22 te Amsterdam.

Bid voor de ziel van zaliger Helena Gijben, weduwe van Harmen Keijzer. Geboren te Norg (bij Assen), den 9 Juni 1856, overleden te Amsterdam den 8 December 1934, voorzien van de H.H. Sacramenten der Stervenden.

De achterzijde vermeldde geen nadere details over de overledene, maar de keuze van de tekst gaf wel een idee:

'De hooge jaren zijn eene eerekroon, als zij gevonden worden op den weg der gerechtigheid.'

(Helena Gijben was 78 jaar geworden.)

'Haar leven ging voorbij in eenvoudigen, oprechten en welgemeenden dienst van God.'

('Eenvoudig', dat moest vast 'armoedig' betekenen.)

'O zoete, o veilige dood, die door Maria's Naam beschermd wordt.'

(Was het leven haar zo zwaar gevallen?)

Ik liet mijn moeder het prentje zien. 'Dat was mijn opoe,' zei ze. 'Jouw overgrootmoeder. Ze woonde aan de Lauriergracht in een halve woning.' Met haar hand streek ze over het kaartje. 'Ik geloof dat ze Helena werd genoemd, of Leentje, maar voor ons was het gewoon opoe.'

Mijn moeder herinnerde zich dat ze als kind bij opoe thuis nooit mocht spelen. Opoe huurde samen met haar volwassen dochter een voorkamer met alkoof van ene juffrouw Knaven, die zelf de achterkamer bewoonde. 'Als we op bezoek kwamen, was opoe altijd bang dat we juffrouw Knaven zouden storen, want dan kon die haar de huur opzeggen.' Erg liefdevol was opoe in haar ogen niet geweest. Eerder somber en streng. 'Heel gelovig ook. Ze had zo'n zelfde afbeelding van de heilige maagd aan de muur als bij ons thuis. Wij lachten wel eens om dat schoentje dat altijd maar aan dat babyvoetje bleef bungelen, en nooit eens viel, maar opoe kon dat niet waarderen.' Met onverwacht gemak, alsof mijn moeder had zitten wachten op zo'n herinnering waar geen schaamte aan kleefde, begon ze te vertellen over de zondagen uit haar jeugd, wanneer ze met haar moeder bij opoe op bezoek ging. Met z'n allen liepen ze van huis naar de pont, en vandaar verder de Jordaan in. De kinderen renden vooruit en verstopten zich in de portieken, de jongens trokken hun zusjes aan de strikken. Terloops zei mijn moeder dat opoe Helena was getekend door een groot ongeluk. 'Dat arme mens is als meisje verliefd geraakt op een katholiek, terwijl ze zelf protestant was. Ze moest zijn geloof aannemen, en toen werd ze door haar familie verstoten en onterfd.' Zo had mijn moeder het althans van haar moeder gehoord. Helena raakte erdoor geïsoleerd, haar nieuwe geloof werd haar houvast.

Onterfd. Dat woord klonk als de sleutel tot een nog niet benoemd raadsel. Het betekende dat er een erfenis was geweest, anders kon je die niet verspelen. Helena Gijben had dus niet afhankelijk hoeven zijn van de gunsten van juffrouw Knaven, dat kwam alleen doordat ze een verkeerde geliefde had gekozen. Kennelijk was er een óórzaak voor haar armoede en die van haar nazaten. Er schoot me iets te binnen wat Toos, mijn tante, ooit had gezegd. Destijds had ik het opgevat als een grap, nu leek het ineens betekenis te krijgen.

'We speelden soms dat we van adel waren. Van adel, wij, terwijl we niet eens onze eigen kleren konden kopen.' Toos en haar zusjes waren op dit idee gekomen omdat moeder eens een vreemde naam had genoemd. 'Braxhoofden,' zei Toos. 'Zo'n dure naam. Zo heet een gewone familie toch niet?' Het was een mooi spel geweest, compleet met opgeheven pinken en een aardappel in de keel. 'Die naam hoorde op de een of andere manier bij ons. Hoe? Ik heb geen idee.'

Helena op het bidprentje heette geen Braxhoofden, maar de verhalen van mijn moeder en die van Toos sloten wel op elkaar aan. Helena was kennelijk van betere komaf en had haar erfenis verloren toen ze haar hart schonk aan een katholiek. Over die geliefde, Harmen Keijzer op het bidprentje, kon mijn moeder niets zeggen. Ze kende geen geboortedatum en wist niet waar hij vandaan kwam. Ze had alleen gehoord dat hij al jong zijn ouders had verloren en in een weeshuis was opgeleid tot schoenmaker.

In mijn gedachten ontvouwde zich een drama van het soort waar negentiende-eeuwse romans op werden gebouwd: Helena, op de trappen van een landhuis in Norg (bij Assen), die ziet hoe haar vader de lokale schoenlapper – haar onmogelijke liefde – wegstuurt. Ze besluit ter plekke kerk en familie te trotseren en rent hem achterna, en dan is de deur thuis voorgoed gesloten. Zoiets.

Jammer alleen dat zulke liefdesgeschiedenissen in werkelijkheid wat minder sprookjesachtig verliepen. Het huwelijk tussen Helena en Harmen was niet per se gelukkig geweest. Toen ik navraag ging doen, bleken er wat vage verhalen in de familie te bestaan, waarvan niemand precies wist wat ervan klopte. Harmen zou de gewoonte hebben gehad om er af en toe vandoor te gaan zonder iets te zeggen. Dan zat hij ineens in Indië en duurde het jaren voor hij terugkeerde. Wat hij daar deed en waarom hij zo schielijk vertrok was onduidelijk. Maar Helena zou er niet om hebben getreurd: zodra ze merkte dat haar man was verdwenen, borg ze zijn kopje in de servieskast en ging over tot de orde van de dag.

Haar romantische keuze voor een gewone ambachtsman en een katholiek bovendien had haar uit haar geboortedorp verbannen en op een halve woning in de Amsterdamse Jordaan doen belanden. Haar dochter en haar kleinkinderen hadden niet op haar erfenis kunnen rekenen, en waren afhankelijk geraakt van het armenfonds van de pastoor. De echo van die armoede had zelfs voor ons – achterkleinkinderen – nog doorgeklonken. Niet letterlijk, wel mentaal. Complimenteerde je bij ons iemand met een mooie bloes of broek, dan begon diegene zich als in een reflex meteen te verontschuldigen.

'Ja leuk hè? Het was uitverkoop, hoor.'

Zo'n opmerking kwam niet voort uit Hollandse zuinigheid, daarvoor was zij te oprecht omkleed met schuldgevoel. Het was een vorm van rekenschap afleggen, omdat je wist dat je eigenlijk geen aanspraak kon maken op luxe. Dat gevoel bleef bij ons hardnekkig op de achtergrond meespelen, zelfs al was daar allang geen aanleiding meer voor.

Ik had me wel eens afgevraagd of dit was waarom dubbeltjes maar geen kwartjes wilden worden: dat onbewuste gevoel, van generatie op generatie overgedragen, dat maakte dat je anders, bijna verkrampt, met geld omging. Of, wat daarbij hoorde: dat je vanzelfsprekend aannam dat de wereld minder van jou was dan van een ander.

Norg, het dorp dat op het bidprentje uit 1934 nog de toevoeging 'bij Assen' behoefde, blijkt anno 2003 een eigen website te hebben. Op www.norg.nl wordt een Anton Pieck-achtig dorp aanbevolen, 'ideaal voor de rust- en natuurliefhebber'. De homepage toont boerenstulpjes langs een zandpad, die nadrukkelijk eeuwenlang onveranderd zijn gebleven. Je kunt online vakantiebungalows boeken, standaard inbegrepen met een set toerfietsen.

Sneldienst 116 vertrekt eens per uur van het stationsplein in Assen. Op de halte staan een paar scholieren een zakje Hamka's te eten, verderop een jonge vrouw met een kinderwagen die zich zichtbaar afzijdig houdt. Ze zegt tegen de chauffeur dat ze naar 'Norgerhaven' moet. Ook ik vraag of hij me wil waarschuwen bij mijn bestemming, want ik ben in deze streek niet bekend.

Terwijl de bus optrekt, slaapt de baby in de kinderwagen rustig door. De moeder stift haar lippen in hetzelfde bloedrood als de roos die net boven haar decolleté is getatoeëerd. Ze werpt een blik op het kind en begint te sms'en. We verlaten Assen langs een kazerneterrein waar soldaten de ganzenpas oefenen. De stadsrand is als overal: een McDonalds, een kantorenpark, een vinexwijk in aanbouw. Daarna begint de leegte. Ik zie landelijkheid en rechte kanalen. Na elke brug die we oversteken, rijden we langs een smallere vaart, tot het niet meer is dan een eendensloot. Ik had gelezen dat het hier tot diep in de twintigste eeuw 'Hollands Siberië' werd genoemd, zo ver lag het van de beschaafde wereld. Ik was benieuwd naar het huis waar zich het drama van mijn overgrootmoeder had afgespeeld, en waaruit ze was verstoten. Wie weet viel er nog iets van de feiten te achterhalen. Als er in Norg nog nazaten woonden van het gezin dat haar had onterfd, was het misschien zelfs mogelijk om te zien hoe haar leven – en het onze – in theorie had kunnen verlopen.

Tegenwoordig hebben ANWB-borden en fietspaddenstoelen Drenthe ontsloten. Norg is rechtdoor, nog vijf km, maar bus 116 zwenkt abrupt naar links; de kinderwagen kiepert net niet om. Ik heb een kopie bij me uit het bevolkingsregister van Norg van 9 juni 1856, de geboortedag van Helena Gijben. De informatie die ik eerder bij het gemeentearchief had opgevraagd, heeft me verrast. In plaats van gegevens over het ouderlijk huis van mijn overgrootmoeder onthullen de summiere regels uit het register een compleet andere geschiedenis. Volgens het document heette haar vader Anthonie Johannes Gijben, hij was van beroep 'kolonist'. Haar moeder – 'zonder beroep' – was Catharina Petronella Braxhoofden. (Die naam bestond dus echt!) Maar onder het kopje geboorteplaats stond geen 'Norg'. In een gelijkmatig handschrift was genoteerd: 'Veenhuizen, het Derde Gesticht'.

De bus is ruim een kwartier onderweg en heeft nog nergens hoeven stoppen. We rijden langs een sloot die Kolonievaart heet. Over het water moet een uniek natuurgebied liggen waar sinds kort de kraanvogel weer broedt, gesponsord door de Postcodeloterij. Als de bus begint te vertragen, doemen er uit het niets een paar robuuste gebouwen op.

'Strafinrichting Norgerhaven, museum Veenhuizen,' kondigt de chauffeur aan.

Er was in Helena's bidprentje geen fout geslopen: mijn overgrootmoeder wás ter wereld gekomen in Norg, maar binnen die gemeente lagen destijds ook de gestichten van de bedelaarskolonie Veenhuizen.

Mijn moeder had aangedaan gereageerd op deze informatie. Ze was minstens zo verbaasd als ik: ze had wel van Veenhuizen gehoord, dat was een beruchte plek, ze wist alleen niets van een verband met haar opoe. Wat haar betreft was Veenhuizen vroeger een opbergplaats voor onaangepaste lieden, uitschot dat nergens anders nog gewenst was. Ze werden er voor straf opgesloten omdat ze in de maatschappij alleen maar overlast veroorzaakten.

'Nee toch,' zei ze geschrokken. 'Dat zal toch niet.' Waarom had haar moeder daar nooit iets over verteld? In plaats van een wreed onterfde bruid bleek Helena nu ineens de dochter van een lastige bedelaar te zijn. Tenminste, als dát al klopte, want in één klap waren alle feiten onzeker. Waar zou ze de katholieke Harmen hebben ontmoet en hoe zat het met dat erfenisverhaal? Wat betekende de naam Braxhoofden? Wat moest ik me eigenlijk voorstellen bij een bedelaarskolonie? Ik kreeg het idee dat ik was gestuit op iets wat verborgen had moeten blijven.

De bus houdt stil bij een groot terrein met prikkeldraadhekken waarachter zich een van de vijf gevangenissen van het huidige Veenhuizen bevindt. Wie er naar binnen wil, moet bij een bord met pijlen eerst beslissen of hij 'bezoeker' is, 'leverancier' of 'overig'. Achter elk hek staat weer een ander: de moderne gevangenis wordt bewaakt door open ruimten tussen de afrasteringen die je kennelijk niet ongemerkt kunt oversteken. In het midden staat een kil gebouw, beton, glas, tralies. Er valt geen mens te bespeuren. Buiten de hekken genieten sportief geklede senioren op fietsen met versnellingen van het landschap.

De jonge moeder en ik zijn de enigen die de bus verlaten. De baby slaapt nog, zijn Nike-slofjes bungelen aan zijn voetjes. Ze komen uit Vlissingen, vertelt de moeder terwijl ik haar met de kinderwagen het trapje af help. Ze zijn al de hele ochtend onderweg. De bus is gestopt voor een huis met in hoofdletters op de gevel 'WERK EN BID.', op een ander pand staat 'ORDE EN TUCHT.'.

'Zoek je de weg?' vraagt de vrouw.

'Nee, nee,' zeg ik, een beetje ongemakkelijk, 'ik kijk wat rond.' Ze haalt haar schouders op en begint – klik klak – op haar hakken de straat af te lopen, in de richting van de pijl voor bezoek.

2 Groeten uit Veenhuizen

Op de provinciekaart met een mozaïek van percelen en kronkelige riviertjes springen de liniaalrechte lijnen van Veenhuizen er direct uit. In werkelijkheid ogen de lanen en wijken minder streng dan op de plattegrond, want ze zijn gestoffeerd met groen dat zich lang geleden in het landschap heeft genesteld. Machtige beuken geven je het gevoel over een oud landgoed te lopen in plaats van op een asfaltweg. Er is geen verkeer, je hoort alleen het getsjilp van de vogels.

Voordat ik aan mijn sporenonderzoek begin, besluit ik eerst een omtrekkende beweging te maken om me te oriënteren. Het valt me op dat de woningen allemaal zijn ontworpen in dezelfde strak-symmetrische stijl: de arbeidershuisjes en de vrijstaande villa's verschillen van omvang, nauwelijks van vorm. Hun versiering bestaat uit de luiken – wit met groen – waarmee ze stuk voor stuk zijn opgetuigd. De tuinen liggen er aangeharkt bij, nergens zie je een rommelig erf. Het is in één oogopslag duidelijk: deze dorpsgemeenschap is niet ontstaan rond een brink of een kerk, maar neergezet volgens een vooropgezet plan. Aan de gevels hangen spreuken op strenge borden met een zwarte rand, gebeiteld in beton. De uitspraken worden afgesloten met een ferme punt. 'PLICHTGEVOEL.' 'TOEWIJDING.' 'BITTER EN ZOET.' Drie naast elkaar gelegen panden met dichtgetimmerde ramen dragen deze leuzen, volgens de toelichting op een bordje van het Recreatieschap Drenthe vormden ze voorheen een hospitaal.

Het is of ik rondloop in een openluchtmuseum na sluitingstijd, een verstild dorp waar een bevreemdende ouderwetsheid is geconserveerd. Tot het sonore geluid van een elektrische bel me terugwerpt in de realiteit. Achter de bomen ontwaar ik een betonkolos met tralies: nog een gevangenis.

23

Veenhuizen, de vroegere bedelaarskolonie, telt anno 2003 haast duizend gevangenen en nauwelijks meer vrije inwoners. De meeste Veenhuizenaren werken in een van de strafinrichtingen, sommige gedetineerden harken buiten het hek de grasperken aan. Tot in de jaren tachtig was het complete dorp eigendom van het ministerie van Justitie en heersten er speciale wetten. Binnen de grenzen woonden alleen gevangenen en gevangenispersoneel. Het was een gesloten dorp, zoiets als je zou verwachten in de DDR of de Sovjet-Unie. De gevangenisdirecteur heerste over de bewoners binnen én buiten de muur: niemand in Veenhuizen mocht bezoek ontvangen zonder zijn schriftelijke toestemming. Nog overal staan er bordjes 'Verboden Toegang Art. 461 Wetboek van Strafrecht'. Ze houden me op afstand bij een markant, carrévormig gebouw waar de wegen vanuit vier windrichtingen op uitkomen. Het is een uitgestrekt complex, met een eindeloze rij ramen en deuren in een eentonig ritme naast elkaar. Er ligt een gracht omheen, er staat een wachttoren, er hangen bewakingscamera's. Alleen is er nergens een levende ziel te bekennen. Als ik een verbodsbord passeer om het gebouw van dichtbij te bekijken, gebeurt er niets. Boven de poort staat:

1823. Tweede Gesticht.
W. Visser, Directeur der Koloniën.

Door de ramen zie ik een kale ruimte met in een hoek een stapel dozen. Waar sinds het jaar 1823 de bedelaars waren ondergebracht, ligt nu het briefpapier van de penitentiaire inrichtingen, bedrukt met een geblinddoekte Vrouwe Justitia.

Ik wil weten waar dit gebouw tegenwoordig voor dient, maar er is niemand om het aan te vragen. Een opening in de muur biedt zicht op een enorme binnenplaats. Er staat een container van Van Gansewinkel Archiefvernietiging en er staan ook een paar bankjes – voor wie? Ik loop nog even rond zonder wijzer te worden, en juist als ik aanstalten maak om het terrein te verlaten, stopt er een SUV op hoge wielen voor de poort. Een paar mannen in pak stappen uit, gevolgd door een dame met een wapperende jas. Ze ogen misplaatst in dit verlaten oord; het zijn duidelijk geen cipiers.

'Wij zijn van het ontwikkelingsbureau,' zegt een van de mannen, die zichzelf 'de projectleider' noemt. Hij heeft een gehaaste blik en houdt een documentenmap tegen zijn colbert geklemd. Omdat ik ernaar vraag, vertelt hij dat dit historische pand, 'het Tweede Gesticht', kort geleden nog in gebruik was als werkplaats voor de gedetineerden, maar dat het nu wordt verbouwd tot Nationaal Gevangenismuseum.

'We gaan het hele dorp op de schop nemen.' Hij wijst met zijn autosleutels om zich heen. 'We hebben een visie, we baseren ons op de uitgangspunten van de bedelaarskolonie. Autarkie, zorg, experiment. De ideële doelstellingen van Johannes van den Bosch, de oprichter.'

De projectleider heeft duidelijk weinig tijd, maar vertellen over zijn project doet hij ook graag. Hij zet een stap bij me vandaan, en praat vervolgens verder in adviseurs-jargon. In de nabije toekomst, zegt hij, kun je hier een zorghotel vinden, onthaastingscentra, managementkookcursussen waarbij authentieke, regionale groenten worden gebruikt, noem maar op.

En dat tussen vijf gevangenissen? Ik moet een wenkbrauw hebben opgetrokken, maar de projectleider knikt beslist: de opzichtige aanwezigheid van de gevangenissen is in zijn ogen geen belemmering, integendeel.

'Het unheimische gevoel van rondlopende gevangenen en prikkeldraad hoort bij de unieke sfeer. Je komt hier in aanraking met de duistere kanten van het leven, dat is het bijzondere.' Het is zijn bedoeling om met 'kwaliteitstoerisme' het zieltogende dorp weer aantrekkelijk en leefbaar te maken. De plannen sluiten wat hem betreft naadloos aan op de geschiedenis van Veenhuizen.

'Als je over honderd jaar terugkijkt, zul je zien dat de historische lijn niet wordt verbroken.'

Op mijn vraag wat hij daarmee bedoelt, zegt hij dat hij geen tijd heeft. Hij kan me zijn rapport wel mailen, daar staat alles in: verleden, heden, toekomst.

Voorlopig moet ik het doen met het al bestaande, kleinschalige museum dat een eindje verderop in een paar houten barakken is ingericht. Voor de deur staat een groep uitgelaten schoolkinderen zich te verdringen bij een Daf met het opschrift 'boevenbus'. Bij de ingang word ik gedirigeerd naar een maquette van het Tweede Gesticht. Zo van bovenaf gezien valt de kazerne-achtige beslotenheid me pas op. Het gesticht heeft maar twee poorten. De binnenplaats van het schaalmodel is ingericht als een Engelse tuin met bomen en perken waartussen een paar miniatuurfiguurtjes – de bedelaars? – zich verpozen.

Er is een rondleiding aan de gang en ik vang flarden op van wat er wordt gezegd. Het blijkt dat er drie identieke gestichten zijn geweest, waarvan alleen nummer twee is behouden. Op een flink half uur lopen van elkaar vormden ze eilandjes in het lege land. Je hoorde destijds thuis op het Eerste, op het Tweede, of op het Derde, en zo wordt het nog altijd genoemd. Tegenwoordig rijgt een asfaltweg de drie geïsoleerde plekken aaneen.

De gids, die zichzelf introduceert als een gevangenismedewerker met pensioen, noemt het Veenhuizen van vroeger een 'dwangkolonie' waar bedelaars en landlopers met tucht en militaire discipline in het gareel werden gebracht. 'En dat was niet altijd makkelijk,' zegt hij, terwijl hij demonstratief een paar zwabberende passen doet, 'want de kolonieklanten hielden nogal van een borrel.' Zijn gehoor, dames en heren in nette vrijetijdskleding, schiet in de lach. Aan de binnenzijde van het gesticht, in de zalen die uitkwamen op de binnenplaats, zo gaat de ex-bewaker verder, huisden de bedelaars die onder dwang naar de kolonie waren 'opgezonden'. Ze sliepen in hangmatten op zalen met tachtig tegelijk. De woningen aan de buitenzijde waren voor armelui die zich uit eigen beweging hadden aangemeld.

Uit mijn tas haal ik een aantekenboekje. Dit is cruciale informatie. Helena, mijn overgrootmoeder, is in zo'n gesticht geboren. Waar had ze met haar ouders gewoond: aan de binnen- of de buitenkant? Hoe had ze er gewoond: in een hoekje van een slaapzaal, met dekens afgeschermd zoals in een vluchtelingenkamp? Met mijn pen in de hand – als houvast – wandel ik verder door de museumcollectie en registreer wat ik zie.

Dat de begraafplaats het Vierde Gesticht heette.

Dat het eten de ene dag uit pap bestond en de volgende dag met water aangelengd geserveerd werd als 'papsoep'. ('Maandag: Gortsoep – Dinsdag: Gort met stroop – Woensdag: Gortsoep'.)

Dat de bedelaars 'verpleegden' werden genoemd. (Ik denk: hoe valt die term te rijmen met de militaire discipline en de tucht?)

Dat op zondag iedereen verplicht naar de kerk moest. (De gestichtsbewoners mochten kiezen: protestant of katholiek. Wie opgaf 'geen geloof' werd automatisch ingedeeld bij de katholieken.)

In een vitrine ligt een 'spuwmasker' dat volgens de bijbehorende foto met linten strak om het gezicht werd geknoopt. Bij wie? Waarom? Ik schrik het meest van de slaapkooi: een nauw, ijzeren hok met daarin een strakgespannen stuk jute bij wijze van bed. Op een plankje boven het voeteneind staat een po en een bord met instructies in pictogrammen over het opvouwen van het beddengoed. De kooien golden als een belangrijke verbetering in vergelijking met de hangmatten, zo vermeldt het bijschrift.

Hoe meer ik zie, des begrijpelijker komt het me voor dat iemand een Veenhuizen-verleden zou willen verzwijgen. Als je wordt behandeld of je een misdadiger bent, moet je op den duur wel gaan denken dat er iets is waarvoor je je dient te schamen. Hoewel ik Helena nooit heb gekend – ik werd dertig jaar na haar dood geboren – voel ik me steeds ellendiger over de omstandigheden waarin zij is opgegroeid. Sliep ze in een hangmat of in een kooi? Had ze ooit een spuwmasker gedragen bij het buitenspelen – speelde ze eigenlijk wel buiten?

Mijn oog valt op een A-viertje dat op een muur is geprikt.

Waarschuwing: er zijn nog steeds gevangenissen in het dorp. Praat niet met de mensen die in de plantsoenen werken of de mensen achter de hekken. U mag ze ook niet fotograferen.

Waarom, vraag ik me af, zou iemand dat willen?

In een apart zaaltje wordt een video vertoond over het ontstaan van Veenhuizen. De kolonie blijkt gesticht in 1823 door ene Johannes van den Bosch. Dat was een sociaal voelende generaal, die de verpaupering in de Nederlandse steden wilde tegengaan. Hij dacht aan de onontgonnen gronden in de noordelijke provincies en telde één plus één bij elkaar op: door vagebonden, arme sloebers en verlaten kinderen achter de ploeg te zetten, konden ze zich nuttig maken; het harde werken zou ze tegelijk opvoeden en beschaven. De generaal bouwde in het afgelegen Veenhuizen drie grote gestichten waar tienduizenden armelui een heropvoeding ondergingen, pas in 1973 was de laatste landloper er vertrokken. Het was een opmerkelijk experiment, uniek in heel Europa, er kwamen delegaties uit binnen- en buitenland – tot de Pruisen en de Fransen aan toe – om te zien hoe het functioneerde.

Als de gids klaar is met zijn rondleiding zetten de museumbezoekers zich in de koffiekamer aan de appeltaart met slagroom, het is een mooie gelegenheid om weer eens bij te praten. Vakantieverhalen en foto's van de kleinkinderen gaan over tafel. Een paar dames bekijken de souvenirs die te koop worden aangeboden: zeepjes gevangen in een traliewerkje, lavendelbolletjes in de vorm van boefjes, ansichtkaarten met het onwaarschijnlijke 'Groeten uit Veenhuizen'.

Het lijkt wel of ik de enige ben die huivert van het verhaal achter de museumcollectie, maar misschien ben ik overgevoelig. Een bezoek aan dit museum is voor de meeste mensen gewoon een dagje uit. Er worden kinderfeestjes georganiseerd met als thema 'vang de ontsnapte zwerver', compleet met limonade en een verrassing; er komen groepen voor 'teambuilding'; Veenhuizen is in trek voor het jaarlijkse uitje van menige gezelligheidsvereniging. Voor mij gaat het in de koffiekamer vooral om de documentatiekast. Er liggen mappen met knipsels en er staat een mosgroene index met de namen van alle koloniebewoners. Het boekwerk leest als het Veenhuizer telefoonboek van voor de telefonie. Veel staat er niet in: achternaam, voornaam, geboortedatum, archiefcode. Wie meer wil weten moet naar het Drents Archief in Assen.

Ik zoek en vind mijn overgrootmoeder: Gijben, Helena, 09/06/1856, 4 197. In de kast tref ik ook de opsomming van het aantal bewoners dat in 1848 in het Derde Gesticht was ondergebracht – de plek waar zij acht jaar later zou worden geboren.

1472 bedelaarskolonisten
 158 militaire kolonisten
 315 leden van arbeiders-huisgezinnen
  18 leden van hoevenaars-huisgezinnen
 106 leden van bedelaars-huisgezinnen
  18 strafkolonisten
  10 gedetacheerden
 142 ambtenaren en hun gezinnen

In totaal 2239 mensen, in één gesticht.

Het kan niet anders of Helena's ouders zijn voor deze lijst meegeteld. Volgens het bevolkingsregister van Norg stond haar vader in Veenhuizen ingeschreven sinds 1831. Hij was geboren in Rotterdam als Teunis Gijben en moest 19 jaar zijn geweest toen hij in het gesticht belandde. Was hij een bedelaar, 'opgezonden' omdat hij rondzwierf en aalmoezen vroeg? Helena's moeder, Cato Braxhoofden, was drie jaar eerder gearriveerd toen de kolonie nog maar net bestond. Ze kwam uit de vestingstad Namen in wat later België werd, en was pas dertien jaar. Ik heb geen idee hoe zij in Drenthe terecht was gekomen.

Terug uit Veenhuizen trof ik in mijn mailbox het rapport van de projectleider die ik bij het Tweede Gesticht tegen het lijf was gelopen. Het stuk bleek een toekomstplan voor het dorp dat altijd vanuit Den Haag was bestuurd en gefinancierd, en nu economisch levensvatbaar moest worden.

De tekst bracht me in verwarring. De beschrijving van de Veenhuizer geschiedenis stond lijnrecht tegenover die van de gids in het museum. Hier geen woord over dwang of militaire tucht, benauwde slaapkooien of spuwmaskers. Het ging over de idealen en de vooruitstrevende ideeën waarmee de oprichter van Veenhuizen de paupers een menswaardige toekomst bood. Het bedelaarsoord werd in het rapport omschreven als een plek van 'zorg en respect voor elkaar en de omgeving', die zich liet typeren door 'sociaal-economische cohesie en wederkerigheid'. In de eenentwintigste eeuw kon je er zo 'woon-zorgconcepten voor hedendaagse ontheemden' van maken. Dat was bepaald een aantrekkelijker beeld. Het herinnerde me eraan dat de gestichtsbewoners ook 'verpleegden' werden genoemd, en dat de kolonie soms een 'asiel' heette. Wie weet kon je Veenhuizen evengoed zien als een toevluchtsoord voor armelui die voor het eerst de kans kregen op een fatsoenlijk bestaan.

Kennelijk had de waarheid hier meerdere gezichten. Wilde ik de impact begrijpen van een verblijf in deze paupergestichten, dan moest ik om te beginnen de aard van dit sociale experiment zien te doorgronden. Pas dan kon duidelijk worden wat dat had gedaan met die tienduizenden doodarme stedelingen die bij elkaar waren gezet in het Drentse niemandsland. En met mijn voorouders.

TOBIAS

3 Keursoldaat van de keizer

Tijdens een gevechtspauze in de oorlog tussen Frankrijk en Engeland, kort voor de strijd weer oplaaide en Napoleon zijn roemruchte overwinningen begon op te stapelen, meldde Tobias Braxhoofden zich vrijwillig bij de kazerne: een gezonde jongen met wangen waarop zich nog nauwelijks een stoppel vertoonde. Amper zeventien was hij, en voor hij het wist werd hij meegezogen in de maalstroom van de grote geschiedenis.

In het hart van Europa draaiden honderdduizenden mannen om elkaar heen. Als in een bizarre dans joegen ze elkaar op, of probeerden elkaar juist te ontwijken, tot hun bevelhebber het sein gaf voor het onvermijdelijke treffen. Dan botsten ze in slagorde op elkaar met hun bajonetten en paarden, het wapengekletter overstemd door het gebulder van de kanonnen.

Het manoeuvreertempo van Napoleons regimenten was berucht. Hanteerde de vijand de gebruikelijke 75 passen per minuut, Napoleon wist zijn mannen op te zwepen tot 120, of zelfs 150 passen. Marcheren kon je dat niet noemen, zo'n eenheid schoof over de landkaart als een sprinkhanenplaag. Om de colonnes nog sneller naar het slagveld te verplaatsen had Napoleon al gauw de bevoorrading afgeschaft. Tegenover de Pruisische troepen met hun strenge verbod op plunderen, plaatste hij manschappen die moesten overleven zonder voorzieningen. Ook de opleiding voor de rekruten was op den duur overbodig verklaard. Dienstplichtige jongens, net van huis, kregen een week om kleding en wapens op te halen, daarna werden ze rechtstreeks naar het front gedirigeerd.

Tobias Braxhoofden nam dienst bij de Hollandse strijdkrachten, toen iedereen kon zien aankomen dat ze niet afzijdig zouden blijven. Was hij overmoedig, of gewoon naïef? Een paar jaar eerder hadden de Hollandse Patriotten, geïnspireerd door de Franse Revolutie en broederlijk geholpen door de Franse troepen, de stadhouder uit Den Haag verjaagd. Alleen: de Fransen waren na afloop niet meer vertrokken. Als 'bondgenoot' werden de Lage Landen razendsnel Napoleons oorlogen ingesleurd.

Zelfs een jongen van Tobias' leeftijd moest dat weten, toch had hij zich opgegeven als beroepsmilitair. Hij stond ingeschreven in een militair stamboek uit 1803.

Naam en toenaam: Tobias Braxhoofden
Signalement: Zwart hair, bruijne ogen, zwarte wenkbraauwen, tamelijke neus en mond, ronde kin, blozend en glad van wezen
Lengte op kousen: 5 voet, 1 duym, 2 streek
Geboorteplaats: Den Haag
Religie: hervormd
Aangenomen: 10 april 1803 voor 7 jaren en 6 maanden
Ingedeeld bij de 6de Compagnie van het 3de Regiment Infanterie van Ligne

Ik zag een jongen voor me die een man wilde worden, krap één meter zestig lang, het babyvet nog op de kaken. Bij zijn aanmelding moet mijn voorvader serieus hebben gekeken vanonder zijn donkere wenkbrauwen, zijn tamelijke mond in een besluitvaardige streep.

Tobias was de vader van Cato Braxhoofden, en de grootvader van Helena. Ik had zijn naam gevonden in hetzelfde bevolkingsregister als waarin zijn dochter en zijn kleindochter stonden: dat van Veenhuizen. Er hadden dus nog meer voorouders in het heropvoedingsgesticht gezeten – maar liefst drie generaties op rij. Tobias, geboren in 1785 in een familie van ambachtslieden, was de eerste geweest.

Uit de weinige gegevens die er te vinden waren, wist ik dat hij was opgegroeid op een steenworp afstand van het Binnenhof, in de buurt van de Grote Kerk van Den Haag. Toen hij tien was, kreeg zijn moeder de 'zinkingkoorts'. Er hadden zich kwade vochten in haar lichaam opgehoopt waar geen dokter haar vanaf kon helpen. De koorts ging gepaard met hevige pijnen, tot ze er uiteindelijk aan bezweek.

Een paar jaar later, op een onhandig moment in de geschiedenis, had Tobias gekozen voor de krijgsmacht. Het militaire stamboek bevatte zijn persoonlijke wapenfeiten, opgesomd in een rijtje jaartallen en een paar losse opmerkingen. Met wat goede wil kon je ze lezen als zijn levensloop, die hem op de een of andere manier in Veenhuizen moest hebben gebracht.

1805 Embarque
1805 Oostenrijk
1806, 1807, 1808 Contre les Pruisiens
1810 Garde Impérial

Eenmaal onder de wapenen kreeg Tobias de rang van 'fuselier', een gewone soldaat met een geweer. Op zijn negentiende, in het jaar waarin Napoleon zijn Hollandse troepen samentrok voor een invasie van Engeland, was hij als een van de 9.421 man in zijn divisie aan boord gegaan van de vloot op de rede van Texel. Na weken van zenuwslopend wachten bleek dat ze het juiste moment hadden gemist om het Kanaal over te steken. De invasie werd afgelast, in plaats daarvan moesten de manschappen onmiddellijk afmarcheren naar de Rijn. Kreeg Napoleon Londen niet te pakken, dan zette hij zijn zinnen op Wenen.

In de veldtocht tegen Oostenrijk in 1805 kon Tobias voor het eerst laten zien wat hij als soldaat waard was. De Franse keizer had een ongekend grote troepenmacht van tweehonderdduizend man laten samenkomen. Het was een geluk dat ze door welvarende landen trokken, want soldij werd er tijdens zo'n campagne niet uitgekeerd. In brieven naar huis beschreven soldaten hoe zwaar het was om altijd te moeten marcheren. 'Zoo door sondag als wekke dag, door regen en al,' schreef een soldaat met de naam Engel Soeten. 'En ik hebbe veel pijne geleden in mijne voeten. Zij

35

hebben klare gaten geweest van louter marcheren.'

De marsen door het Zwarte Woud eisten hun tol. Veel laarzen gingen kapot en er was een tekort aan overjassen. Nog voor er een gevecht was geleverd, raakten de mannen uitgeput. Toen de colonnes de Donau overstaken, bleek er aan de andere zijde geen voedsel te vinden. De gedisciplineerde marcheerders vielen uiteen in horden plunderaars. 'Daer heb ik bijna er dood geweest van eenen boer met een bijl,' zo schreef een andere soldaat, 'omdat ik twee vette gansen uijt den stal nam, want sonder mijn kameraad die van achteraen quam met sijn sabel, ik hadde die gansen diere moeten betalen.'

Ook Tobias had ongetwijfeld boerengezinnen met geweld van hun wintervoorraad moeten beroven. Daar was niets heldhaftigs aan. Om het moreel op te vijzelen had Napoleon bij de brug bij Lech zijn troepen persoonlijk toegesproken. Ze stonden met hun voeten in de drab, er vielen grote vlokken sneeuw, maar allemaal luisterden ze met een bijna religieuze aandacht naar de grote veldheer: de vijand verkeerde in een deplorabele staat, de onverslaanbare soldaten van de Grande Armée zouden hem op glorieuze wijze in de pan hakken. Na afloop, zo bleek uit verslagen van die dag, hadden ze gejuicht, de keizer had met zijn mooie woorden de kou uit hun botten verjaagd. De Grande Armée won op 20 oktober 1805 de slag bij Ulm en behaalde op 2 december de grote overwinning bij Austerlitz.

'Ik moet seggen ik en hebben noijt beter gepeijst te sterven als dien dag,' schreef een cavalerist. 'Men konde geenen stap nog geenen voet versetten of men vond daer eenen dooden of een dood peird.'

Tobias, de soldaat met zijn geweer, stond er middenin en hield zich staande. De lijken gaven zo'n indringende geur af dat je die nog dagenlang rook. Later stond hij in zijn stamboek omschreven als 'un bon sujet'.

Het was een vreemde ervaring om historische feiten die ik alleen uit de geschiedenisboeken kende, via mijn voorvader zo dichtbij te zien komen. Al stond hij vijf generaties van mij af, toch voelde ik een zeker ontzag: dat Tobias er in eigen persoon bij was geweest. In het voorjaar van 1806 had zijn regiment nota bene de kroning van de 'koning van Holland' – Napoleons broer Lodewijk Napoleon – luister bijgezet. Daarna, tegen het invallen van de winter, trok hij opnieuw ten oorlog, ditmaal tegen de Pruisen. Bij een strategisch belangrijk fort bij het Duitse Hameln aan de Wezel was Tobias in het vuur van de strijd gewond geraakt. 'Geblesseerd aan 't hoofd door den bajonet bij Hameln.' Dat was alles wat er in het stamboek over stond.

Er volgden nog de overwinningen bij Auerstädt en bij Jena (beide op 14 oktober 1806), de triomfantelijke intocht in Berlijn (later die maand, op Tobias' eenentwintigste verjaardag), de desastreuze nederlaag tegen de Russische kozakken (Eylau, februari 1807) en de revanche (Friedland, 14 juni 1807). En pas toen had Napoleon de Russen en de Pruisen verslagen. Voorlopig althans.

Het krijgsgewoel had letterlijk zijn sporen op Tobias nagelaten. 'Merkbare teekenen: Een litteken op de linkerbil, enkele littekens op de rug.' Ik begon te begrijpen waarom hij 'un bon sujet' werd genoemd. Hij had zich in de strijd geworpen, zonder vrees voor lijf en leden. Tenminste, zo stelde ik het me voor.

Tot nu toe viel er in Tobias' loopbaan geen enkele aanwijzing te bespeuren voor zijn latere leven als bedelaar of vagebond of iets wat zijn gang naar Veenhuizen kon verklaren. Integendeel. Een paar weken voor zijn contract na zevenenhalf jaar afliep, was hij zelfs bevorderd.

In 1810 had Napoleon Holland ingelijfd als provincie van Frankrijk. Vanuit Parijs was onmiddellijk de introductie van een bevolkingsregister bevolen om de toevoer van nieuwe dienstplichtigen soepeler te laten verlopen. Maar de opperbevelhebber decreteerde ook een herindeling van de Hollandse legereenheden. Bij een troepeninspectie selecteerde een Franse maarschalk, geflankeerd door zijn adjudanten, de beste mannen om toe te treden tot de keizerlijke garde.

'Garde Impérial, 1re bataillon, Régiment des Grenadiers à pied, compagnie d'élite.'

Tobias was geselecteerd als keursoldaat van de keizer op 26 juli 1810. Volgens het signalement dat op die dag werd genoteerd, waren zijn blozende wangen en ronde kin uitgegroeid tot een lang spits gezicht: hij was in de loop van de jaren mager geworden. En ook nog eens vijftien centimeter gegroeid.

Als een volwassen man van vierentwintig marcheerde hij die zomer af naar Parijs om zich te voegen bij de entourage van de keizer. Na een voettocht van drie weken maakten de elitetroepen hun opwachting in het machtscentrum van Europa, en daar werden ze overladen met applaus en bewondering. Kolonel-te-paard Lambert de Stuers schreef hierover: 'We maakten onze entree met muziek voorop via de poort St. Martin, en we paradeerden over de boulevards te midden van explosies van enthousiasme van de Parijzenaren.'

Napoleon pronkte met zijn manschappen zo vaak hij kon. Tobias en zijn collega's vormden het cortège bij het doopfeest van zijn zoon Napoleon II, en ze assisteerden bij evenementen in het Louvre en de Tuilerieën. Het waren groots opgezette spektakels met hofdames in bedwelmende toiletten. Tobias kon de crème de la crème van Parijs in de ogen kijken, al moest hij de hele tijd in de houding staan.

Maar de periode van relatieve vrede bleek slechts een stilte voor de storm. In 1812 zette Napoleon zijn fatale mars op Moskou in. Van de vijftienduizend Nederlanders die mee moesten naar Rusland, keerden er niet meer dan een paar honderd terug. Tobias, de mazzelaar, zwaaide precies op tijd af: in het najaar van 1811. Het had niet meer dan een paar maanden gescheeld of hij was, zonder nageslacht, ergens tussen Parijs en Moskou in de sneeuw gesneuveld.

4 Oog in oog met de generaal

Johannes van den Bosch, de oprichter van Veenhuizen, is vereeuwigd op een schilderij van het Rijksmuseum van Amsterdam. De schilder Cornelis Kruseman heeft hem geportretteerd, ter ere van zijn benoeming tot gouverneur-generaal van Nederlands-Indië. De kersverse hoogwaardigheidsbekleder staat er jongensachtig op, zijn haar golvend tot over zijn oren. Hij kijkt je aan met een open blik, schalks bijna, alsof hij tijdens het poseren zijn gezicht ternauwernood in de plooi kon houden. Je ziet dat hij wel probeert de strengheid van een gouverneur uit te stralen, want hij fronst zijn wenkbrauwen, maar zijn opkrullende mondhoeken verraden milde spot. Op zijn uniform met brede epauletten prijken drie ridderorden, zijn elleboog rust op de kaart van Java, en in zijn rechterhand houdt hij een stuk opgerold papier dat zijn plan verbeeldt voor de pauperkoloniën in Drenthe.

Johannes van den Bosch is de verpersoonlijking van Veenhuizen. Hij heeft de kolonie gesticht naar zijn eigen ideeën en idealen. Ik had lang naar het schilderij gekeken. Wie was deze man? Welke invloed heeft hij op het leven van mijn voorouders gehad? Ik wilde hem leren kennen, als het ware oog in oog met hem staan, om er achter te komen of ik hem dankbaar moest zijn, of dat ik hem postuum ter verantwoording moest roepen.

Johannes was militair, net als Tobias, hij was alleen vijf jaar ouder. Maar al zouden hun paden elkaar kruisen, hun carrières hadden weinig gemeen. Tobias begon zijn loopbaan onderaan, als fuselier, Johannes had eerst gestudeerd. Als zoon van een steenfabrikant en chirurgijn uit de Betuwe had hij zich bekwaamd in de wiskunde en de bouwkunde, voor hij op zijn achttiende naar Batavia werd gestuurd. Met een contract op zak van eerste luitenant bij de genie en zeshonderd gulden voorschot ging hij in 1798 scheep. Hij vertrok precies op tijd, vóór het Hollandse leger de grote Europese veldslagen werd ingezogen. Johannes' leven was, anders dan dat van Tobias, nauwelijks door de Franse tijd getekend. Als jonge genie-officier viel hij in de tropen op door zijn daadkracht en zijn creativiteit, waardoor hij snel steeg in de rangen van de krijgsmacht.

Johannes was een energieke figuur die zich graag vastbeet in ingewikkelde kwesties, of die nu tot zijn competentie behoorden of niet. Zo experimenteerde hij op zijn landgoed met de rijstteelt. Hij zag dat hij de oogsten kon laten toenemen door nieuwe vormen van afwatering en bemesting te introduceren. Tegelijk trof het hem hoe waardevol de inlandse arbeiders en slaven waren, zolang ze maar van bovenaf werden gestuurd. De overtuiging dat je de natuur en ook de mens naar je hand kon zetten, en op die manier tot nut kon maken, moet hier in Batavia bij hem hebben postgevat.

Na een bitter conflict met de toenmalige gouverneur-generaal van Indië keerde hij in 1811 naar Nederland terug. Achteraf bezien kwam dat niet slecht uit, zo kort voor de val van de Fransen. Terwijl Tobias nog de keizer diende, bracht Johannes zijn dagen ambteloos door in de Betuwe. Hij hield zich bezig met zelfstudie, en – waarom ook niet – met het maken van plannen voor de toekomst van het land.

Intussen stevende Napoleon via het weerbarstige Rusland regelrecht af op zijn ondergang. In 1813 was zijn krijgsmacht ernstig verzwakt en die van zijn vijanden sterk en verenigd. De Volkerenslag bij Leipzig betekende het einde: de eens zo machtige strateeg verzette zich drie lange dagen, toen moest hij zich gewonnen geven. Zodra de Franse heersers in Amsterdam van de nederlaag hoorden, verlieten ze spoorslags de stad. Johannes van den Bosch was er de persoon niet naar om werkeloos toe te kijken. Hij meldde zich onverwijld bij het tijdelijk landsbestuur en werd belast met de bevrijding van Utrecht.

Pas in de jaren na Napoleon bleek hoezeer de oorlogen Europa hadden ontwricht. In de Lage Landen waren schrikbarend veel mensen hun broodwinning kwijtgeraakt door de zeeblokkaden waarmee Engeland de keizer op de knieën had willen dwingen. Daar bovenop kwamen nog eens de misoogsten van 1816 en 1817.

Voor koning Willem I, die na het vertrek van de Fransen de troon besteeg, was de schrijnende armoede een van de lastigste kwesties. De cijfers waarmee hij werd geconfronteerd logen er niet om. In 1818 werden er bij het Amsterdamse Aalmoezeniers-weeshuis 855 wezen en 240 verlaten kinderen binnengebracht. In Zuid-Holland stond bijna een kwart van de inwoners te boek als armlastig. Rotterdam telde achthonderd bedelaars en van de Leidenaren had de helft 'onderstand' nodig. Uit een onderzoek naar 'de staat der armen' bleek dat in de Noordelijke Provinciën (het huidige Nederland) tien procent van de inwoners zou creperen zonder de gaarkeukens en de bedeling. Het *Magazijn voor het Armenwezen in het Koninkrijk der Nederlanden*, een tijdschrift dat speciaal was opgezet om oplossingen te zoeken, schetste in 1817 de uitzichtloze situatie van de gewone man en vrouw:

> In de laatste 25 jaren, zijn de prijzen der eerste behoeften des levens meestal verdubbeld, terwijl de daglonen op dezelfde hoogte zijn gebleven: waardoor het bijna eene onmogelijkheid geworden is, dat een arbeidsman, met eene talrijke huishouding van kinderen beladen, al heeft hij ook bestendig werk, genoegzaam verdienen kan, om voor huisvesting, kleeding en voedsel der zijnen te kunnen zorgen. Hij werkt dus bestendig tegen den stroom op, die, bij het geringste ongeval, hem meester wordt; en aldus vervallen arbeidzame en nuttige leden der maatschappij veelal tot armoede.

Bij het bestuderen van de geschriften uit die tijd trof het me hoe er naar de armen werd gekeken: soms met mededogen, maar vaker met felle afkeer. Het leek of er twee soorten armen waren. Je had de 'zedelijk goeden': hardwerkende arbeiders en ambachtslieden die door pech waren overvallen. Zij kregen soms wat hulp van de kerkelijke 'armenkassen' en hielden de schijn zo goed mogelijk op. Daarnaast had je de armen die verder waren afgegleden. Die liepen rond in vodden en bedelden om een aalmoes, of trokken van plaats naar plaats op zoek naar los werk. Zij hoefden op geen enkele compassie te rekenen. Vagebonden waren het, 'ledigbrassers', zonder nut voor de maatschappij. Ze zochten hun geluk op kosten van de nette burgers, en veroorzaakten daarbij veel overlast: schaamteloos toonden ze hun vieze wonden, en zetten een dreigende stem op als ze een cent opeisten. Niet voor niets stonden bedelarij en landloperij in het Wetboek van Strafrecht.

Het kwam erop neer dat 'zedelijkheid' het vage criterium was op grond waarvan iemand er nog bij hoorde, of als uitschot kon worden weggezet. Voor mij, met mijn eenentwintigste-eeuwse blik, was het onderscheid niet zo helder. Hoe kon je 'fatsoenlijk' blijven als je je kinderen niet kon voeden? Ik moest denken aan mijn oma, die er in haar tijd krampachtig voor had gezorgd dat niemand iets op haar gezin aan te merken kon hebben, en vroeg me af hoe het Tobias was vergaan na zijn afzwaaien. Was hij misschien door zo'n 'gering ongeval' getroffen en daardoor aan de bedelstaf geraakt?

Voor Johannes van den Bosch, inmiddels lid van de generale staf van de koning en bevorderd tot generaal-majoor, was het armoedevraagstuk een uitdaging naar zijn hart. Zo kort na de Franse en de Patriottische Revolutie zag hij in het zogeheten 'pauperisme' een groeiende bedreiging voor de bestaande orde. Daarom ontwierp hij, met zijn Indische ervaringen in het achterhoofd, in 1818 een totaaloplossing.

Verhandeling over de mogelijkheid, de beste wijze van invoering, en de belangrijkste voordelen eener Algemeene Armen-inrigting in het rijk der Nederlanden, door het vestigen eener landbouwende kolonie in deszelfs Noordelijke gedeelte.

De ambitie van de generaal loog er niet om. Hij wilde de armoede niet alleen terugdringen, hij wilde haar uitroeien. Zijn plan was even eenvoudig als briljant: er was te veel onbenutte arbeidskracht, en er was te veel onbenutte, nog onontgonnen grond. Wanneer de armen dat land zouden bebouwen, bewezen ze de samenleving een dienst en konden ze tegelijk in hun eigen levensonderhoud voorzien. Daarbij zorgde een groter landbouwareaal voor meer voedsel, en dus vanzelf voor minder honger en gebrek.

De 'Algemeene Armen-inrigting' waar de paupers uit de stad het boerenvak zouden leren, moest worden betaald door het Nederlandse volk, het ging immers om het algemeen belang. In zijn pamflet riep Johannes van den Bosch iedereen op lid te worden van zijn 'Maatschappij van Weldadigheid'. Voor een stuiver per week kon men 'dit talrijke gedeelte onzer Natuurgenoten [lees: de armen] uit den toestand van diepe ellende en daaruit spruitende zedelijke verbastering allengskens opbeuren'.

Johannes van den Bosch had uitgerekend dat ruim zeven procent van de bevolking, zo'n 142.000 zielen, noodlijdend was, maar wel geschikt om te werken. Het zou, zo redeneerde hij, het koninkrijk een flinke besparing opleveren als die werklozen geen beroep meer hoefden doen op de liefdadigheid. Heidegrond was er genoeg, zo'n tweehonderdduizend arme gezinnen konden er een redelijk bestaan opbouwen.

Zijn idee sloot aan bij de herwaardering van het platteland, die in de tweede helft van de achttiende eeuw was ingezet. In de geest van het terug-naar-de-natuurideaal werd aan het landleven een zuiverende werking toegedicht. De frisse buitenlucht en het eerlijke handwerk kweekten een gezond en sterk mensenras, en dat was volgens Van den Bosch 'de hechtste grondslag waarop de welvaart van een volk kan gebouwd worden.' Als kind van de Verlichting was hij ervan overtuigd dat hij met gezonde arbeid, opvoeding en onderwijs de armen op een zedelijk hoger plan kon tillen, waarmee er automatisch een einde kwam aan hun ellende. De mens was een product van zijn omstandigheden, verbeterde je de omstandigheden, dan verbeterde je vanzelf ook de mens.

Het plan was revolutionair voor zijn tijd. Ingrijpen in het lot dat mensen nu eenmaal beschoren was, stond voor sommigen gelijk aan plaatsnemen op de zetel van de Almachtige. Hij immers, en niet de hoogmoedige mens, bepaalde ieders doel in de schepping. De standen waren van God gegeven.

'Hij verdient dat men hem den kop voor de voeten legt, die generaal Van den Bosch,' schreef de dichter Isaäc da Costa geschokt. 'Want zij is uit den Duivel, de Maatschappij van Weldadigheid! De armoede te willen opheffen? Het ontwerp is boven het bereik der menschen.' Toch wist Johannes van den Bosch, met een beroep op de noodzaak tot wederopbouw na de oorlogen, in korte tijd meer dan twintigduizend leden voor zijn Maatschappij te werven. Genoeg om te beginnen met een proefkolonie.

Ik las de blauwdrukken voor die proefkolonie met toenemende verbazing. Gezien de beschrijving was dit geen akelige omgeving geweest, hier had mijn overgrootmoeder redelijk normaal kunnen opgroeien. In het Drentse land, dat werd gedomineerd door plaggenhutten waarin boerengezinnen en hun vee bij elkaar hokten, kregen kolonistengezinnen van de generaal ruime, stenen huizen, met een aparte stal voor de beesten. Om de woning netjes te houden gaf hij elk gezin een bezem, een dweil en een boender. Voor de persoonlijke hygiëne waren er een wastobbe en twee handdoeken. En als ultieme aansporing tot beschaving bevatte de inventaris een tafellaken, servies en bestek, en ook: een spiegel. Daarnaast kreeg iedere familie een lap grond van drie morgen groot, ongeveer tweeënhalve hectare, waarvan er één zou worden beplant met een sparrenbosje: de spaarpot voor de uitzet van huwbare kinderen.

De stadspaupers, zo had Johannes van den Bosch bedacht, moesten zich op het platteland behaaglijk voelen, anders gingen ze terugverlangen naar hun 'luie' bedelaarsbestaan.

'Er is slechts één middel om de kolonisten in toom te houden,' schreef de generaal, 'te zorgen namentlijk, dat zij het zeer goed hebben, maar tevens dat zij strikt doen wat hun wordt voorgeschreven.'

Johannes was zijn lessen uit de Oost niet vergeten. Voor elke kolonist – man, vrouw, kind – werden werkschema's en productienormen vastgesteld, inclusief de daarbij behorende lonen. Maar kinderen vanaf zes jaar moesten ook naar school, en dat was bijna een eeuw voor de introductie van de leerplicht beslist vooruitstrevend. Ze moesten leren rekenen en schrijven om voorbereid te zijn op een betere toekomst.

Opmerkelijk genoeg bleek de kolonie alleen 'fatsoenlijke' armen toe te laten, en niet de overlastgevende bedelaars en 'verbasterde' lieden over wie eerder was gerept. Het type gezin dat welkom was, stond tot in detail beschreven. Het moest bestaan uit echtelieden beneden 40 jaar, beide gezond en sterk, een jongen boven 12 jaar en twee aankomende meisjes boven 11 jaar'. Ze moesten vrijwillig naar de kolonie komen en mochten geen strafblad hebben. Bij gezinnen met te weinig kinderen om een hoeve draaiende te houden, werden wezen geplaatst, zodat ook zij uit hun ellende konden worden gered.

De aanpak die de generaal voor ogen stond was 'die van een welwillende vader, welke met zorgvuldige oplettendheid voor het welzijn van zijn kinderen waakt'. En die vader hanteerde zowel straf als beloning bij de heropvoeding van zijn kroost. Tweemaal per maand zou er een feest georganiseerd worden waarbij de beste kolonisten een medaille met oranje lint op de borst gespeld kregen. Tijdens diezelfde ceremonie werden er medailles afgenomen van hen die de regels aan hun laars hadden gelapt.

Johannes van den Bosch had er geen gras over laten groeien: zijn Maatschappij van Weldadigheid had een stuk woeste grond gekocht in Zuidwest-Drenthe, nabij Steenwijk. Lokale timmerlui en metselaars bouwden onder zijn persoonlijke leiding in korte tijd tweeënvijftig bakstenen huizen met rietdaken, een magazijn, een school, een spinzaal en twee onderopzienerswoningen. De proefkolonie kreeg de naam Frederiksoord, naar de tweede zoon van de koning, die de generaal bij zijn initiatief had weten te betrekken. En in november 1818, minder dan een jaar na de publicatie van het pamflet, arriveerden de uitverkoren gezinnen.

Broeders! blij en wakker,
Zingend naar den akker,
Waar ons de arbeid wacht.
Eertijds toen we in holen,
Ons voor 't licht verscholen,
Voor zijn glansen schuw,
Rees voor ons geen morgen,
Dan met angst en zorgen...
Anders is het nu!

Speciaal gecomponeerde liederen drukten de vreugde uit die de kolonisten zouden ervaren. Uit een verslag van de eerste nieuwjaarsviering, opgetekend in het tijdschrift van de Maatschappij van Weldadigheid, bleek hoe men het de pioniers naar de zin probeerde te maken. 'Op Nieuwjaars-avond had de Directeur den Kolonisten een feest bereid.' De spinzaal was versierd met groene takken en verlicht met meer dan dertig kaarsen. 'Op twee lange tafels, midden in de zaal, lagen lange pijpen en tabak. De Muzijk deed zich van tijd tot tijd horen.'

Met gezang en dans was het een waar festijn geworden. De kolonisten werden getrakteerd op anderhalve ton bier, 'heet gemaakt met wat brandewijn en siroop'. En voor de avond om elf uur werd afgesloten, kregen ze ook nog krentenbrood en beschuit, wat de Maatschappij ruim twintig gulden had gekost. Opgetogen noteerde generaal Van den Bosch dat zes weken genoeg waren geweest om de gezinnen 'uit hun vervallen staat op te beuren'.

5 De gouden bocht

De smalle straatjes rond het Kerkplein – de Papenstraat, de Oude Molstraat, de Juffrouw Idastraat – lagen er onveranderd bij toen Tobias terugkeerde uit Parijs. Vergeleken bij de imposante gebouwen en de flair van de lichtstad met haar sierlijke olielantaarns moet Den Haag wel dorps hebben afgestoken, maar alles stond nog waar het vroeger stond en dat gaf een vertrouwde aanblik. Alleen Tobias was niet meer dezelfde. Zesentwintig was hij nu. Na het rauwe soldatenbestaan dat hem sinds zijn tienerjaren had gevormd, moest hij opnieuw leren leven als een burger.

Tussen zijn afzwaaien in het najaar van 1811 en zijn inschrijving in het bedelaarsgesticht Veenhuizen zaten nog zeventien jaar. Als de familieverhalen klopten, moest Tobias gedurende die periode zijn opgeklommen tot een figuur met aanzien en een zekere rijkdom, en vervolgens zijn teruggevallen tot het niveau van een Veenhuizen-klant.

Om me een beeld te vormen van het decor waarin die dramatische verwikkelingen zich hadden afgespeeld, ga ik de adressen langs waar Tobias in die jaren had gewoond: in Den Haag, en later ook in Delft. Elke gevel, elke klinker, elke kromming in de straat schat ik op leeftijd: wat jonger is dan pakweg tweehonderd jaar retoucheer ik uit mijn blikveld. Er stroomt water door het Spui, er staan schildwachten bij het Binnenhof – en geen anti-terreureenheden. De Grote Kerk waar Tobias was gedoopt, blijkt tegenwoordig te huur voor sportevenementen en modeshows. Die mededeling op een aanplakbiljet naast de poort is zo absurd dat hij moeiteloos door mijn tijdfilter heen dringt. Het Kerkplein, zo stel ik me voor, was de plek geweest waar Tobias zijn meisje had ontmoet. Christina heette ze, Christina Maria Koenen. Ze woonde in de buurt, het plein lag halverwege haar huis en het zijne. Het lijkt

me dat de nissen in de voet van de kerk zich leenden voor heimelijke afspraakjes en gestolen kussen.

Tobias' burgerbestaan had niet langer dan drie jaar geduurd. Hij
had geprobeerd in Den Haag de kost te verdienen als smid, maar
daarna dook hij al gauw weer op in de militaire stamboeken. In
die boekwerken is het einde van Napoleons overheersing duidelijk af te lezen: na 1813 is het Frans weer vervangen door het Nederlands. Maar het systeem dat de keizer had opgezet bleef wel
grotendeels intact. De dienstplicht op basis van het bevolkingsregister, de lotingen voor jongemannen die moesten opkomen,
en de mogelijkheid voor rijkere jongens om een plaatsvervanger
in te huren. Tobias had zijn dienstplicht al ruim vervuld, hij liep
niet het risico nog eens te worden ingeloot, maar toen Christina
in verwachting was van hun eerste kind had hij opnieuw gekozen
voor de zekerheid van zijn vroegere beroep: als remplaçant.

Direct bij zijn aantreden was hij – oude rot in het vak – bevorderd tot sergeant, en toen hij werd overgeplaatst naar de vestingstad Namen in de Zuidelijke Provinciën kreeg hij voor elkaar dat
Christina, inmiddels zijn vrouw, met hem mee mocht. Hij werd
gelegerd in de eeuwenoude citadel, de 'termietenheuvel' met zijn
netwerk aan onderaardse gangen, waaraan tegenwoordig de toeristen zich vergapen. In september 1814 kwam daar hun eersteling ter wereld: Cato Braxhoofden.

Het was een chaotische tijd. Napoleon ontsnapte uit zijn bal-
lingschap en heerste nog eens honderd dagen over Frankrijk, tot
hij bij Waterloo definitief werd overwonnen. Die slag was aan Tobias voorbij gegaan. In het stamboek staat als opmerking dat zijn
voorhoofd 'gedikt' was. Wat dat ook mocht betekenen: het feit
dat het was genoteerd, wijst erop dat het zijn functioneren moet
hebben beïnvloed. Des te opmerkelijker dat hij de strijdkrachten
nooit meer zou verlaten. Er staat althans geschreven dat hij in
1821, na een paar keer als plaatsvervanger te hebben gediend,
door het leger was 'geëngageerd voor het leven'.

De kazerne aan het Westeinde, Tobias' militaire thuisbasis in Den Haag, herbergt tegenwoordig de Gemeentelijke Kredietbank. Bij de hedendaagse variant van de armenkas kun je 'financiële producten' krijgen. Wie in geldnood verkeert, hoeft niet te smeken om een aalmoes, maar kan een lening aanvragen bij een loket waar de privacy is gewaarborgd. Het gebouw is zo opgeknapt dat alleen het binnenplaatsje min of meer in de oorspronkelijke staat verkeert: een oude muur met een paar kleine ramen waarachter, dat kan haast niet anders, Tobias moet hebben geslapen. Dit is de plek waar hij zich waarschijnlijk had aangemeld toen hij zeventien was, in elk geval was hij hier gelegerd op zijn zevenendertigste. Dat laatste vond ik in het boek met lidmaten van de Nederlands Hervormde kerk, waarin verslag werd gedaan van een belijdenisceremonie in de Grote Kerk.

Januari 1823, de bediening van het H. Avondmaal,
op belijdenis Tobias Braxhoofden, militair uit de kazerne in
het Westeinde.

Even dacht ik dat mijn voorvader als volwassen man plotseling tot een diep (protestants) geloof was gekomen. Dat verklaarde dan meteen waarom de huwelijkskeuze van zijn kleindochter Helena voor een katholiek later zo verkeerd was gevallen. Maar verderop las ik dat er die zondag belijdenis was gedaan door wel eenendertig 'militairen uit de kazerne in het Westeinde'. Het leek erop dat het een bevel was geweest van hogerhand dat de soldaten, inclusief Tobias, zonder morren hadden opgevolgd.

Meer sporen in Den Haag zijn er niet. Tobias had zich met zijn gezin tijdelijk in Delft gevestigd in het jaar waarin Johannes van den Bosch zijn proefkolonie stichtte. Ik ga op zoek naar hun nieuwe adres met hooggespannen verwachtingen, want wat ik in Delft denk aan te treffen, past niet direct bij het beeld van een gehoorzame soldaat-voor-het-leven. Ik was op iets eigenaardigs gewezen toen ik, vooraf, het Delfste gemeentearchief belde.

Of het adres Oude Delft 196 nog bestond, wilde ik weten.

De archivaris aan de telefoon onderdrukte een lach. 'Jazeker,' zei hij. 'En het is bepaald geen achteraf buurt. Nooit geweest ook.'
'O?'
Hij liet een effectpauze vallen. 'Nee. Daar woonden in die tijd geen middenstanders. U kunt de Oude Delft het beste vergelijken met de Gouden Bocht aan de Herengracht van Amsterdam. Het was de buurt van de aanzienlijkste regenten.'

In de periode dat Tobias er woonde, zo vertelde hij, waren zijn buren bewindvoerders van de VOC, thesauriërs, chirurgijnen.

Ik hing op zonder mijn verbazing te laten merken. Was het mogelijk dat een beroepsmilitair als Tobias zich in korte tijd had opgewerkt tot zo'n chique status? Het enige wat ik zeker wist over het leven van het gezin Braxhoofden in Delft stond in een overlijdensakte.

In het jaar 1819 den 29ste der maand september des voormiddags is verschenen Jacoba Dortmond, oud zestig jaaren, van beroep vroedvrouw, welke ons heeft verklaard dat des morgens ten 4 uuren in het huis Nr 196 op de Oude Delft alhier is geboren een dood kind van het vrouwelijk geslacht van Christina Koenen, huisvrouw van korporaal Tobias Braxhoofden.

Een kind dat stierf tijdens de geboorte kwam in alle standen voor, er was nauwelijks iets tegen te doen. De vroedvrouw hielp zoveel ze kon, de vader keek werkeloos toe of zonderde zich zenuwbijtend af, hopend op een goede afloop. Het was nog een geluk dat Christina niet ook in het kraambed was bezweken.

Maar hoe kwam een korporaal aan zo'n deftig adres?

De Oude Delft is een smalle gracht met om de zoveel meter een boogbrug. De huizen zijn ruim opgezet en hebben hoge ramen; je ziet in de gevels de rijkste ornamenten. Het valt me op hoe jong en schriel de bomen afsteken bij de monumentale panden. Hadden er al bomen gestaan toen er nog aardappelschuiten door de gracht voeren? Als ik de auto's wegdenk, zie ik voor me hoe Tobias met zijn kinderen ging wandelen – met een hand stevig om hun pols voor als ze te dicht bij het water kwamen. Bij het oversteken moesten ze de huurkoetsen en de sjezen ontwijken van de dames die op salon gingen bij andere dames, en de heren met hun hoge hoeden die onder elkaar hun zaken kwamen bespreken.

Ik begin te begrijpen waarom Veenhuizen het Hollandse Siberië werd genoemd. Vergeleken bij de Oude Delft moet het Drenthe van toen inderdaad veel weg hebben gehad van die eindeloze Russische vlakten. Vertrok iemand werkelijk vrijwillig uit de stad naar zo'n niemandsland?

Een elegante brug brengt me aan de evenzijde van de Oude Delft en dan ineens sta ik voor het huis van mijn voorvader. Nummer 196 is het allerkleinste pand aan de gracht, ingeklemd tussen twee herenhuizen alsof het de adem inhoudt. Het heeft een begane grond en een verdieping, de zolder is te laag om te bewonen. De archivaris heeft me verteld dat in dit huis destijds twee adressen waren gevestigd: slechts één (krappe) etage was van het gezin Braxhoofden.

Ik zou teleurstelling kunnen voelen, maar dat is niet zo. Eerder herkenning. Met grote stappen meet ik de breedte van de gevel: nog geen vier meter. Even overweeg ik om aan te bellen, maar ik doe het niet. Wat moet ik zeggen: mijn familie woonde hier, twee eeuwen terug? Het is een vreemde gewaarwording, want dit huis van mijn voorouders lijkt in veel opzichten op dat waarin ik zelf woon in Amsterdam. Het heeft dezelfde met hout betimmerde voorgevel die je de indruk geeft dat het een winkel is geweest. De afmetingen komen overeen, net als het uitzicht: links een brug over de gracht en rechts een boom waarvan de schaduw tot in de kamer reikt. Voor het pand waarin Tobias en Christina hebben gewoond, staat net als bij mij thuis een fiets met een kinderzitje.

6 Het contract

Voor Johannes van den Bosch was de proefkolonie Frederiksoord nog maar het begin. Nadat hij haar binnen zes weken tot succes had gebombardeerd, richtte hij zich direct op uitbreiding. Eerst liet hij Willemsoord en Wilhelminaoord verrijzen, die samen met Frederiksoord de zogeheten 'vrije koloniën' vormden. Vervolgens verbouwde hij een oud fort, De Ommerschans, tot 'strafkolonie', voor de kolonisten die niet wilden luisteren.

Zijn doel was veertigduizend armen op te nemen, de hele vlakte van Steenwijk tot aan Groningen zou worden bedekt met pauperkoloniën. Alleen: er was te weinig geld. Het aantal leden van de Maatschappij van Weldadigheid was rond de twintigduizend blijven steken, en dat was lang niet genoeg om zo'n immense onderneming te bekostigen. Er waren bovendien te weinig gegadigden. Ondanks het fraaie perspectief wilden de stedelingen, hoe arm ook, niet naar het barre Drenthe emigreren.

'Wij zijn er nog niet in geslaagd een geschikt gezin voor te dragen,' schreef de gemeente Delft aan de Maatschappij van Weldadigheid. 'Het valt niet gemakkelijk sedentaire en aan hunnen stad gehechte personen uit den werkzamen stand uit hun verblijf en uit hunnen kostwinning te lokken, want loszinnigen avonturiers zonder zedelijke beginselen en zonder geschikte handen zouden aan het groote doel niet beantwoorden.' En Delft was geen uitzondering. In Maassluis, waar 'de bitter schrale haringvangst' menige familie aan de bedelstaf bracht, vroeg men zich af of er ook sancties mochten worden toegepast 'ter bestraffing hunner onwilligheid en luiheid', als gezinnen weigerden vrijwillig naar de koloniën af te reizen.

Het volk dat zich wel liet overhalen, zorgde evengoed voor hoofdbrekens. Ze kregen nette woningen en een vaderlijke bejegening, toch lieten ze zich maar niet beschaven. De positieve indruk na zes weken was voorbarig gebleken. Geen twee jaar later stond er in een verslag van de Maatschappij:

Niet zo gelukkig echter zijn wij geslaagd in het invoeren van zindelijkheid en spaarzaamheid in de huishoudingen; zeer moeilijk blijft het, vele huisgezinnen, waarvan de leden dikwerf van de geboorte af in vuile holen en gaten als het ware zijn opgevoed, tot orde en zindelijkheid op te leiden.

Soms kwam het zelfs tot ongeregeldheden. Een groepje overmoedigen had het gewaagd de directeur, een broer van de generaal, uit te schelden voor 'bloedzuiger' en 'bloedhond', en twee gezinnen waren weggestuurd omdat ze zich hadden misdragen. Reden van al die opstandigheid: de meesten hadden geen zin om hun leven van minuut tot minuut door anderen te laten dicteren. Het reglement bepaalde wanneer ze werkten, wat ze aten, hoe ze hun kinderen opvoedden. De vrouwen hadden een hekel aan het verplichte uniform en verwisselden dat op zondag steeds vaker voor 'allerlei bonten', wat de generaal een doorn in het oog was. Hij zag 'den liederlijken en verkwistenden aard der vrouwen' als een van de oorzaken van de armoede.

Om de al even kwalijke drankzucht tegen te gaan kregen de kolonisten uitbetaald in een speciale munt, die alleen in de (alcoholvrije) koloniewinkel werd geaccepteerd. Maar die hindernis wisten ze dan weer te omzeilen door ruilhandeltjes op te zetten met de omliggende dorpen.

Aan de strenge, bevoogdende aanpak kon het niet liggen, zover reikte de kennis van de psychologie in die tijd niet, dus moest het wel komen door de onwillige aard van de kolonisten. Generaal Van den Bosch beklaagde zich erover dat de gemeenten hem opscheepten met de meest onhandelbare sujetten. Zo was er een groep van driehonderd individuen uit het armenhuis van Dordrecht, die zich uiterst brutaal gedroeg. Ze eisten op hoge toon een regenbak in huis en 'een pluimen bed'. Er zat een boekhouder bij 'die de kantschop hanteerde als een aap een geweer', een bakker die zijn bakkerij opgedronken had, en een kleermaker die weliswaar Frans en Engels sprak, maar verder doorging voor de 'gepersonificeerde luiheid'. Het idee dat zulke stedelingen de kolonie konden bekostingen met hun werk op het land bleek al snel een illusie.

Soms werd Johannes van den Bosch er moedeloos van. Als hij maanden in een logement in Steenwijk bivakkeerde om zich persoonlijk met de dagelijkse gang van zaken te bemoeien, kon hij ernaar verlangen weer eens in de tuin van zijn Haagse villa Boschlust te spitten en te snoeien. Hij hield ervan nieuwe gewassen te kweken, net als destijds in Indië, maar hij kreeg er de tijd niet voor. Het geldgebrek van zijn Maatschappij noopte hem continu tot aanpassingen van zijn grote plan, en dreef hem voort van de ene ingeving naar de volgende.

Zo was hij gestuit op het bedrag dat de gouvernementsbegroting jaarlijks reserveerde voor de opvang van wezen en verlaten kinderen. Het inspireerde hem tot een buitenissig idee. Als hij nu eens dertigduizend kinderrijke gezinnen kon ontlasten door van elk twee kinderen over te nemen, zouden die gezinnen dan misschien wel het hoofd boven water kunnen houden? Volgens zijn eenvoudige berekening zou hij met dit soort onorthodoxe maatregelen de armoede in Nederland binnen twaalf jaar kunnen uitbannen. Maar behalve een dromer was Van den Bosch ook een pragmaticus. Om daadwerkelijk aanspraak te maken op het gouvernementsbudget voor de wezen, zette hij zijn eerdere bezwaren tegen grootschalige kindertehuizen opzij. Ook zijn opzet om elk gezin een eigen hoeve te geven kwam hem plotseling voor als wel erg kostbaar. Bedelaars en vagebonden konden evengoed toe met 'eene geschikte lijfberging voorzien van de nodige stook- en slaapplaatsen' in een oord met minder voorzieningen en meer toezicht. In 1823 had hij de regering zover dat ze met de Maatschappij een mammoetcontract afsloot dat aan de financiële beslommeringen een einde zou maken. Er zou een geheel nieuwe 'onvrije' kolonie worden gesticht, ver van de bewoonde wereld.

Op kosten van de staat zou de generaal de zorg op zich nemen voor álle wezen van de Noordelijke Provinciën boven zes jaar, plus nog eens duizenden andere behoeftigen, die niet alleen vrijwillig, maar ook onder dwang konden worden gestuurd. Ze stonden in het contract omschreven als:

4.000 wezen en vondelingen vanaf zes jaar
500 bedelaarshuisgezinnen (in totaal 2.500 hoofden)
en 1.500 bedelaars,
allen fysiek goed in staat om te werken.

Johannes van den Bosch hield zich eigenhandig bezig met het ontwerp van het bedelaarsinstituut: drie kazerne-achtige gebouwen met een besloten binnenplaats en een gracht langs de buitenzijde. De onvrije kolonie werd gevestigd in de gemeente Norg, op drieduizend morgen bos- en heidegrond nabij de buurtschap Veenhuizen. Met een capaciteit van meer dan duizend wezen per gesticht en nog eens even zoveel bedelaars, zou het asiel rendabel kunnen draaien. Maar zelfs die verwachting bleek te rooskleurig ingeschat. De nieuwe kolonie had nauwelijks haar poorten geopend of het werd duidelijk dat ook hier geen mens wilde komen.

De gedwongen overplaatsing van de wezen naar Veenhuizen verliep bijzonder moeizaam. Kindertehuizen in het hele land weigerden hun pupillen af te staan. Het stuitte de regenten tegen de borst dat de kinderen niet in hun eigen stad mochten opgroeien, in de buurt van hun familie. Het kwam geregeld voor dat ze nog ouders hadden die hen uit armoede te vondeling hadden gelegd en hen van een afstandje bleven volgen, in de hoop hun kinderen in betere tijden weer bij zich te kunnen nemen. Het stadsvolk protesteerde luid tegen de 'deportatie' van die arme, weerloze jongens en meisjes naar het onherbergzame platteland. Vooral in Amsterdam: de kindertransporten van het Aalmoezeniersweeshuis moesten in het geheim vertrekken, onder dekking van de nacht en met extra politiebewaking.

Ondanks de mogelijkheid tot dwang bleven ook de bedelaars

weg. Het enige criterium voor onderdak in Veenhuizen, fysiek in staat zijn om te werken, was in de praktijk het grote struikelblok. Het bleek dat de meeste paupers juist dáár niet aan voldeden. En daarom, om te voorkomen dat de Maatschappij nog verder in de schulden zou wegzinken, liet Van den Bosch die allerlaatste eis vallen: zelfs armelui die niet konden werken – invaliden, 'oude afgeleefden' en andere arbeidsongeschikten – mochten voortaan zijn kazernes bevolken. In een aangepast contract met Den Haag werd in 1826 vastgelegd dat de vergaarbak van hopeloze gevallen, die Veenhuizen hiermee zou worden, alleen nog blinden en waanzinnigen mocht weigeren.

Tot slot, om alle plaatsen in de gestichten gevuld te krijgen, en omdat de minister van Oorlog ermee in zijn maag zat, werd er aan het contract met het gouvernement nog een groep toegevoegd: 178 invalide militairen met hun gezinnen, in totaal 653 personen, die in Veenhuizen toezicht zouden uitoefenen op de bedelaars.

Tobias Braxhoofden, 'geblesseerd door den bajonet' en 'gedikt' aan het voorhoofd, bleek voor deze categorie geselecteerd: hij werd voor de rest van zijn leven overgeplaatst naar Drenthe.

CATO

7 De overtocht

De eerste aanblik van het Derde Etablissement, het beeld zoals Cato Braxhoofden het moet hebben gezien, was twee jaar voor haar komst al vastgelegd op een gravure. Met die prent uit 1826 is iets vreemds aan de hand: er hangen wolken boven het gesticht, maar ze werpen aan de grond geen schaduw af. Op de voorgrond zie je een man met een stok en een bundeltje kleren op zijn rug. Hij staat op het punt de ophaalbrug over te steken, maar lijkt even zijn pas in te houden. Wil hij de uitgestrektheid van het gesticht op zich laten inwerken, of twijfelt hij of hij er binnen zal gaan? In het veld rondom zijn weinig mensen te zien: een voorovergebogen figuur bij een kruiwagen, een groepje kinderen, een eenling in het gras.

Cato moet op dezelfde plek hebben gestaan als die man met zijn stok. Over diezelfde ophaalbrug liep ze als meisje van dertien haar nieuwe thuis tegemoet. Het was op een dinsdag, 12 maart 1828. Ik zou willen dat ook zij even had geaarzeld, maar dat is onwaarschijnlijk. Ze had een zware reis achter de rug, het is logischer dat ze voortmaakte.

Dagen eerder waren ze vertrokken uit Den Haag, de stad waar ze na Delft opnieuw hadden gewoond. In de ochtendschemer hadden ze hun bagage opgepakt en waren op weg gegaan: vader Tobias, moeder Christina, Cato, haar zusjes Marie en Stientje, de peuters Wim en Karel, en Freddie, die pas een paar weken eerder was geboren. Ze passeerden de Grote Kerk, liepen over de Riviervismarkt en de Dagelijkse Groenmarkt, en zagen nog één keer het Binnenhof. Ik stel me voor dat ze de indrukken in zich opzogen om ze nooit meer te vergeten: de rijtuigen in de straten, de geuren van de markt.

Bij de stadsherberg lagen de trekschuiten gereed. De Braxhoofden hadden plaatsen gereserveerd tot Amsterdam, waar ze, volgens de dienstregeling, diezelfde dag nog zouden aankomen. Toen de schipper de bagage had vastgesjord en zijn paard met een touw aan de jaagmast bevestigd, was er nog maar weinig tijd om vaarwel te zeggen. Er werd op de kade omhelsd en gehuild tot iedereen aan boord moest. Tobias, Christina en de kinderen zochten een plekje tussen de andere passagiers: wie het kon betalen ging naar binnen, de roef in, het gewone volk zat buiten, tegen regen en kou beschermd door leren lappen. De Grote Kerk, de hoogste toren uit de omgeving, verdween met een snelheid van zeven kilometer per uur uit zicht.

Bij het kalme ritme van het trekpaard kon je gemakkelijk wegdromen. Varen was een stuk comfortabeler dan reizen per postkoets over de hobbelige wegen. Door het uitgebreide netwerk van trekvaarten en op elkaar aansluitende dienstregelingen kon je het hele land bereizen. De Haagse Trekvaart verbond de stad met Leiden, van daaruit ging het elke twee uur verder, richting Amsterdam.

De tocht naar het stiefgewest Drenthe kon je gerust een landverhuizing noemen. Voor Cato was het niet de eerste keer, ze had al in Namen gewoond, en ook in Delft, maar deze verhuizing was wel de meest ingrijpende. De huisraad was verkocht of weggegeven, ze hadden afscheid genomen van hun hele familie. Ze zouden elkaar misschien nooit weer zien.

Dat mijn voorouders naar het zwerversasiel vertrokken onder een veteranencontract van de minister van Oorlog, was een onvoorziene wending. Terwijl ik zocht naar een dramatische val die hen in Veenhuizen had doen belanden, bleek het te gaan om een soort promotie, of in elk geval een gunst. De nieuwe kolonie was een buitenkans, mijn voorvader zou er ondanks zijn invaliditeit zijn gezin kunnen onderhouden. De voornaamheid die in mijn familie aan de naam Braxhoofden werd toegedicht, had, zo begon ik te vermoeden, niets te maken met adel of rijkdom. Het was veel eenvoudiger: Tobias genoot aanzien omdat hij bewaker was, in de bedelaarsgestichten stond hij een tree hoger op de sociale ladder dan het volk waartussen hij woonde. Een kleine tree misschien, maar toch.

Amsterdam was een gangbare stop op de route naar Veenhuizen. Door het gebrek aan wegen in Drenthe was de kolonie alleen over water te bereiken, via de Zuiderzee. Voor aanstaande kolonisten die wachtten op hun overtocht, waren britsen beschikbaar in de legerbarakken bij de Utrechtse Poort, waar eerder de troepen van Napoleon hadden gebivakkeerd.

Cato en de rest van haar familie waren hooguit een paar dagen in de hoofdstad geweest, want het beurtschip dat hen naar Meppel zou brengen, voer eens per week. Na de afvaart vanaf de Tesselse kade bleven de passagiers zo lang mogelijk aan dek om naar de stad te kijken, maar bij het verlaten van het IJ werden ze naar binnen gestuurd, want op zee moest de schipper ongehinderd kunnen laveren. In het ruim was het benauwd en koud tegelijk, de bagage schoof, het rook er naar touw en teer. Moeders plachten hun zuigelingen extra stevig tegen zich aan te drukken, want vooral 's winters kon de reis voor de kleinsten en zwaksten fataal uitpakken.

De tocht over de Zuiderzee was meer dan alleen een ongemakkelijke reis met ziekmakende golven. De oversteek was onomkeerbaar, het was als het passeren van de spreekwoordelijke Rubicon: je kon fysiek wel terug, maar de gevolgen waren onherstelbaar. En hoe die eruit zagen, wist in 1828 niemand nog te voorspellen.

Eenmaal in Meppel, veilig aan de overkant, kon het de passagiers niet meer ontgaan dat ze een andere wereld waren binnen gestapt. De trekschuit die hen over de Drentse Hoofdvaart voerde, zag er wel hetzelfde uit als thuis, alleen heette ze hier een 'snik'. De schipper, de 'snikkevaarder', gebruikte woorden waar de stedelingen geen wijs uit werden, en op het land stonden vreemde hutten, laag en donker, die wel bewoond leken. In Holland liep de trekvaart door dichtbevolkt gebied, er was altijd wel ergens een toren in zicht of een tegemoet varend schip. Maar tijdens de twintig uur durende tocht door Drenthe zag je weinig meer dan de plaggenhutten en de nog schamelere krotten van de turfstekers, die van heinde en ver waren gekomen om de veenlaag perceel voor perceel af te graven. Daartussendoor: veenmoeras zo ver het oog reikte.

Na een volle dag varen in een kaarsrechte lijn boog het jaagpad tweemaal af naar links. Op de eerste meetkundig betrouwbare kaart van Nederland, waarvan het blad Drenthe in 1822 gereed kwam, is de Kolonievaart voor het eerst ingetekend: een smalle geul door niemandsland, die uitkomt op een eenzaam vierkantje zonder omgeving – de contouren van een gesticht in aanbouw. Zes jaar na voltooiing van die kaart, toen de snik het gezin Brax-hoofden naar Veenhuizen bracht, waren alle drie de etablisse-menten al in gebruik, maar langs de Kolonievaart waren ze nog niet te zien. Menig reiziger was hier door de verstikkende eento-nigheid van het landschap bij de keel gegrepen.

En dan, te midden van die verlatenheid, doemden de gestich-ten op: kille muren van steen, nog zonder de vriendelijke aankle-ding van linden.

In het Veteranencontract had ik gelezen welke voorzieningen de minister van Oorlog met generaal Van den Bosch had afgesproken voor gezinnen als de Braxhoofden. De tekst betrof:

178 gehuwde manschappen der Garnizoens-Kompagniën
met hunnen Huisgezinnen.
Elk huisgezin zal gevestigd worden in een afzonderlijk
vertrek, voorzien van de noodige ruimte, slaapplaatsen,
meubelen, beddegoed en gerieflijkheden.
Aan ieder huisgezin wordt wekelijks vanwege de
Maatschappij verstrekt 12 Nederlandsche ponden koloniaal
roggebrood, 2/3 Nederlandsche mud aardappelen, en voor
90 Cents aan winkelkaartjes.
Nog zal aan de huisgezinnen indien zij het verkiezen elk een
tuintje van 500 vierkante ellen gecultiveerd land worden

aangewezen ter verbouwing voor eigen rekening van zoodanige keukengroenen en vruchten als zij zullen goedvinden.

(De Maatschappij) verbindt zich om aan de huisgezinnen zooveel fabrieksmatige arbeid en zooveel aandeel in den koloniale veldarbeid te verschaffen als door derzelven zal worden verlangd.

De onderofficieren en korporaals zullen boven de bedongen verstrekkingen eene toelage erlangen in winkel- of zakgeld; als: sergeant-majoor 50 cents; sergeant 40 cents; fourier 30 cents; korporaal 20 cents, wekelijks.

De veteranen zullen in de gelegenheid worden gesteld om dagelijks doch voor eigen rekening voor de waarde van 5 cents Jenever te koopen.

Op 12 maart 1828, toen Cato van boord stapte, was Johannes van den Bosch niet in Drenthe. Tijdens de eerste jaren kwam de generaal nog regelmatig op bezoek in zijn nieuwe, 'onvrije' kolonie. Fier te paard als een landheer reed hij langs en vroeg de kolonisten wat hen bezighield. Hij had zich met zijn gezin in Drenthe gevestigd, dat toonde zijn betrokkenheid. Maar na een paar jaar was hij weggeroepen. De koning had hem, in het jaar waarin de Braxhoofden arriveerden, aangesteld als gouverneur-generaal van Oost-Indië. Het was een benoeming die Van den Bosch moeiteloos in overeenstemming wist te brengen met zijn idealen: door de Oost winstgevender te maken voor de schatkist, zo redeneerde hij, kon hij de armoede in zijn vaderland nog beter bestrijden. Terwijl Cato met haar ouders en zusjes en broertjes probeerde te wennen aan haar nieuwe leven, werd de generaal in beslag genomen door de voorbereidingen voor zijn eigen overtocht. Hij hield toezicht op de verbouwing van het fregat dat hem en zijn gezin naar Indië zou brengen. De inventaris die aan boord meeging, bevatte Engelse meubelen, Parijse confituren, sieraden, sigaren, gezouten vlees en groenten, zes kisten van de banketbakker, vier kisten van de koekenbakker, een bibliotheek met twaalfhonderd boeken (Voltaire, Shakespeare, Vondel), en ook een ezelin en wat koeien die melk moesten produceren voor de vier maanden jonge generaalszoon; met de afvaart werd gewacht tot de zuigeling sterk genoeg was voor het ongerief van een scheepsreis.

8 Het Derde Gesticht

Het Derde Gesticht ligt nog altijd in de verste uithoek van Veen-huizen. Voorbij de Penitentiaire Inrichting Esserheem, het Huis van Bewaring, de celblokken voor bolletjesslikkers (betondozen op een grasveld), en dan nog een paar bomenrijen verder. Het heet nog altijd het 'Derde', al is het gesticht zelf lang geleden gesloopt. De bijgebouwen die er nog wel staan, ogen verweesd: een paar verdwaalde huizen, ongelijksoortig, alsof een windhoos ze, elders opgepikt, toevallig hier bij elkaar heeft neergeworpen. Er staat een oude boerderij met rood-witte luiken en het opschrift 'Jacht-weide'. Een paar ruïnes met hekken eromheen en een aannemers-bord met het logo van de EU. In de voortuin van een eenzaam rij-tjeshuisje dat geen buren meer heeft, zie ik een ooievaar van hout, versierd met roze slingers. Ik vraag me onwillekeurig af hoe de geboorte van Cato's dochter Helena, hier op deze plek is gevierd. Of zou daar anderhalve eeuw geleden niet zo bij zijn stilgestaan? Voor het laatste huis van Veenhuizen zijn twee mannen een hek aan het repareren. Als ik een stap in hun richting doe, begint hun hond vervaarlijk te grommen.

'Dit was vroeger de directeurswoning,' vertelt een van hen, na-dat ik daar van een veilige afstand naar heb gevraagd. 'De direc-teur kon zo binnendoor, dan werd 'ie niet nat.'

Ik neem aan dat hij bedoelt: binnendoor naar het Derde Ge-sticht. Ik vraag: 'Waar stond het gesticht precies?'

De man haalt zijn schouders op. 'Geen idee. Daar hou ik me niet mee bezig.' Met een knik naar het bouwterrein ernaast: 'Moet je bij mijn buurman zijn, die heeft alles over vroeger uitgezocht.'

Het blijkt dat die buurman de restanten heeft opgekocht van een katoenspinnerij uit 1839. Hij is bezig met een grote renovatie om de gebouwen weer in de originele staat terug te brengen. Als de buurman hoort waarvoor ik kom, nodigt hij me spontaan uit voor een rondleiding. Ik ben niet de eerste, zegt hij, die aanklopt op zoek naar voorouders in het Derde Gesticht.

Mijn gastheer is een dertiger in een streepjesoverhemd met losgeknoopt boord en omgeslagen mouwen. Zijn glimlach straalt een zelfvertrouwen uit dat ik niet op deze verlaten plek verwacht. Hij biecht op dat hij nog nooit van Veenhuizen had gehoord, toen hij hier voor het eerst kwam. De fabriekspanden die te koop stonden, maakten aanvankelijk weinig indruk. Hij zag vervallen muren, de contouren van ramen, een gesloopte vloer, een dak waarin een groot gat geslagen was – en dat in de meest afgelegen hoek van een afgelegen dorp. Maar toen hij een hal binnenstapte was hij in de ban geraakt van de lichtval: banen zonlicht, die door een rij boogramen binnenvielen, als in een film. Inmiddels woont hij al twee jaar in een paar containers op het bouwterrein. 'Je vraagt je af, wie durft zo'n groot project aan?' zegt hij hardop, om zelf het antwoord te geven: 'Iemand die subsidieadviseur van beroep is, en die verwacht dat hij de kosten niet alleen hoeft te dragen.' Hij gebaart naar het EU-bord dat iets vermeldt over plattelandsontwikkeling.

De ruïnes die hij met Europese steun aan het opknappen is, blijken het karkas van wat ooit gold als een ultramoderne fabriek. In 1839 was dit een van de eerste stoomfabrieken van het noorden van het land: een katoenspinnerij en een weverij, aangedreven door een stoommachine. Nu staan alleen de panden van de spinnerij er nog. Mijn gids gaat me voor naar een oude fabriekshal, die in de toekomst zijn gastenverblijf zal worden. De vloer is nog van zand, er staan steigers door de hele ruimte. Op zijn gemak begint hij een metershoge, wankele ladder te beklimmen tot vlak onder de hanenbalken. Ik aarzel, maar ga hem toch achterna. Terwijl we schuifelen over een smalle loopplank hoog boven de grond, wijst hij me op twee ronde uitsparingen in het dak van een meter doorsnede elk. Tijdens de renovatie zijn deze originele luchtgaten tevoorschijn gekomen, waardoor destijds de fabrieksstoom placht te ontsnappen. Ze konden niet dicht, dan kregen de arbeiders te weinig zuurstof, maar als 's winters de stoomketels even stilvielen, kwam ook de kou erdoor naar binnen.

Als we weer op vaste grond staan, vertel ik mijn gids dat het goed mogelijk is dat Cato, de oma van mijn oma, hier haar dagen heeft doorgebracht. In elk geval moet ze de stoom uit deze gaten hebben zien opstijgen wanneer ze buiten de was te drogen hing of werkte in de moestuin van haar vader.

Dit is precies het soort informatie waar mijn gastheer van houdt. 'Dan heb ik nog iets voor je,' zegt hij triomfantelijk. We stappen naar buiten over stapels oude bakstenen en balken die uit het plafond zijn gehaald om te worden opgeknapt, tot we op een smal paadje staan. Een paar passen verderop houdt hij stil en wijst naar de grond. Uit het gras steekt een meerpaal van steen, scheefgezakt en in onbruik geraakt. De gracht waarlangs hij stond, is er niet meer. Er is ook geen ophaalbrug. Mijn gids haalt een afdruk tevoorschijn van de gravure uit 1826 die ik al ken: dit moet de plek zijn vanwaar Cato bijna twee eeuwen geleden voor het eerst het bedelaarsasiel zag. Ik kijk op van de meerpaal in dezelfde richting als waarin zij destijds moet hebben gekeken en zie een vierkant weiland waarop een handvol zwart-bonte koeien staat te herkauwen. Op deze twee, drie hectaren heeft mijn betovergrootmoeder als dertienjarig meisje haar nieuwe thuis gevonden. Hier zijn de belangrijkste dingen in haar leven gebeurd: ze is op deze plek volwassen geworden, heeft er haar man leren kennen en haar kinderen op de wereld gezet. Het geroezemoes van een overvol gesticht dat haar altijd omringde, is nu verwaaid. Ik hoor alleen het gemaal van koeienkaken.

Het gezin Braxhoofden kreeg na aankomst in Veenhuizen een eigen vertrek toegewezen. Deur nummer 34 was een van de vele in de lange rij aan de buitenzijde van het Derde Gesticht. Er waren wel honderd van zulke deuren, waarachter beambten, bewakers en andere fatsoenlijke families woonden.

De kamer was niet groot, zo'n vier meter breed en vier meter zeventig diep, maar wel behoorlijk ingericht, met twee dubbele

bedsteden, een houtkachel in het midden, en ook nog twee olie-
lampen. De achtermuur grensde aan de slaapzalen. In het Eerste
en Tweede Gesticht woonden daar de zwervers en de bedelaars;
het Derde was het kindergesticht. Cato's achterburen waren wezen uit heel het land. Op de binnenplaats, die was ingericht als
Engelse tuin, mochten ze soms spelen. De jongens en meisjes – de
jongste zes, de oudste twintig – werden verzorgd door een kindermoeder of een kindervader die verantwoordelijk was voor zestig wezen tegelijk. Om zich te verweren tegen de kritiek op die
grootschalige opvang onderstreepte de Maatschappij van Weldadigheid graag hoe goed de kinderen werden behandeld. Een
eigen onderzoekscommissie schreef in 1826:

> Toen wij het Derde Etablissement bezochten, ontmoetten
> wij [den geneesheer] daar bezig met het onderzoeken van
> nieuw aangekomen kinderen; hij deed dit met de meeste
> menschlievendheid en beval voor eenigen dadelijk, wat hij
> voor hen dienstig oordeelde; ook verzocht hij den Adjunkt-
> Direkteur de kagchels in de zalen te doen plaatsen, ten einde
> deze jonge kinderen geene koude zouden lijden.
> Wij ontmoeten er 80 kinderen uit het Amsterdamsche
> Aalmoezeniersweeshuis. Een blos van gezondheid lag op
> aller gelaat: geen enkele van deze bezending was ziek of
> gestorven.
> Veel kinderen zijn door ons ondervraagd en hebben alle
> teekenen van tevredenheid gegeven, eenigen legden
> hunnen spijt aan den dag, van hunne familien niet te
> kunnen bezoeken.

Ondanks alle bezwaren viel één ding niet te ontkennen: in de frisse Drentse buitenlucht stierven minder kinderen dan in de benauwde stadsgestichten. Bovendien kregen ze hier een gedegen
opleiding. Generaal Van den Bosch met zijn verlichte ideeën had
ook in zijn onvrije kolonie scholen gesticht. Alle kinderen – inclusief Cato, als dochter van een veteraan – zaten dagelijks in de

schoolbanken tot ze veertien waren. Daarna, als ze overdag werkten, moesten ze ook nog eens naar de avondklassen: de meisjes twee keer per week, de jongens drie keer.

Cato leerde samen met de wezen de 'leeskunst', en ook het schrijven 'van duidelijk leesbare letters', rekenen 'uit het hoofd en op de lei', en zelfs enige aardrijkskunde, geschiedenis en natuurkunde 'ter bewaring voor, of wegneming van schadelijk bijgeloof, en om gelukkig te leven'.

In een tijd waarin weinig arbeiderskinderen naar school gingen viel dit soort moderniteiten niet bij iedereen in goede aarde. Zelfs de meest vooruitstrevende denkers konden zich bezwaarlijk een samenleving voorstellen waarin niet elke mens zijn eigen bestemming had, dat wil zeggen: binnen zijn eigen stand. Men vreesde dat te veel kennis de kinderen op verkeerde (want onmogelijke) ideeën zou brengen.

De schrijver Jacob van Lennep, die in 1823 een kolonieschool bezocht, noteerde in zijn dagboek:

> Wat voor nut hebben die [vakken] voor mensen die bestemd zijn om achter de ploeg te lopen of de schop in de hand te nemen? Maken deze vakken hen niet ontevreden met hun lot? Brengen ze hun gedachten niet op zaken die voor hen onnodig zijn?

Om een idee te krijgen van het dagelijks leven in Cato's tijd was ik aangewezen op verslagen van bezoekers als Van Lennep, die beroepshalve of uit nieuwsgierigheid een kijkje waren komen nemen – 'kwaliteitstoeristen', in termen van de eenentwintigste eeuw. In sommige reisgidsen uit die periode werden de oorden van de Maatschappij van Weldadigheid aangeprezen als de enige bezienswaardigheid op de weg tussen Zwolle en Groningen. Het tijdschrift van de Maatschappij maakte onomwonden reclame:

> Het wordt derhalve meer en meer belangrijk in dit seizoen, naarmate wij de rijpwording der veldvruchten en den oogst

naderen, de koloniën eens te bezoeken; waarvan de genoegens voor den liefhebber van Vaderland en menschheid [tegen] de kosten ruim opwegen.

'Bij de ingang meldt men zich bij de portier en betaalt per persoon een entreegeld, waarvoor men een bekwame gids mee krijgt,' zo beschreef een Duitse toerist zijn aankomst in het zwerversasiel. Tijdens de rondleiding zag hij in de school 'de bekende Hollandse orde en discipline en geen leerling durfde het te wagen om door ongehoorzaamheid en wederspannigheid zich de ergernis van de leraar op de hals te halen'.

Er kwamen ook officiële delegaties uit het buitenland, parlementariërs en andere deskundigen, die wilden weten of de aanpak van Van den Bosch ook in eigen land toepasbaar was. Freiherr von Lüttwitz, een Pruisische regeringsambtenaar, noteerde in 1834 hoezeer de militaire discipline deel uitmaakte van de 'behandeling' van de bedelaars:

De werkorders worden op militaire wijze uitgevaardigd.
Trom en klok kondigen het uur van de arbeid aan. De namen van de kolonisten worden op de verzamelplaats afgeroepen.
Wie niet behoorlijk gekleed of te laat aantreedt, wordt op zijn loon gekort.

De Pruis vond de bedelaarsgestichten 'door hun arbeid in de openlucht zowel gezonder en milder, als doelmatiger' dan die in de steden. Hij geloofde dat alleen zware lichamelijke inspanning 'de neiging tot het hechten aan huis en haard, in plaats van deze volksklasse eigene hang tot vagabonderen, aankweekt of bevordert'. Een Franse commissie daarentegen toonde zich geschokt, vooral over de verzorging van de wezen, waar 'een man werd aangesteld temidden van zestig jonge meisjes, en een vrouw temidden van zestig knapen'.

Maar wat ze er verder ook van vonden, alle bezoekers waren onder de indruk van de ontginningen. Een Schotse delegatie noemde de velden van de kolonie 'als de Oase bloeiend temidden van onvruchtbaarheid en verlatenheid'.

Ook ik was zo'n bezoeker die als buitenstaander probeerde een glimp op te vangen van de dagelijkse werkelijkheid in het Veenhuizen van Johannes van den Bosch. De bouwval waarin ik in 2005 rondliep, was een herinnering aan de stoomfabriek die destijds het middelpunt vormde van het leven op het Derde Gesticht. Uit de werkgebouwen had het geluid van de scharen en de rollen en het draaiende wiel tot ver in de omgeving geklonken. En ook het kunstlicht, opgewekt door een kleine gasfabriek, was al van een afstand te zien: daardoor kon er zelfs 's winters twaalf uur per dag worden gewerkt.

De fabriek was, hoe kon het ook anders, een initiatief van Johannes van den Bosch persoonlijk. Als gouverneur-generaal van Nederlands-Indië oogstte hij lof door voor het eerst sinds jaren weer geld uit de overzeese gebiedsdelen naar de Nederlandse schatkist te laten vloeien. Met dezelfde voortvarendheid als waarmee hij de Drentse paupergestichten uit de grond had gestampt, voerde hij in Indië het cultuurstelsel in.

Hij verplichtte 'inlanders' eenvijfde van hun velden te bebouwen met exportgewassen tegen een van hogerhand vastgestelde vergoeding. Koffie, suiker en indigo werden naar de Hollandse havens verscheept en daar tegen gunstige tarieven verhandeld. Dat de boeren op Java het vel over de oren werd getrokken omdat hun vergoeding eerder op een hongerloontje leek, daar zou pas dertig jaar later op worden gewezen door Multatuli; in Johannes' tijd werd het cultuurstelsel alom beschouwd als een daverend succes. De Twentse textielindustrie bloeide op, met andere takken van nijverheid in haar kielzog.

Vanuit zijn villa met marmeren zwembad in Buitenzorg verloor de generaal zijn Drentse bedelaarsinrichtingen niet uit het oog. Ook niet toen hij in 1834 in Nederland terugkeerde, en merkte hoe hoog zijn ster in de vaderlandse politiek was gerezen. De koning verhief hem in de adelstand (als baron), de machtige positie van minister van Koloniën was speciaal voor hem vrijge-houden. Johannes van den Bosch zag in dit alles vooral kansen voor zijn Maatschappij van Weldadigheid. Nu de staatskas profi-teerde van de door 'inlanders' opgebrachte rijkdom, moest dat geld, zo vond hij, ook ten goede komen aan de vaderlandse pau-pers.

Het was de tijd waarin de spectaculaire uitvinding van de stoommachine zijn intrede deed in Nederland. De nieuwe minis-ter wilde de snelgroeiende geldproblemen van Veenhuizen aan-pakken door er een katoenfabriek neer te zetten. Wat in Twente kon, moest in de gestichten evengoed mogelijk zijn. Het zou een modelfabriek worden voor het aankweken van vakbekwame krachten: het zwerversvolk zou lijnwaden produceren voor Indië, in opdracht en op kosten van zijn ministerie.

De bouw van de stoomfabriek kostte zestigduizend gulden en nam jaren in beslag, maar daarmee bezat de Maatschappij wel een paradepaardje. De werking van de machines was zo geavanceerd dat er speciaal een directeur uit Engeland moest komen, die luis-terde naar de naam Drinkwater. Er werden wevers en spinners van over de grens gehaald om de kolonisten te leren wat ze moesten doen. Meisjes en jonge vrouwen bleken het behendigst in het ver-wisselen van de klossen.

Met zo'n eigentijdse fabriek nam de aantrekkingskracht van Veenhuizen op de toch al nieuwsgierige bezoekers alleen maar toe. In de periode dat Cato op het Derde woonde, waren er twee Friezen langsgekomen: Tjibbe Geerts van der Meulen, dichter en uitgever, en Hindrik Bosgra, boomkweker. Tijdens een vakantie-tocht door Drenthe hadden ze aangeklopt bij de poort van 'die be-kende stoomfabriek', en toen bleek er een vast entreebedrag te zijn van acht stuivers per persoon. Terwijl ik hun verslag las, stel-de ik me voor dat Cato aan de machines had gestaan.

Er werd een jonge vrouw van haar werk weggeroepen om ons een uitleg van het werktuig te geven. Eerst zagen wij hoe de katoen, ruig en onbewerkt in grote balen aangevoerd, in een grote ketel of ijzeren ton gepropt werd. Dan legde men het katoen op een soort mangel, waar een groot aantal raderen het automatisch op grote rollen bracht. Die sponnen dan van elke rol een stuk of vijf draden; op het laatst zo fijn dat er garen van geweven kon worden.

En al die wielen, raderen, radertjes, pijpen en roeden, al die beweging verliep werkelijk dankzij water en vuur. Het vuur moest gestookt worden, en mannen kruiden steeds maar door turf naar de stookplaats. Waar de stoomkracht begon was een enorm groot wiel, met in 't midden een as, die de hele boel in rep en roer bracht.

Maar, al hoe indrukwekkend en kunstig het allemaal wezen mocht en ons een bewijs van menselijk kunnen gaf, ik geloof dat wij er samen meer plezier aan hadden dan die anderhalf honderd mensen bij elkaar, mannen en vrouwen, die dag in dag uit en jaar in jaar uit altijd moeten staan of zitten om de rollen op te zetten, draad te knopen en te haspelen.

Het was de Friezen opgevallen dat het er in de kolonie heel anders aan toe ging dan ze gewend waren. Ze voelden zich boers in vergelijking met die stadse lieden, en ze verbaasden zich over 'de bloemen en vreemde gewassen die men hier en daar voor de schone ruiten zag'. In de herberg bij de fabriek kwam hen niet de gebruikelijke 'oude jichtige kastelein' tegemoet, maar 'een frisse jonge juffrouw' die hen verwelkomde in een kamer met gekleurde tapijten, grote spiegels en schilderijen. De tapkast telde een selectie aan buitenlandse likeuren, maar geen gewone brandewijn. Van de juffrouw kregen ze te horen dat minister Thorbecke onlangs nog op bezoek was geweest. De Friezen grapten tegen elkaar: 'Dit is hier bepaald geen Drentse boel.'

Ik had al vaker opgevangen dat Veenhuizen zo uitgesproken 'Hollands' was. Toen ik eens de gemeente Norg belde, kreeg ik spontaan te horen dat ik vast niet uit de buurt kwam. Véénhuizen, zei ik, en dat was anders dan het Drentse Veenhúízen. Maar verplaatste ik de klemtoon naar achteren, dan werd ik in Veenhuizen zelf weer gecorrigeerd. Het was kennelijk altijd een Hollandse enclave gebleven: het gros van de inwoners, opgesloten of niet, kwam van buiten Drenthe.

Anno 2005 trekt de oude katoenfabriek geen bezoekers meer. De dagjesmensen die Veenhuizen aandoen, komen zelden tot aan het Derde. Wat zou er te zien zijn bij die handvol huizen rond een koeienveld aan een doodlopende weg?

Maar voor mij schemert het verleden hier overal door het oppervlak. Bij de renovatie van de oude fabriekshallen is, na het afkrabben van de modernere lagen, anderhalve eeuw geschiedenis komen bloot te liggen. Met behulp van oude foto's en documenten heeft mijn gastheer zo goed mogelijk gereconstrueerd hoe het hier vroeger was. Hij wijst me de sporen één voor één aan: de oorspronkelijke hoogte van de ramen (zo hoog, dat er wel voldoende licht binnenviel, maar de arbeiders niet werden afgeleid); de verlaagde ramen van toen de stoomfabriek al na twintig jaar weer was ontmanteld en er een verblijfszaal was ingericht voor de wezen; een oud stoppenkastje dat hier – getuige een foto – al hing ten tijde van de Eerste Wereldoorlog, toen dit pand onderdak bood aan Belgische vluchtelingen; en tot slot de geel uitgeslagen stralen op de achterwand bij het plashok van de bejaarde landlopers, die hier na de sloop van het Derde Gesticht in 1924, waren ondergebracht. Zelfs het gat in het dak heeft een verhaal: het gebouw zou in de jaren zeventig door speciale eenheden van Justitie zijn gebruikt als oefenobject voor de bestorming bij de Molukse treinkapingen.

Als we weer buiten staan, moet ik denken aan Cato. Dat zij heeft gelopen waar ik nu loop. Zelfs hier op het erf is haar wereld nog terug te roepen. De gracht die om het gesticht liep, is nu een brede strook in de grond die wat dieper is ingeklonken dan de rest van de bodem. Je kunt ook zien hoe de directeurswoning en de spinnerij aan elkaar vastzaten. En waar de vroegere weverij stond, die op 1 april 1961 in brand vloog en verloren ging omdat de brandweer de melding had opgevat als een grap.

Mijn gastheer knikt naar het buurhuis met de rood-witte luiken en het bordje 'Jachtweide', dat er, vertelt hij, al eerder stond dan de gestichten: het blijkt de herberg te zijn waar de twee Friezen zich hadden verbaasd over de 'frisse jonge juffrouw' en de buitenlandse likeuren.

De duisternis valt in. Terwijl ik naar het lege weiland kijk, bekruipt me een gevoel of het gesloopte etablissement onzichtbaar aanwezig is. Ergens op dit veld heeft Cato haar man Teunis ontmoet. De plek waar ze hun eerste blikken wisselden, ligt voor mij. Ik weet alleen niet waar ik moet kijken.

9 Aan de goede kant van de lijn

Het was in den herfst van het jaar 1839, dat ik mij gereed
maakte om naar de Ommerschans te vertrekken, waar ik,
gelijk men mij zeide, gelegenheid zou vinden, om, beter dan
in mijne geboorteplaats in mijne behoeften te voorzien. Ik
sla de treurige dagen over, die dit besluit voorafgingen, en
bepaal mij alleen tot de vermelding, dat ik mij op den 5 Nov.
van dit jaar, vrijwillig aldaar aangaf.

Met deze tekst begint een ontluisterend portret van het leven in
Veenhuizen. De schrijver, een man genaamd T.L. Hoff, had anderhalf jaar in de gestichten doorgebracht. Zijn boekje, *De koloniën van
Weldadigheid te Ommerschans en Veenhuizen, naar waarheid geschetst door
T.L. Hoff, Gewezen Kolonist*, was een waarschuwing. Al zou er maar
één ongelukkige door zijn brochure niet in wanhoop naar de be-
delaarsinrichting uitwijken, dan al was het voor hem de moeite
van het schrijven waard geweest.

In tegenstelling tot de verslagen van toeristen, bestuurders en
andere buitenstaanders, die de kolonie nog een zekere glans ver-
leenden, was dit een uniek, ongefilterd verhaal-van-binnenuit.
T.L. Hoff had als enige in de eerste 65 jaar van het bestaan van
Veenhuizen de werkelijkheid vastgelegd vanuit het perspectief
van de landlopers en de bedelaars, de mensen om wie het allemaal
te doen was. Om Cato's positie als veteranendochter tussen de gewone kolonisten te begrijpen, was zijn blik onmisbaar, dat bleek
al vanaf de eerste bladzijde. Vooral het schrille contrast met de
door Johannes van den Bosch beoogde opvoeding tot een zelfstandig bestaan, was onthullend: want zodra een pauper in de
kolonie aankwam, werd hem alle onafhankelijkheid direct uit
handen genomen.

Het begon er al mee dat Hoff na zijn vrijwillige aanmelding in de Ommerschans meteen was opgesloten in een bovenzaal, waar al zo'n negentig andere mannen zaten te wachten. Op de grond lag stro om in te slapen, overal kroop ongedierte. Er waren lieden bij 'die zoo van Rotterdam, als van Middelburg waren aangebragt, en die niet alleen niet behoorlijk gekleed waren, maar zelfs geen linnen aan het lijf hadden'. Pas na twee loze etmalen, toen de foerier de koloniekleding uitreikte, mochten ze zich wassen. Vervolgens waren ze onder strenge bewaking overgebracht naar Veenhuizen.

Hoff had het transport ervaren als 'allerellendigst voor iemand die weet en gevoelt van geen misdadiger te zijn'. De kar naar Meppel, waarop ze dicht opeengepakt werden vervoerd, had 'behoorlijke geleide van een Bregadier en de noodige veldwachters'. 's Nachts werden ze opgesloten in het ruim van een beurtschip zonder van boord te mogen, 'ja zelfs niet om de noodigste behoeften te verrigten'. En pas de volgende avond, toen ze afmeerden in Veenhuizen, kregen ze een hangmat, in het Tweede Gesticht.

De zalen der Kolonisten zijn van ongeveer 80 man en voor elke geloofsbelijdenis zoo veel mogelijk afgezonderd. Elke man heeft zijn afzonderlijke slaapplaats, bestaande uit een linnen hangmat, een stroozak, dito kussen, een laken, en twee dekens, welke des morgens opgemaakt zijnde omhoog gehaald wordt, waardoor men dan een ruim vertrek heeft; ook is die zaal rondom gemaakt met even zoo veel kistjes tot berging van een ieders goed, en welke ook tevens voor zitbanken kunnen dienen.
Het is slechts te bejammeren dat men bij het bouwen van het gesticht niet is bedacht geweest, om er secreten in te maken, daar men door dit gemis genoodzaakt is alle avonden voor dat de deuren gesloten worden, twee tonnen of nacht privés in elke zaal te brengen welke aldaar open en bloot tot elks gerief staan, hetwelk zo als na te gaan is, in een zaal waar 80 man slaapt, niet alleen eene zeer benaauwde

lugt verwekt, maar ook hoogst schadelijk voor de gezondheid is. De reinheid zoo van het gesticht als die der Kolonisten laat veel te wenschen over.

Eenmaal in Veenhuizen begreep Hoff al snel dat hij in een fuik was gelopen. Elke kolonist moest minimaal een jaar blijven, en daarin een bepaald bedrag aan 'oververdiensten' bij elkaar werken, om zo de schulden aan de Maatschappij voor kleding en onderdak terug te betalen. Wie daar niet in slaagde, of voor een tweede keer in de kolonie terechtkwam, moest een hoger bedrag verdienen, omdat er dan ook nog een spaarpotje – 'de uitgaanskas' – moest worden aangelegd voor na het ontslag. Hoff kreeg de indruk dat de belangen van de paupers niet per se op de eerste plaats kwamen.

> Daar echter niemand in staat is om in twee jaren de bepaalde som aan oververdiensten te goed te kunnen maken en er zelfs velen zijn die het in drie jaren zoo ver niet brengen kunnen, zoo begrijpt men, dat dit een fijn uitgedacht middel van de Maatschappij is, om zoo doende een zeker regt op den Kolonist te houden.

Met pijn in het hart zag hij hoe er werd omgegaan met gezinnen die hun toevlucht tot de kolonie hadden genomen. Om ervoor te zorgen dat de kinderen een zedelijke opvoeding kregen, werden hele families meedogenloos uit elkaar getrokken. De mannen en vrouwen elk aan een kant van het gesticht, op de binnenplaats van elkaar gescheiden door een houten pallisade; de kinderen op de kinderzaal.

> Een timmermansknecht die gehuwd is, en drie kinderen heeft, van 3, 5, 7 jaren oud, bevindt zich zonder werk, heeft te veel eergevoel om onderstand te vragen, kan zulks ook soms niet krijgen, en besluit om met zijn gezin zijne toevlugt tot de Maatschappij van Weldadigheid te nemen, om, zoo als er

velen denken, door arbeidzaamheid, in de behoeften van zijn huisgezin te voorzien. Hij komt alhier met zijn gezin aan, en wat gebeurt er nu? De man wordt van de vrouw gescheiden, en de kinderen van de ouders; die van 7 jaren gaat naar het 3e gesticht, en de twee anderen gaan in de kinderzaal onder het bestuur van een zoogenaamde kindermoeder. Deze hartverscheurende tooneelen zijn ijselijk, en meermalen ben ik er ooggetuige van geweest. Men moet waarlijk alle menschelijk gevoel verloren hebben, indien men dit zonder tranen in de oogen kan aanzien, te meer als men nagaat den armoedigen staat waarin die kinderen zich bevinden.

Des Zondags-middags mag de vader met de kinderen, onder behoorlijk toezigt, bij de moeder komen, en dan kunnen zij elkander troosten.

Dat ook zo'n gezin niet weg mocht vóór het vastgestelde bedrag was terugverdiend, had een opvoedkundige bedoeling. Het idee was dat de paupers met geld moesten leren omgaan, maar het ingewikkelde systeem van prestatieloon en spaarpotjes werkte juist het tegenovergestelde in de hand.

In de tijd van Hoff waren de verdiensten op een maximum gesteld van drie gulden per week. Dat was in wezen een boekhoudkundig bedrag, want de kolonist kreeg er maar 28 cent van als zakgeld en 14 cent als 'oververdienste', de rest ging naar de collectieve voorzieningen. Hoff rekende voor dat het bijna meer loonde om niet te werken dan om je best te doen. De landarbeiders die in weer en wind buiten waren, versleten sneller hun kleren, en de reparatiekosten werden van hun 'oververdiensten' afgetrokken. Intussen hadden ze al hun zakgeld nodig om extra eten te kopen, want met alleen de afgemeten porties die ze kregen, konden ze het spitten en kruien onmogelijk volhouden.

Het was dan ook tekenend dat er op de Tweede Paasdag van 1840 onder de gewoonlijk nogal dociele gestichtsbewoners een broodoproer uitbrak. 'Het was dien middag, dat er voor de vierde maal gortsoep was gegeten, welk eten schielijker honger verwekt, dan nog welk ander voedsel.' Vanwege de feestdag was de winkel gesloten, waardoor de bedelaars niets konden kopen om hun maag mee te vullen. De mannen en vrouwen eisten het rogge-brood dat al in de keuken klaarlag voor het ontbijt van de volgen-de ochtend, anders zouden ze niet aan het werk gaan. 'De meeste kolonisten liepen door elkander, vloekende, en zwerende, en om brood schreeuwende.'

Het protest had gemakkelijk uit de hand kunnen lopen, maar de paupers misten het zelfvertrouwen of de eensgezindheid om iets blijvends bij de directie gedaan te krijgen. 'Ieder, die zoo als ik ooggetuige hiervan ware geweest, had wel gezien dat er een groot misnoegen bestond, doch dat er geen plan beraamd of bedacht was om oproer te maken.' Uiteindelijk was het brood verstrekt, dat wel, vervolgens ging iedereen aan het werk of er niets was ge-beurd.

Zo'n oproer veranderde weinig aan de kern van het probleem: dat de kolonisten voor hun dagelijks bestaan waren overgeleverd aan de besluiten van het bestuur (op afstand in Den Haag) en van de beambten (die nauwelijks meer scholing hadden dan zijzelf). Ook als de onbekendheid van de opzichters met het landbouwbe-drijf tot blunders leidde, stonden de kolonisten machteloos. Hoff had gezien hoe de aardappeloogst door het te laat toedekken van de opslagkuilen, bevroren was. De aardappels waren niet te eten, zo zoet, dat vond zelfs de directeur, maar er was voor de kolonis-ten geen ander voedsel. Als oplossing werd er dat seizoen azijn bij de maaltijd uitgedeeld.

Cato Braxhoofden stond aan de goede kant van de lijn. Als vetera-nendochter was ze niet van haar ouders gescheiden en hoefde ze niet te slapen in een zaal vol vreemden. Haar moeder bepaalde zelf hoe groot de porties waren die de kinderen mochten opscheppen; ze vulde het verstrekte voedsel aan met de oogst uit de moestuin. Het leven aan de buitenzijde van het gesticht moet wel wat heb-ben geleken op dat van vroeger, in Den Haag, vooral als het zich 's zomers naar buiten verplaatste. Maar dan met dat ene verschil: dat het uitzicht oneindig weidser was. Hoewel Cato dagelijks verkeerde tussen de wezen en de kolonisten, alleen al op school en op het werk, gold er altijd die nauwelijks zichtbare scheidslijn: de kolonisten moesten 's ochtends op appèl verschijnen, waar ze werden bewaakt door mannen als haar vader.

Tobias vormde samen met de andere soldaten de Kompagnie der Veteranen onder leiding van kapitein Johannes Thonhäuser. Had hij garnizoensdienst, dan begeleidde Tobias de mannen en vrouwen naar het veld of naar de kerk, of bezette hij wachtposten op de koloniegrenzen om te voorkomen dat er gestichtsbewoners 'deserteerden'. Regelmatig marcheerden de veteranen in uniform langs de etablissementen en dat zag er indrukwekkend uit: na de aanblik van zo'n peloton houwdegens – grijs, maar bewapend – lieten de landlopers het wel uit hun hoofd om rotzooi te trappen, zo stond het althans in het jaarverslag van de Maatschappij.

'Met weemoed blikte ons oog op deze menschen,' schreven twee Franse bezoekers in 1851 over de veteranen. 'Wij vonden er onder anderen een oud soldaat uit den tijd van het Keizerrijk, die onder Napoleon gediend had, en dachten bij onszelf: zie hier de overblijfselen van onze grote armée, temidden van de dwangarbeiders.'

Het garnizoen van 178 invalide militairen en hun gezinnen hoorde niet bij de bedelaars maar ook niet bij het personeel. In de pikorde van de miniatuur-samenleving had iedereen zijn eigen plek, iets wat Hoff illustreerde aan de gang van zaken bij het slachten van een varken of een koe.

Wanneer dit geslacht en afgehakt is, gaat ieder ambtenaar daarvan koopen, zoo veel en in die kwaliteit als hij verkiest. Als deze voorzien zijn, zijn er nog de huishoudens van de Veteranen, die ook koopen komen, doch indien het vleesch niet naar hun genoegen is, zoo als meermalen gebeurt, dan neemt niemand vleesch, en nu is het geen wat over blijft voor de Kolonisten.

In het bevolkingsregister had ik gelezen dat sergeant Braxhoofden, wanneer hij niet hoefde te marcheren, op het Derde Gesticht werkte als 'oppasser der scabieuzen'. Dat klonk weinig glorieus voor iemand die een paar van de grootste veldslagen uit de geschiedenis van Europa had meegemaakt. Scabiës, ofwel schurft, kwam in Veenhuizen veel voor: bijna de helft van de gestichtsbewoners leed eraan. De besmetting verspreidde zich in de overvolle slaapzalen als een veenbrand. Op zich kon de huidkwaal weinig kwaad, hij veroorzaakte alleen hinderlijk veel jeuk. Met een goede zalf en het flink heet uitwassen van alle kleding en beddengoed, kon je er binnen een paar dagen weer vanaf zijn. Maar in Veenhuizen liepen de scabieuzen er zo lang mee rond dat ze een speciale oppasser als Tobias nodig hadden; een inspectiecommissie van de Maatschappij weet dat aan de zuinigheid waarmee de zalf werd verstrekt.

De hygiënische toestand liet hoe dan ook te wensen over. In het hospitaal hingen de natte lakens tussen de patiënten te drogen, en soms werden zieken voor het gemak – om minder bedden te hoeven verschonen – met zijn tweeën in één ledikant gelegd. De kolonie had de twijfelachtige eer de naamgever te zijn van een venijnige oogziekte: de *Trachoma Veenhuizianum*. De 'Veenhuizensche oogziekte' was een chronische kwaal die gepaard ging met de 'hevigste pijn', en die op den duur tot volledige blindheid kon leiden. In een bepaalde periode had maar liefst één op de drie wezen eraan geleden. De situatie was zo ernstig dat het gouvernement twee bekende oogheelkundigen onderzoek liet doen. Ze rapporteerden dat er in de kolonie 'in hooge mate gebrek aan drink- en waschwater' was. 'Het water dat wij te Veenhuizen 3e gesticht met weerzin terugwezen, toen het ons werd aangeboden, om er onze handen in te wasschen, is hetzelfde, waarin dagelijks het middagmaal der bewoners wordt gekookt.' Als oorzaken van de oogziekte speelden 'de bedorven lucht der slaapzalen' en de gebrekkige voeding een grote rol. 'De voeding schijnt zo ingericht, dat den verpleegden juist zooveel wordt toebedeeld, als tot behoud van het leven dadelijk gevorderd wordt,' zo schreven de oogartsen. Ze hekelden de gewoonte om vier kinderen samen van één tinnen bord te laten eten. 'De meest behoevende krijgt het minst. Elk eet en schrokt om het snelst; het slechte eten wordt slecht gekauwd en slecht verteerd.' Veel wezen, vooral de meisjes, hadden opgezwollen buiken, en aangezien niemand wist hoe dat kwam, werden er 'rijgjes' aan de kleding gezet om de lichamen in het gareel te snoeren.

Al telde Veenhuizen minder zieken en sterfgevallen dan de armeninrichtingen in de stad, vergeleken met de rest van het land gingen er wel schrikbarend veel mensen voortijdig dood.

Ik was er niet op bedacht geweest dat ook het huis van Cato daardoor zou zijn getroffen. De eerste overlijdensakte met de naam Braxhoofden dateerde van 14 augustus 1828, vijf maanden nadat het gezin in de kolonie was aangekomen. Karel, Cato's broertje van tweeënhalf was 'des morgens te twee uren ten huize van zijne ouders aan het derde etablissement overleden'. Er stond niet vermeld wat er was gebeurd. Misschien was hij ziek geweest of verzwakt en had het gezin gewaakt, alle hoop gevestigd op de geneesheer. Het kon evengoed dat het jochie midden in de nacht onverwacht was opgehouden met ademen. Twee zaalopzieners, ongetwijfeld buren, hadden de aangifte gedaan.

Een maand later werd Cato veertien. Veel gelegenheid om het verlies van haar broertje te verwerken kreeg ze niet, want na een half jaar was ook Freddie gestorven, die nog als zuigeling de overtocht had meegemaakt. Hij was amper anderhalf geworden. Haar moeder Christina was op dat moment hoogzwanger, maar ook het nieuwe kindje, Pieternel, zou niet ouder worden dan tien maanden.

De jonge-meisjesjaren van Cato waren getekend door kramen en begraven. Ze was groot genoeg om haar moeder te helpen met de baby's, en ook wanneer er een kindje ziek werd, deed ze vast wat er van een oudste dochter werd verwacht; Christina kon het grote gezin onmogelijk in haar eentje draaiende houden.

Het was een opluchting dat Cato's broertje Frans de kwetsbare jaren wel had doorstaan. Maar Jantje, die daarna kwam, bleef niet langer dan tien weken in leven.

Ik sorteerde de akten op volgorde – geboorte-sterfte, geboorte-sterfte – en schoof ze telkens met een paperclip aan elkaar. Ik vroeg me af: als je zo vaak een broertje of een zusje verliest, wen je er dan aan, of is de pijn juist elke keer erger?

10 De bruiloft

In 1835 woonde Teunis Gijben al vier jaar in het Derde Gesticht. Hij was opgegroeid in de Rotterdamse binnenstad, die wirwar van stegen en haventjes achter de chique Blaak en het Steiger, die sinds het bombardement van 1940 niet meer bestaan. Begin negentiende eeuw waren de woningen er krap en vochtig, de vrouwen deden de was vanaf de kade in het vaarwater. Elke keer als er een schuit werd gesluisd, kwam de halve buurt zich ermee bemoeien. Dan renden de kinderen vooruit om te zien hoe het schip onder de Vlasmarkt doorvoer en pas bij het Spui weer tevoorschijn kwam.

Vader Gijben, Pieter heette hij, was sjouwer van beroep, moeder Johanna huisvrouw. Van de negen kinderen die ze had gebaard, waren alleen Peter en Teunis er nog. Toen vader de vijftig was gepasseerd, werd het fysiek steeds moeilijker om zijn werk nog vol te houden. De opgroeiende jongens verdienden niet genoeg, Peter werd bovendien onder de wapenen geroepen: het gezin raakte afhankelijk van het armbestuur.

Volgens het register van Veenhuizen waren de Gijbens naar het zwerversasiel gestuurd 'bij contract met het gouvernement', en ingedeeld als 'arbeidershuisgezin'. Die term verwees naar een aparte categorie Veenhuizenaren, naast de wezen en de bedelaars. Het ging om armlastige, maar fatsoenlijke en werkwillige gezinnen, zoals die waarvoor Frederiksoord en de andere vrije koloniën waren opgericht. Het enige verschil was dat de arbeidershuisgezinnen werden geselecteerd uit 'eene geringere volksklasse'. In Veenhuizen behoorden ze tot de 'betere' kolonisten, want zij hadden nooit om een aalmoes gevraagd. 'De arbeidershuisgezinnen, die genoegzaam tot aan de rand van het volslagenste gebrek gekomen waren, vinden hier, voor zoo verre zij vlijtig en tot den arbeid niet ongeschikt zijn, een toereikend bestaan,' zo stond er in een jaarverslag van de Maatschappij.

Het was de bedoeling dat er op kosten van het gouvernement vijfhonderd van zulke gezinnen uit zichzelf naar Veenhuizen zouden komen, maar dat bleek, net als in de vrije koloniën, een illusie. 'De behoeftigen willen er niet aan', klaagden de armbesturen, en dat kwam door de 'ongunstige mare' die gewezen kolonisten verspreidden. Door druk uit te oefenen op de huishoudens die het meest van hun begroting opslokten, wisten de armbesturen met moeite zo'n 170 families te sturen, onder wie de Gijbens. Net als de veteranen werden ze ondergebracht in een eenkamerwoning aan de buitenzijde van de gestichten. Ze kregen kleding en huisraad, alleen geen lapje grond. Met arbeid op het veld of in de fabriek moesten ze zichzelf onderhouden.

Toen Teunis en Cato elkaar leerden kennen, hadden ze op het oog veel gemeen. Teunis was in de kolonie beland in het kielzog van zijn ouders, net als Cato. Hij werkte als arbeider op het Derde Gesticht, net als zij. Ze kwamen allebei uit de stad en waren in het Drentse veengebied volwassen geworden. Toch was Teunis de zoon van een kolonist, al was het een 'betere' kolonist, en niet van een veteraan. Om de vinger te leggen op het verschil in aanzien dat hij en Cato moesten overbruggen, legde ik het contract voor de arbeidershuisgezinnen en dat voor de veteranen naast elkaar. Het bleek dat hun posities zich feitelijk onderscheidden op niet meer dan drie punten: wel of geen moestuin, soldij bovenop de gezinsinkomsten of niet, bewaker zijn of bewaakt worden. In een gesloten samenleving als Veenhuizen waren het zulke details die telden. Juist omdat de hiërarchie zo nauwkeurig was gedefinieerd in ogenschijnlijke kleinigheden, werd er extra op gelet. Hoe aardig of fatsoenlijk Teunis ook was, Cato's ouders hadden hun dochter wellicht liever met een veteranenzoon gezien, of beter nog, met de zoon van een ambtenaar.

Zondag 26 juli 1835
Voor ons, ambtenaar van de Burgerlijke Stand in de
gemeente Norg, zijn gecompareerd:
Anthonie Johannes Gijben, jongeman oud omtrent 22 jaren,
van beroep arbeider, wonende te Veenhuizen, geboren te
Rotterdam den tweede October 1812, bruidegom ten eerste,
en
Catharina Petronella Braxhoofden, jongedochter oud
omtrent 20 jaren, van beroep arbeidster, wonende te
Veenhuizen, geboren te Namen den achttiende september
1814, bruid der andere zijde,
dewelke ons hebben verzocht het door hun voorgenomen
huwelijk te voltrekken.

Een heel gezelschap had zich die zondag verzameld in het ge-
meentehuis van Norg, de twee verloofden voorop. Sergeant Tobias Braxhoofden, goed voor 40 cent per week, droeg zijn uniform. Haar moeder Christina liep op alle dagen, ze was voor de elfde keer in verwachting. Waarschijnlijk waren ook Cato's zussen en
broers gekomen, en de broer van Teunis met zijn vrouw. Alle aanwezigen, inclusief de ouders van de bruidegom, kenden elkaar uit
het Derde Gesticht. Als getuigen hadden de Braxhoofden de win-
kelier meegenomen en een zaalopziener, de Gijbens kwamen met
twee landarbeiders.

Het had Cato de nodige moeite gekost om te mogen trouwen:
haar geboorteakte uit Namen werd in Norg geweigerd. Het Bel-
gisch-Nederlandse conflict – de eenzijdige afscheiding in 1830
door Brussel – was daarvan de oorzaak. De 'wettige autoriteiten
in de Nederlanden' accepteerden nu eenmaal geen akte 'door de
aldaar onwettig heerschende machten afgegeven'. Uiteindelijk
was ze met haar vader en zeven getuigen naar het Vredegerecht in
Assen gegaan, waar de Veenhuizenaren een voor een onder ede
hadden verklaard dat zij inderdaad Cato Braxhoofden was. Teunis
werd uitgeloot voor militaire dienst, en toen was de weg vrij voor
het huwelijk.

Ik probeerde me een voorstelling te maken van het bruidspaar, maar dat viel niet mee. Ik had alleen het signalement van Tobias, de vader van de bruid, en een foto van hun jongste dochter Helena toen ze al oud was. Cato's vader had donkere haren en ogen, een neus van formaat, een spitse kin. De trekken van hun dochter waren op de zwart-witfoto flets: lichte ogen in een bleek, rond gezicht. Ik verbeeldde me graag dat Cato eruitzag als een Italiaanse actrice in een film als *Novecento*: armoedig maar tegelijk bloedmooi. Daarbij hoorde dan een blonde, stoere echtgenoot met een heldere blik – hoe kwam hun dochter Helena anders aan haar lichte tinten?

Hoe ze er ook uitzagen, de spreekwoordelijke 'mooiste dag' van hun leven was er een met grote gevolgen. Cato wist hoe het kolonistenbestaan eruitzag, toch hield ze voet bij stuk. Door als veteranendochter te kiezen voor een kolonistenzoon daalde ze willens en wetens een treetje af op de sociale ladder. Zelfs de Maatschappij van Weldadigheid had na een paar jaar moeten toegeven dat de situatie van gezinnen als de Gijbens uitzichtloos was.

> Onder [de arbeidershuisgezinnen] bevinden zich vele gebrekkigen of ongeschikten en het laat zich ook ligt doorgronden, dat deze verachterde schoen- en kleermakers enz., weinig tot den landbouw geschikt, weinig voortgang in hunnen financiële omstandigheden kunnen maken, en de voordeelige toekomst, die hun was afgemaald en hen aanspoorde, om naar het Etablissement te vertrekken, voor hen verre is van verwezenlijkt te zijn en zij dus hier een leven even ongelukkig als te voren leiden.

De jonggehuwden waren niet van plan zich naar zo'n lot te schikken. Cato en Teunis wilden hun toekomst in eigen hand nemen door de kolonie voorgoed vaarwel te zeggen. Dat werd ook van ze verwacht. Rond hun tweeëntwintigste verjaardag – de dag waarop ze bij wet volwassen werden – dienden koloniekinderen om te zien naar werk in de buitenwereld.

Op papier waren hun kansen niet ongunstig, tenminste, als je de Maatschappij mocht geloven. 'In de nabuurschap worden, als uit eenen mond, de kolonistenjongens de beste spitters van den grond genoemd. Dienstmeisjes worden, om hare meerdere ontwikkeling, bescheidenheid, dienstvaardigheid, liefst uit de koloniën genomen.' Het was wel zo 'dat het huisselijk werk voor de meesten geheel vreemd was', en dat sommige meisjes 'geen schoteltje [konden] aanpakken, zonder het te breken', maar 'de ondergeschiktheid der dienstboden, die in het Weezengesticht waren opgevoed' werd alom geroemd.

Ondanks zulke mooie woorden lukte het lang niet alle koloniekinderen om een zelfstandig bestaan op te bouwen. Ze hadden gewerkt, maar geen vak geleerd. Ze waren naar school gegaan, maar wisten niet hoe ze zich op eigen kracht moesten handhaven. Het lastigst was dat de buitenwereld ze helemaal niet zo welwillend bezag als de Maatschappij deed voorkomen. In werkelijkheid was de reputatie van Veenhuizen schrikbarend slecht. Wie uit het zwerversasiel kwam, droeg vanzelf het etiket van 'uitschot'. Tegenstanders van de kolonie lieten niet na te onderstrepen hoezeer de jongelingen er onder verderfelijke invloed opgroeiden. 'Een hofje voor een klasse van lieden zonder eergevoel', zo werd de kolonie door een parlementariër genoemd. 'Behalve de weinige goede elementen die men er aantrof, werden de bedelaarsgestichten bevolkt door de heffe des volks: bedelaars, vagebonden, menschen van verdacht gehalte', schreven andere lieden van naam.

Een predikant noteerde:

Ik bezocht de Koloniën van Weldadigheid; ik zag daar honderden knapen in een huis door onanie tot pygmeeën gekrompen. Ik onderzocht (in Amsterdam zijnde) aangaande het bloeiende geslacht der meisjes van onze Koloniën tot Weldadigheid de lijsten der polici van de hoerenhuizen en bevond dat zij voor een vierde gedeelte werden bevolkt uit deze Koloniën.

Ik vond dat nogal een uitspraak. Er stond met zoveel woorden dat mijn betovergrootmoeder haast gedoemd was tot de prostitutie. Ik begon iets te begrijpen van wat de jongelingen uit de kolonie te wachten stond: tegen zulke vooroordelen was geen verweer mogelijk.

Als Cato niet onder haar stand was getrouwd, had ze van dat Veenhuizen-stigma wellicht minder last gehad; een bewakerszoon behoorde tot de gevestigde orde, een kolonistenzoon tot de gevallenen. Maar toen ik de trouwpapieren bekeek, ontdekte ik dat er met Cato's echtgenoot nog iets aan de hand was: Teunis was katholiek. Ik had het aanvankelijk over het hoofd gezien omdat ik er niet op had gerekend, toch stond het er zwart-op-wit: Rooms Catholijk. Dit was niet zomaar een detail. Het betekende dat Cato van geloof had moeten veranderen. En dat ook hun kinderen bij hun geboorte katholiek waren gedoopt. Het verhaal van mijn moeder over het 'verkeerde' huwelijk tussen haar 'protestantse' opoe Helena en de katholieke Harmen kon onmogelijk kloppen: Helena was haar hele leven al katholiek. Kennelijk had die verbintenis tussen twee geloven zich een generatie eerder voorgedaan, bij Cato en Teunis. Als dat klopte, was Cato degene geweest die door haar ouders was verstoten en onterfd.

Haar overstap naar de roomsen kon bezwaarlijk door haar vader en moeder zijn toegejuicht. In 1835 zaten de katholieken nog altijd in het verdomhoekje. Sinds de Reformatie, ruim twee eeuwen eerder, waren ze overal sterk in de minderheid. Ze hadden lange tijd hun geloof moeten belijden in schuilkerken en waren uitgesloten van overheidsfuncties. Pas sinds het begin van de Franse tijd, bij de scheiding van kerk en staat, was de achterstelling vanwege hun geloof formeel opgeheven, maar daarmee nog niet verdwenen.

Drenthe was een protestants bolwerk bij uitstek. Een bevolkingsonderzoek van 1809 registreerde 94 procent protestanten; de 225 katholieken die de provincie telde, waren leden van een handvol families in Coevorden. Tot de komst van de kolonisten van de Maatschappij van Weldadigheid was er al meer dan twee eeuwen in Drenthe geen openlijke eucharistieviering gehouden. De eerste heilige mis na die periode vond plaats in Frederiksoord in 1818, de tweede katholieke kerk opende in Veenhuizen (1826), de derde in Assen (1833).

Terwijl katholieken in heel het land nog met achterdocht werden bekeken, huwde Cato, de protestantse veteranendochter, een kolonistenzoon en een katholiek bovendien. Juist toen ik me begon af te vragen waarom haar ouders eigenlijk met dat huwelijk hadden ingestemd, vond ik het antwoord, verstopt in de geboorteakte van het eerste kind. Kleine Piet kwam ter wereld op 21 november 1835, vier maanden na de bruiloft. Het huwelijk was een moetje, maar hoe erg was dat eigenlijk geweest? In de omliggende Drentse dorpen was het juist de gewoonte je meisje eerst zwanger te maken voor je je aan haar verbond, om zo te voorkomen dat je een kat in de zak kocht. Maar in de koloniën van Weldadigheid, waar zedelijkheid gold als de hoogste norm, werd een zwangerschap vóór het huwelijk beschouwd als een doodzonde. Doorgaans werden man en vrouw, gescheiden van elkaar, onverbiddelijk naar de strafkolonie De Ommerschans verbannen. Hoe had Cato het verborgen weten te houden? Had haar vader al zijn connecties moeten aanboren om te voorkomen dat zij en Teunis naar de strafkolonie werden afgevoerd?

Op 26 juli 1835 om twaalf uur noteerde de ambtenaar van de burgerlijke stand in elk geval dat alles in orde was.

Aangezien er tegen de voltrekking van dit huwelijk geene bezwaren onzen kennis is gebragt zo hebben wij de aanstaande echtgenoten afgevraagd of zij elkander tot man en vrouw willen nemen, waarop door ieder deszelven afzonderlijk een toestemmend antwoord zijnde gegeven, zo verklaren wij in naam der wet dat Anthonie Johannes Gijben en Catharina Petronella Braxhoofden door het huwelijk zijn verbonden.

De trouwakte was ondertekend door de bruidegom, de vaders en de getuigen. Het verbaasde me niet dat de moeders analfabeet waren. Maar ook de bruid, die het alom geprezen kolonieonderwijs had genoten, had niet getekend. Omdat ze, zo stond er, niet kon schrijven.

11 Op proef

'U heeft ook geen haast.'

Langs de Drentse Hoofdvaart word ik aangesproken door een oude man met stro op zijn houthakkershemd. Hij is vergeten zijn gulp dicht te doen, maar daar is hij zich niet van bewust. Ontspannen staat hij op de oprit van een boerderij al een hele tijd te kijken hoe ik in zijn richting wandel, en nu ik vlakbij ben, kan hij zijn nieuwsgierigheid niet bedwingen.

De huizen langs het kanaal, verbouwde of nagebouwde boerderijen, worden vooral bewoond door stedelingen die rust en ruimte zoeken. De gazonnen zijn afgezoomd met bloemenborders, een sierhunebedje geeft het geheel extra sfeer. Je ziet het direct: het is tegenwoordig mooi wonen in Kloosterveen.

Ik vertel de man dat ik kom kijken naar de plek waar mijn voorouders hebben geleefd.

Hoe die heetten?

Gijben en Braxhoofden.

De namen zeggen hem niets. Of ze een boerderij hadden?

Dat hadden ze niet.

De man staart voor zich uit. 'Mijn grootouders woonden hier al,' zegt hij. 'Het was arm, hoor. Kent u Bartje, die drommel die niks te eten had dan bruine bonen? Die verhalen zijn allemaal waar.'

Achter de huizen wapperen de gifgroene vlaggen van een tuincentrum. Er is klandizie genoeg, want de weilanden rondom worden in hoog tempo getransformeerd tot een vinexwijk. Het duurdere segment bestaat uit woningen van het type boerderette: de garage met plaats voor twee auto's heeft hoge ronde staldeuren – elektrisch bedienbaar, dat spreekt voor zich.

Je kunt het zo uitrekenen: de grootouders van deze man moeten de kinderen van Cato en Teunis hebben gekend. Ze woonden in elk geval rond dezelfde tijd op deze tweeënhalve kilometer langs het kanaal. Wie weet hadden ze samen steentjes laten ketsen over het wateroppervlak. Binnenkort staan hier vijfduizend privédomeintjes compleet met zonneterras en rotsvijvers, maar destijds was het lintdorp Kloosterveen nog amper bevolkt. Een paar boerderijen, een paar arbeidershuisjes, meer was het niet.

Cato en Teunis hadden in het voorjaar van 1840, net als de jonge gezinnen nu, hun toekomst gezocht in deze buurt aan de rand van Assen, op twintig kilometer van Veenhuizen. De veendorpen langs de vaart werkten als een magneet op dagloners en landarbeiders vanwege de bedrijvigheid van de turfwinning. De commerciële exploitatie van het Drentse veen was al in 1614 begonnen, toen Hollandse heren beleggingen zochten voor hun winsten uit de Gouden Eeuw. Langs het zuidelijke deel van het kanaal, nabij de Zuiderzee, begon een Amsterdams regentenconsortium met de winning van de moerassige bovenlaag: het veen werd afgeplagd en gedroogd, daarna kon je het in de steden verkopen als brandstof. De turfwinning bleek lucratief, de activiteiten breidden zich steeds noordelijker uit langs de kaarsrechte lijn van de Drentse hoofdvaart. Tegen de tijd dat Cato en Teunis uit de gestichten vertrokken, had de veenbonanza de buurdorpen Smilde en Kloosterveen bereikt.

Turfsteken was zwaar werk, maar omdat het geld opbracht, kwamen de seizoenarbeiders van heinde en ver, zelfs uit Duitsland. Ze leefden in hutjes en keten onder barre omstandigheden. De exploitanten bekommerden zich nauwelijks om wat voor voorzieningen dan ook. De arbeiders werkten toch wel: het turfseizoen duurde maar van april tot juni, daarna moesten ze elders gaan maaien en hooien. Alleen in de herfst kon je nog iets verdienen langs het kanaal, wanneer de briketten, gedroogd en wel, werden verscheept naar de steden.

Cato en Teunis hadden de datum voor hun vertrek uit Veenhuizen met zorg gekozen: 31 maart, na de winter en net voor aanvang van het turfseizoen. Hun eerste huwelijksjaren, toen ze inwoonden bij de ouders van Teunis, waren zonder al te grote rampspoed verlopen. Cato's jongste zusje, dat kort na de bruiloft was geboren, kwam snel te overlijden, maar kleine Piet, hun eigen eersteling, bleef in leven. Net als Stijntje na hem. En toen durfden ze het aan. De Maatschappij bood een vangnet: als ze het in de buitenwereld niet zouden redden, mochten ze binnen een jaar nog terugkeren. Daarna zou de poort gesloten blijven.

De regel dat spijtoptanten niet weer zomaar binnen mochten, had alles te maken met de chronische geldnood van de Maatschappij. Johannes van den Bosch was nauwelijks een paar weken minister of hij werd geconfronteerd met een vernietigend rapport over het beheer van zijn armeninrichtingen. Met schulden van meer dan 3,5 miljoen gulden was de Maatschappij feitelijk bankroet. Het probleem was dat de bevolking van de gestichten door de aanhoudende armoede in het land gestaag was gaan groeien. Toen Teunis arriveerde, telde Veenhuizen 2406 kolonisten, en dat aantal zou oplopen tot boven de vijfenhalfduizend. Niet alleen kwamen er steeds nieuwe bewoners bij; wie eenmaal in Veenhuizen belandde, kwam in de praktijk niet meer weg.

Om de doorstroom te bevorderen, besloot het bestuur dat zeven jaar Veenhuizen voortaan het maximum was. Prompt werd één op de tien gestichtsbewoners buiten de poort gezet, maar veel ontslagenen waren het ontwend om voor zichzelf te zorgen en ze keerden even snel weer terug. Het was koren op de molen van de critici: liefdadigheid werkte averechts, dat was nu wel bewezen. Logisch toch dat zulke lediggangers niet weg wilden uit zo'n paradijs? En dat steeds meer nietsnutten zich vrijwillig aanmeldden om mee te profiteren? Om zulke 'zelfmelders' af te schrikken, was in 1838 het onderscheid tussen de soepeler bejegende vrijwilligers en de veroordeelden eenvoudig afgeschaft.

Zo was Teunis, zoon uit een vrijwillig gekomen, fatsoenlijk gezin, sluipenderwijs op dezelfde hoop geveegd als de landlopers en de zwervers met een strafblad. Hij was in de fuik gelopen, en sleepte vrouw en kinderen mee.

De regering, die steeds met leningen was bijgesprongen, wilde de Maatschappij het liefst opheffen om nog grotere verliezen te voorkomen. Maar minister Van den Bosch vond dat de overheid juist extra in de koloniën moest investeren. En hij wist ook al waar het geld vandaan diende te komen: van zijn eigen departement.

De generaal betoogde dat zijn Maatschappij kon zorgen voor 'de aankweeking van geschikte personen voor de dienst der Oost-Indische bezittingen van het Rijk'. Ofwel: hij wilde zwervers en vagebonden opleiden voor een bestaan in de tropen. In ruil daarvoor zou zijn eigen ministerie de benodigde leningen verstrekken. Het was vooral retoriek, er waren tenminste geen aanwijzingen dat Johannes van den Bosch de onderklasse werkelijk wilde dumpen in de Oost, zoals Engeland zijn uitschot op de boot zette naar Australië. Maar hij slaagde met dit verhaal wel in zijn opzet de Maatschappij te redden van het faillissement. Want hoewel weinig bewindslieden nog op zijn rekenkunst durfden te vertrouwen, vielen ze opnieuw voor zijn gedrevenheid. Bovendien: als Veenhuizen zou sluiten, wat moesten ze dan met die duizenden paupers?

Even leek de druk van de ketel. De minister, die er sinds zijn terugkeer een gewoonte van had gemaakt om jaarlijks op rondreis te gaan langs zijn oorden, trakteerde de weeskinderen voor eigen rekening op fruit. Maar de redding was van tijdelijke duur en in 1839 ging het mis. Het begon ermee dat minister Van den Bosch zijn Indische begroting bij lange na niet sluitend kreeg. Tot dan toe waren de financiën van zijn departement geheim gebleven voor de volksvertegenwoordiging om de onderhandelingen met het afgescheiden België over de staatsschuld niet te schaden. Maar nu zich ook in Indië verliezen begonnen af te tekenen, werd hij gedwongen tot openbaarmaking. Voor het eerst kregen de parlementariërs zicht op de enorme bedragen die de staat al jaren in de bodemloze put van de Maatschappij had gestort.

Er barstte een pandemonium van kritiek los, zowel op Van den Bosch' Indië-beleid als op dat van zijn armeninrichtingen. Zoals gebruikelijk verdedigde de minister zich met verve, maar met bijna het hele parlement tegenover zich trok hij toch aan het

Johannes van den Bosch geschilderd door Cornelis Kruseman in 1829
bij zijn benoeming tot gouverneur-generaal van Nederlands-Indië.

Het Derde Gesticht in 1826.

De binnenplaats van het Derde Gesticht in 1826 met Engelse tuin voor de weeskinderen.

Slaapzaal met opgehaalde hangmatten (aan het plafond).

Slaapkooien.

Personeelswoning in Veenhuizen.

Oudemannenhuis Derde Gesticht, ca. 1925.

'Katje', landloper als kindermeisje rond 1900, getekend door een verpleegde.

Dominee Germs.

Verpleegden van het Tweede Gesticht op weg naar hun werk.

Schoenmakerij in het Tweede Gesticht.

Ambtenarengezinnen voor het Derde Gesticht in 1903.

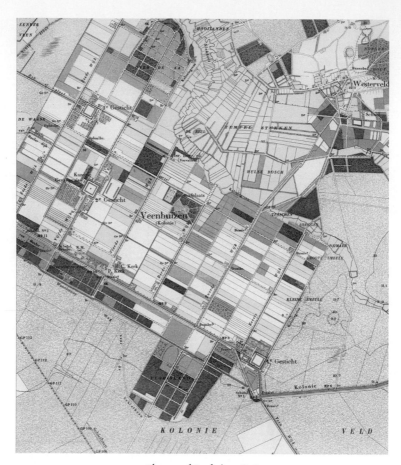

Plattegrond Veenhuizen 1896.

kortste eind. Toen hij begreep dat hij niet kon winnen, speelde hij zijn positie nog één keer uit. Voor iemand het had zien aankomen, kondigde hij zijn ontslag aan: 'In die afzondering zal ik mijn ongelukkige vaderland beklagen en God bidden, dat Hij het voor die rampen behoede, die ik voorzie.'

Kortstondig zag Johannes van den Bosch zijn populariteit opflakkeren. Parlementariërs en bewindslieden, voor- en tegenstanders kwamen naar Huize Boschlust om hem te smeken aan te blijven. Er stroomden brieven toe uit het hele land. Van den Bosch liet het zich een paar dagen aanleunen, vervolgens bleef hij bij zijn besluit. De koning kon niet anders: op 25 december 1839 verleende hij zijn halsstarrige minister ontslag, schonk hem de erfelijke titel van graaf, en vereerde hem met het predikaat minister van Staat. 'Nooit heeft een minister met meer glans het toneel verlaten,' schreef de ex-minister tevreden in een brief aan zijn zoon.

Zijn vertrek loste het probleem niet op. De Maatschappij was en bleef een gedrocht dat miljoenen verslond, maar dat je wel moest blijven voeden, want de consequenties van sluiting waren vele malen erger. Niemand voelde er iets voor 'de koloniale bevolking, die thans meer dan negenduizend zielen bedraagt, eensklaps aan haar lot over te laten en zich door het land te laten verspreiden, daar de ellende, de verstoring der openbare orde en de misdaden die daaruit onmiskenbaar zouden voortvloeien, een te groot kwaad zouden daarstellen'. En daarom werd er een ingenieuze constructie bedacht, waarbij de staat wel de kosten, maar niet de verantwoordelijkheid van de Maatschappij overnam.

In die periode stapten Cato en Teunis de buitenwereld in. Ze hadden een adres gevonden langs de Drentse Hoofdvaart, waar twee weken later hun derde kind, Hanna, gezond ter wereld kwam.

In het voorjaar, terwijl Teunis stond te spitten, kon Cato thuis voor de kleintjes zorgen en ondertussen met brei- en spinwerk het inkomen aanvullen. En 's winters konden ze heide plukken om boenders van te maken of als brandstof te verkopen aan de bakkers. Het ging de buurdorpen Kloosterveen en Smilde voor de wind, zozeer dat er zelfs een gemeentearts was aangesteld die de armen kosteloos behandelde. Niet meer dan vier procent van de dorpelingen deed af en toe een beroep op de armenzorg. Dat wil zeggen: vier procent van de protestanten, in een katholieke armenzorg was niet voorzien.

Als roomsen in een protestantse wereld waren Cato en Teunis volkomen op zichzelf aangewezen. Hun buren waren in die tijd verwikkeld in een felle richtingenstrijd over de juiste interpretatie van hun geloof. Ze bestreden elkaar met venijn over welke psalm te zingen en hoe de bijbel te lezen. De koning had zelfs geprobeerd de overal in het land opduikende gelovigen met een afwijkend standpunt gevangen te zetten, maar had zich in 1839 moeten neerleggen bij het kerkschisma dat voortaan 'hervormd' en 'gereformeerd' van elkaar scheidde. Zo'n pijnlijke scheuring, die in de dorpen langs het kanaal hele families tegenover elkaar zette, maakte het een gezin van katholieke nieuwkomers niet makkelijker om te aarden. Alleen tijdens het turfseizoen, als de dagloners uit Duitsland kwamen, waren ze niet de enige katholieken.

Cato en Teunis moesten het in Kloosterveen doen zonder geestelijk raadsman voor hun zieleheil, en ook zonder gestichtsdirecteur die ervoor zorgde dat er te eten was. In de zomer en de herfst was er nog werk en voedsel, maar naarmate de winter vorderde, raakten de voorraden op. Zonder iemand om op terug te kunnen vallen, en met drie kleintjes in huis, werden de omstandigheden steeds zwaarder. Misschien was er ook nog iemand ziek geworden. In elk geval wisten Cato en Teunis dat ze maar één kans hadden om terug te kunnen naar Veenhuizen, en die durfden ze niet te laten schieten. Toen de winter bijna voorbij was, en het turfseizoen weer zou beginnen, op 30 maart 1841, klopten ze aan bij het Derde Gesticht. Het was de allerlaatste dag waarop ze nog binnen mochten.

Niet lang na hun terugkeer werd de poort helemaal gesloten voor spijtoptanten. Alleen wie door de rechtbank was veroordeeld wegens bedelarij of landloperij kreeg voortaan nog onderdak. Uit voorzorg had de minister van Justitie zijn politieapparaat opgeroepen tot verdubbelde waakzaamheid, omdat hij zag aankomen dat deze maatregel het 'aantal armoedige lediggangers' op straat zou doen toenemen. Desondanks bleven de paupers naar Veenhuizen komen. Het waren crisisjaren, velen zagen geen andere uitweg dan in het blikveld van een veldwachter om een aalmoes te vragen, zodat de rechter ze wel moest veroordelen voor bedelarij. Vanwege de aanhoudende toestroom in de kolonie verhuisden de wezen van het Derde Gesticht naar de zolder van het Eerste, om plaats te maken voor de bedelaars. Er werd bezuinigd op het eten door kinderen voortaan kleinere porties toe te bedelen. Cato en Teunis merkten dat ook de wekelijkse rantsoenen brood en aardappelen aan de kolonistengezinnen werden teruggebracht.

Op dinsdag 2 januari 1844 was Cato's vader gestorven. Tobias Braxhoofden overleed om twee uur 's nachts, ver van zijn geboortestad Den Haag, in het Derde Gesticht van Veenhuizen. Veteraan van beroep, sergeant van rang, 58 jaar oud. Zijn nagedachtenis leefde bij zijn kinderen voort.

Later die maand, op zondag 28 januari, was Graaf Johannes van den Bosch na een kort ziekbed in zijn villa in Den Haag overleden. De dag voor zijn vierenzestigste verjaardag werd hij begraven op het burgerkerkhof onder een eenvoudige steen. Men sloeg een penning in zilver en brons. Tijdens een herdenkingsrede werd gesproken over zijn 'kostbare nalatenschap'. Alleen het standbeeld waar zijn bewonderaars voor pleitten, kwam er nooit.

Achteraf gezien was het lastig een oordeel te vellen over de idealist die het leven van mijn voorouders zo had beïnvloed. Moest ik hem prijzen om zijn intenties of was hij schuldig aan de val die hij onbedoeld had opgezet? Vele jaren later had een betrokken lid van de Maatschappij geprobeerd de balans op te maken:

Boven eenige verdenking staat bij mij zijne warme menschenliefde. Ellende en tranen kon hij niet zien, en de kolonisten, die zich zijns nog herinneren, spreken nog heden ten dage met opgewondenheid over 'den Generaal', die 't zo goed met hen meende.

Maar hij miste iets, wat zeer zeker bij zulke groote ondernemingen op den voorgrond moet staan, n.l. de noodige bedachtzaamheid en bezadigdheid. Was eenmaal zijn plan gemaakt, dan was niets in staat hem daarvan terug te houden. Bedenkingen, bezwaren, kritiek van verstandige mannen, het waren alle zoovele prikkels voor hem, om het ten uitvoer te brengen. De koloniën moesten bevolkt worden; kreeg men geen geschikte huisgezinnen, dan maar ongeschikte. Ziedaar mijn opinie.

Langs de Drentse Hoofdvaart is geen turfbriket meer te vinden. Lopend door Kloosterveen heb ik tevergeefs gezocht naar landarbeidershuisjes. Ik vraag de oude man met zijn houthakkershemd of hij weet waar vroeger de mindere standen woonden, hij knikt met een blik van 'wat denk jij dan'.

'Die woonden bij de boerderijen, dan kon de boer ze makkelijk roepen als hij ze nodig had. Dat heb ik nog wel gezien.' Met een vinger in de lucht tekent hij een huisje met een puntdak, zoals kinderen huizen tekenen, en zoals huizen er eigenlijk horen uit te zien. 'De arbeiders woonden vóór, aan de zijkant hadden ze bedsteden. De schuur was achter, daar stond de sik, de koe voor de armen. Als het koud was namen ze die wel eens mee in huis.' Hij wijst met een hand boven zijn hoofd. 'In de nok van het dak hingen ze de bruine bonen te drogen.'

Zwijgend kijken we naar het kanaal, het is een komen en gaan van plezierbootjes. MonteCarla, Khalijpso, Anita.

12 Het rookgordijn

Doos 0432 met het archief van de r.k.-parochie van Veenhuizen staat uitnodigend voor me op tafel. Voorzichtig haal ik er wat schriftjes uit: een doopboek, de registers der communicanten en gevormden, de lijsten van huwelijken en overlijdens. Mijn oog valt op een opschrijfboekje dat de titel 'Liber Status Animarum' draagt. Het is geel-bruin gemarmerd, groen op snee en bevat het overzicht van wat er tussen 1861 en 1867 met de parochianen is voorgevallen. Als ik het opensla, zie ik dat de potloodletters na anderhalve eeuw nog nauwelijks zijn vervaagd. Het enige is dat de namen van de gelovigen zijn opgeschreven in zo'n bibberig handschrift dat je je zorgen begint te maken over de gezondheid van de pastoor van destijds. Ik vraag me ook af of de schriftjes wel compleet zijn. Over een periode van twintig jaar telt het register maar tweeëndertig katholieke echtverbintenissen, en dat in een parochie van duizend tot tweeduizend zielen. Had de pastoor zijn lijsten niet bijgehouden, of namen de roomsen in de kolonie zo zelden de moeite om voor de kerk te trouwen?

Dat ik dit archief mag inzien, dank ik aan de toestemming van de pastoor die tegenwoordig over de katholieken van Veenhuizen waakt. Wat betreft het aantal gelovigen heeft hij het een stuk rustiger dan zijn voorgangers: het zijn er nu niet meer dan enkele tientallen. De pastoor bewoont de drie verdiepingen tellende pastorie aan de Kerklaan die opmerkelijk genoeg geen gevelspreuk draagt. In de oude katholieke kerk, waar tot 1893 de zondagse eucharistieviering in ploegendiensten werd afgewerkt, is nu de School met de Bijbel ondergebracht; de huidige katholieken vieren de mis in een uit de kluiten gewassen neogotische kerk met negenhonderd zitplaatsen.

Voor de pastorie is een groepje gevangenen in groene overalls aan het spitten, onder bewaking van een werkmeester met een flinke bos sleutels aan zijn riem. De pastoor noodt mij binnen, al kom ik onverwacht. Hij veegt zijn handen af aan zijn schort en zegt dat hij al een kwart eeuw in Veenhuizen woont. Tot aan zijn pensioen was hij geestelijk verzorger in de gevangenis, en daarnaast pastoor voor de dorpelingen. Maar omdat hij in de gevangenis is opgevolgd door leken-verzorgers met gezinnen, die in hun vrije tijd niet ook nog de kerk erbij kunnen doen, is hij op zijn zeventigste nog altijd de pastoor van Veenhuizen.

'We moeten maar zien hoe lang het gaat. Er zijn er niet veel om me op te volgen.' De pastoor klinkt niet als een man die gebukt gaat onder die last, integendeel. Met trots vertelt hij over zijn ongewone parochie: 'Gevangenen die met de dorpelingen samen naar de kerk gaan, dat bestaat nergens.'

Sinds de bedelaarsgestichten van Veenhuizen in gebruik zijn als gevangenissen is het bijwonen van de mis in de dorpskerk een privilege, voorbehouden aan een zeer beperkte groep – nietvluchtgevaarlijke – gedetineerden. Er zitten, zo zegt de pastoor, op zondag zo'n vijftien gevangenen in zijn ruim bemeten kerk, 'vooral donkere jongens'. Hij vindt het mooi, al stelt het hem ook voor een dilemma: 'Er staat in de bijbel genoeg over zondaars, maar ik kan het niet elke week alleen over hen hebben.'

De toewijding waarmee de pastoor zijn krimpende parochie blijft leiden, staat in scherp contrast met die van veel van zijn voorgangers. Het archief dat ik mag inzien, bevat nogal wat smeekbeden van vroegere pastoors die van hun loodzware post Veenhuizen wilden worden bevrijd. Zo ook pastoor Jan Schutte, die in 1851 in de kolonie was geplaatst: 'Ik hou het niet langer vol in Veenhuizen,' schreef hij aan zijn aartsbisschop, maar die haalde hem er pas na acht jaar weg.

In 1856, het jaar waarin Helena, de jongste dochter van Cato en Teunis, werd geboren, doet pastoor Schutte verslag van 'den zedelijken en godsdienstigen toestand der bevolking in de kolonie'. Hij klaagt erover dat er met de kolonisten niets valt aan te vangen. Hun godsdienstige gedrag, voor zover dat er al is, beperkt zich 'tot het uitwendige'. En daar staat maar een handjevol oprecht gelovigen tegenover. 'Het getal van hen, die er zich op toeleggen om in den daad God te dienen door zijne geboden te onderhouden, is betrekkelijk zeer klein.'

Het kost de pastoor de grootste moeite om in zijn kerk de orde te bewaren, zodat hij aan de stichtelijke opzet van de mis niet eens toekomt. De moeilijkheid zit hem gedeeltelijk 'in de bekrompenheid van het kerkgebouw' en 'in gebrek aan voldoende toezigt'. Schutte stelt voor 'al de bedelaarskolonisten bij elkander te doen zitten in het midden der kerk, onmiddellijk daarachter de zaalopzieners om over alle het oog te kunnen houden, en de veteranen langs de zijde.' Maar het belangrijkste probleem is 'dat het grootste deel der bevolking is samengesteld uit verbasterde, vaak diep gezonken menschen', die nauwelijks nog te verbeteren zijn. Zoals pastoor Schutte het beschrijft, was het een nachtmerrie om in Veenhuizen te moeten leven.

> De zedelijke toestand der bevolking van alle gestichten in alle opzichten is en blijft diep betreurenswaardig. Het uiten van god-lasterende en vloekwoorden en van onzedelijke – onkuische taal, het bedrijven van ontuchtige daden en het plegen van onregtvaardigheid, het stelen, is onder de bevolking in het algemeen genomen eene wezenlijke gewoonte. En dit alles heeft plaats zoo wel binnen de gestichten en in de zalen als buiten de gestichten op de wegen en op het land, en dan nog wel bijzonder in het veen.

Kort na het opstellen van zijn verslag voor de bisschop, had pastoor Schutte op een dinsdagochtend Helena Gijben gedoopt. De zoveelste nieuwe telg in zijn hopeloze parochie was de dag ervoor om zes uur 's avonds geboren in woning nummer 82 in het Derde Gesticht. Terwijl het junilicht in het 'bekrompen kerkgebouw' door veertien boogramen binnenviel, had hij haar met een routinehandeling opgenomen in de gemeenschap der rooms-katholieken. Er was haast gemaakt, om te voorkomen dat ze zonder dat doopsel – de reiniging van de erfzonde – naar het voorgeborchte van de hel zou gaan, mocht ze als zuigeling komen te overlijden.

Na hun terugkeer in de kolonie ondervonden Cato en Teunis dat ze hun relatief gunstige status hadden verspeeld. In het register van Veenhuizen stond het gezin ingeschreven als nieuw aangekomen in 1841, zonder de aantekening dat Cato er haar jeugd als veteranendochter had doorgebracht, en Teunis als zoon van een arbeidershuisgezin. Hun vroegere posities waren door hun mislukte ontsnapping gewist; ze stonden van nu af aan gerubriceerd als 'gewone kolonisten'. Het enige was dat ze wel weer aan de buitenzijde van het Derde Gesticht mochten wonen, bij de ouders van Teunis.

Veenhuizen was er in de tussentijd niet beter op geworden. Er kwam nog altijd water met bruine slierten uit de pompen, en het aantal paupers bleef toenemen. Voor Cato en Teunis moet het gevoel van opluchting om weer veilig onderdak te hebben binnen de gestichtsmuren niet lang hebben geduurd. In een paar jaar tijd verloren ze achter elkaar drie van hun vier pasgeboren baby's. Elke keer als er een zuigeling stierf, werd zijn naam doorgegeven aan het volgende kind. Het was een gewoonte die getuigde van vertrouwen en volharding: uiteindelijk bleven er inderdaad een Toon (de derde) en een Kaatje (de tweede) in leven. In diezelfde jaren begon Cato's kring van verwanten verder uit te dunnen. Eerst gingen haar vader en haar schoonvader dood. Vervolgens verlieten haar broers en zussen alle vier tegelijk de kolonie. Ze vertrokken gezamenlijk in 1854, toen de opening van het Oranjekanaal een nieuwe veenbonanza ontketende, zeventig kilometer van Veenhuizen.

Ik kreeg de indruk dat Cato en Teunis te vroeg hadden geprobeerd uit het Derde Gesticht te ontsnappen. Zonder familiesteun hadden ze het niet gered, en nu zich een tweede gelegenheid voordeed, waren ze te oud, boven de veertig al, en belast met de zorg voor te veel kinderen.

Als laatste hadden ze in 1856 Helena erbij gekregen, mijn overgrootmoeder. Maar haar geboorte bracht geen voorspoed met zich mee. Zes maanden nadat Cato haar op de wereld had gezet, verloor ze haar man. Teunis bezweek, vierenveertig jaar oud, aan een onduidelijke kwaal of aandoening. In hetzelfde jaar ging ook hun oudste zoon Piet dood; hij moet iets ernstigs onder de leden hebben gehad, want zijn commandant uit de dienstplicht had hem naar huis gestuurd, waar hij op zijn tweeëntwintigste stierf. En zo bleef Cato in het Derde Gesticht achter met zes kinderen, en de zorg voor twee bejaarde oma's.

Eigenlijk raakte heel Veenhuizen verweesd. Zonder de bezieling van Johannes van den Bosch bestond de kolonie alleen nog bij gebrek aan alternatief. Het geloof dat het lot van de paupers verbeterd kon worden, was allang achterhaald; het was ingewikkeld genoeg om die lastige sujetten uit de samenleving te houden. Het enige waarover nog werd gesproken waren de tekorten op de begroting, verder leidde de kolonie in de politieke belangstelling een sluimerend bestaan. Tot halverwege de jaren veertig de beruchte aardappelziekte de situatie op scherp zette.

De aardappel was nog maar een paar decennia in zwang als basisvoedsel, vooral bij de lagere klassen. Met een hectare aardappels kon je tien mensen voeden, drie keer zoveel als met een hectare rogge. Maar toen in 1845 de aardappelvelden in Ierland, en vervolgens ook op het Europese vasteland door een tot dan toe onbekende ziekte werden getroffen, dreigde er direct een hongersnood. Aanvankelijk waren er nog reserves, de bonen- en erwtenoogst was dat jaar goed geweest. Maar het seizoen erna ging het weer verkeerd en mislukte ook nog de roggeoogst. Tot overmaat van ramp stuwde een lange, koude winter de prijzen op tot recordhoogte.

De kolonie kon de toevloed van wanhopigen, verzwakt door de honger, nauwelijks bolwerken. Het aantal gestichtsbewoners liep op tot 5577 – de hangmatten hingen steeds dichter opeen. Onvermijdelijk drong de vraag zich op of de overheid niet toch de armen moest helpen. Volgens de gangbare mening was de staat er uitsluitend voor de binnenlandse orde en veiligheid en voor het onderhouden van contacten met het buitenland, niet voor liefdadigheid. Maar de onrust en chaos die de aardappelziekte veroorzaakte, en de daarmee gepaard gaande – zoveelste – dreiging van een bankroet van de Maatschappij van Weldadigheid dwongen halverwege de negentiende eeuw een koerswijziging af.

Het Eerste congres over het Armwezen in 1854 was daarvan een resultaat. Het werd gehouden in Groningen, aan de vooravond van de behandeling van een baanbrekende wet in het parlement. Een select gezelschap van 193 heren boog zich over de vraag: waarom zijn de armen arm? Na twee dagen vergaderen, met onderbrekingen voor lunches en diners, werden ze het bij stemming eens over vier oorzaken. De armen waren arm vanwege:

Eén: gebrek aan matigheid in sterke drank,
Twee: onvoorzichtigheid bij het aangaan van huwelijken,
Drie: gebrek aan spaarzaamheid,
En vier: gebrek aan werk.

Armoede was een individuele kwestie, de genoemde oorzaken hadden een hoog eigen-schuldgehalte. Een van de aanwezigen had nog geopperd dat de lage arbeidslonen ook een rol speelden, maar dat was door de anderen resoluut van de hand gewezen. 'Armoede komt van God', luidde het weerwoord, de bazen konden er ook niets aan doen dat de arbeid van het ongeschoolde volk op de markt van vraag en aanbod niet meer waard was.

Het congres zag de oplossing vooral in het aanleren van goede gewoonten: als de armen zouden sparen, minder zouden drinken, en ernstiger zouden nadenken over wie ze huwden, waren ze al gauw beter af. En daarom deden de deskundigen een oproep aan de gegoede burgerij zich meer te bekommeren om het gewone volk. Het was in hun ogen de taak van de betere standen om de onderklasse op te voeden, met hun eigen beschaving als voorbeeld.

Inmiddels was Den Haag ervan doordrongen geraakt dat de

overheid zich in tijden van crisis niet volledig afzijdig kon houden. Stadsbesturen, die dagelijks met de consequenties van de armoede werden geconfronteerd, wilden iets kunnen doen om de ergste nood te lenigen. De Armenwet van 1854 maakte dat voor het eerst mogelijk. De wet vormde een breuk met het verleden, al betrof het een halfhartige keuze. De armenzorg bleef de taak van kerkelijke en particuliere liefdadigheidsinstellingen, maar als iemand bij die instanties geen steun kon krijgen, en werkelijk in zijn bestaan werd bedreigd, mocht een gemeente voortaan enige onderstand verlenen. Een Memorie van toelichting bij de wet voegde er wel een strenge noot aan toe.

Niemand heeft regt onderstand te eischen van eenig openbaar bestuur, want onbeperkte bevoegdheid tot vragen wordt bedelarij. Deze is gevaarlijk voor de orde en rust in den Staat. De Staat is verpligt tegen dat gevaar te waken, en dus eene politiezorg uit te oefenen ten opzigte van de armoede.

Onderstand was geen recht, het was een gunst. En zo zou het nog honderd jaar blijven. Maar de erkenning dat de staat een verantwoordelijkheid droeg, was wel bepalend voor de toekomst van de Drentse gestichten. Na jarenlang gesteggel nam het Rijk in 1859 de onvrije koloniën, Veenhuizen en de Ommerschans, over van de Maatschappij van Weldadigheid. Precies zoals Johannes van den Bosch al vaker had bepleit.

De metamorfose die Veenhuizen vanaf dat moment onderging was totaal. Stap voor stap werd de goedbedoelde opvoedkazerne onttakeld en omgevormd tot een staatsinstelling, die in de praktijk geen ander doel had dan de landlopers te straffen voor hun onfatsoenlijke gewoonten. Eerst veranderden de gestichten van naam: de Koloniën van Weldadigheid heetten voortaan 'Rijkswerkinrichting'. Daarna veranderden ze van karakter. De zwervers en landlopers, zo vond de politiek, konden best wat strenger worden aangepakt, als de verschillende categorieën gestichtsbewoners maar van elkaar werden gescheiden. In 1869 verdwenen de wezen uit Veenhuizen. Ze werden na een experiment van een kwart eeuw teruggestuurd naar de kindertehuizen in hun eigen stad. In 1870 begon men met het wegsturen van de vrouwen: eerst werden ze bij elkaar ondergebracht in het Eerste Gesticht, vervolgens verhuisden ze naar een inrichting elders in het land. Het toelaten van gezinnen was al eerder gestaakt. Omdat het bij de nieuwe aanpak paste, viel het beheer vanaf 1875 onder de minister van Justitie. In het herziene Wetboek van Strafrecht stond een verblijf in Veenhuizen voortaan vermeld als sanctie op landloperij en bedelarij. En daarmee was de kolonie van een miniatuursamenleving getransformeerd tot een strafinrichting voor verdwaalde landlopers.

In die stroom van veranderingen was het Cato en de haren gelukt om Veenhuizen te verlaten. Eindelijk. In het gemarmerde boekje van de pastoor van 1861 is haar naam en die van haar kinderen doorgehaald met twee dikke strepen. Daarachter de vermelding 'naar Amsterdam'.

Het leek haast onwaarschijnlijk dat een zevenenveertigjarige weduwe met zes kinderen het had gewaagd naar de grote stad te trekken, terwijl het haar eerder, als jonge vrouw met echtgenoot, niet was gelukt twintig kilometer verderop te gaan wonen. Toch was het gebeurd. Hoe en waarom, daarover had de pastoor niets genoteerd. Maar de schriftjes uit archiefdoos 0432 onthullen wel andere, onverwachte, details. Zo zie ik dat Cato zich weliswaar meteen na haar bruiloft had bekeerd tot het katholicisme, maar pas in 1846, elf jaar later dus, met Teunis voor de kerk was getrouwd – 'testium: infasie eklesia', de kerkgemeenschap was getuige. Het was ongebruikelijk om zo lang te wachten met het kerkelijk huwelijk, zelfs de huidige pastoor kan daar met de beste wil van de wereld geen verklaring voor verzinnen.

Je zou kunnen denken dat ze haar ouders deze gebeurtenis had willen besparen. Alleen: in de schriftjes lees ik dat ook haar broer Wim met een katholiek was getrouwd. Het had zijn kansen op een goede toekomst niet geschaad: na een aantal jaren in de turfwinning was hij naar Veenhuizen teruggekeerd, omdat hij daar, als veteranenzoon, de positie kon krijgen van brigadier.

En dan, bladerend door het Liber Status Animarum, stuit ik ineens op de naam van Cato's moeder. Er staat:

Derde Gesticht, nummer 5, Christina Koenen, wed.
Braxhoofden, thans te Ommerschans bij hare prot. dochter
die aldaar gehuwd is.

Even ontgaat me de portee. Ik weet dat Cato's zus Marie was getrouwd met de zoon van een hoevenaar, die het in de Ommerschans tot zaalopziener had geschopt. Het is een geruststelling dat haar moeder Christina niet als hoogbejaarde vrouw zonder familie in Veenhuizen was achtergebleven. Dan pas dringt het tot me door dat Cato's moeder ook katholiek moet zijn geweest. Anders had de pastoor haar nooit in zijn aantekenboekje opgenomen. Ofwel: Cato was zelf dochter uit een gemengd huwelijk.

Opnieuw kwam dat gerucht over die echtverbintenis tussen twee geloven die mijn familie in de armoede zou hebben gestort, in een ander daglicht te staan. Dat er geen erfenis kon zijn geweest, was me al duidelijk, maar nu bleek ook dat Cato onmogelijk door haar ouders kon zijn 'verstoten' vanwege de keuze voor een katholieke echtgenoot. Het verhaal was een mythe – eentje die in het leven moest zijn geroepen om de schandvlek van Veenhuizen te verdoezelen. Omdat je alleen achter zo'n rookgordijn, misschien, een beter bestaan kon opbouwen.

Ik vermoedde dat de kiem van deze mythe door Cato zelf was gelegd, bij haar vertrek uit de kolonie. Op 22 augustus 1861 stapte ze als weduwe met zes kinderen op de trekschuit naar Amsterdam. Ze moet zich hebben gerealiseerd dat de weg terug was afgesloten. Terwijl ze wegvoeren uit Drenthe had ze, dat kon haast niet anders, haar kinderen op het hart gedrukt Veenhuizen nooit meer te noemen.

HELENA

13 Rapport voor Gehuwden

Het is artistiek gezellig in de Amsterdamse Jordaan, zo tegen de kerst. De Negen Straatjes, vermeld in elke *funshopping*-gids, gaan gehuld in sfeerverlichting, rood en groen. Bij de winkeltjes met kunstkaarten, vintage design en zelf-maak-mozaïek stroomt het decembergevoel de etalages uit. Ouders haastend op moderne gezinsfietsen (met bak, krat of bloemversiering) laveren over de stoep in een poging hun kinderen voor sluitingstijd van de opvang te halen, terwijl de toeristen hen nietsvermoedend voor de wielen lopen. Bij de supermarkt worden tassen met voorgesneden groente en magnetronmaaltijden aan fietssturen gehesen – de verkoopster van de daklozenkrant slaat het onverschillig gade.

De Oude Looiersstraat is maar een paar minuten bij mijn huis vandaan. Terwijl ik door de buurt loop, zie ik achter de ramen thuiswerkers in krappe kamertjes over hun toetsenborden gebogen. Copywriters, publicisten, consulenten. Ze hebben de souterrains vochtvrij gemaakt en de muren bedekt met meters boeken. Aan de krapte van de kantoortjes kun je hun maatschappelijke succes aflezen. De hedendaagse binnenstadbewoner toont zich graag een individu. Schouderophalend heeft hij teveel betaald voor zijn kleine Jordaanwoning: hij hecht nu eenmaal aan authenticiteit.

Deze buurt, gepland in 1612 voor het dienstvolk van de tegelijk gebouwde grachtengordel, kende de afgelopen eeuwen een heel andere levensstijl. Nu ik de geschiedenis van mijn familie onderzoek, raak ik daar steeds meer van doordrongen. De halve Jordaan blijkt sporen te dragen van mijn eigen achtergrond.

Cato was aanvankelijk met haar kinderen in een van de gangen van de Willemsstraat gaan wonen – kort voor haar komst nog een stinkende, ziekteverspreidende gracht, die uit hygiënische noodzaak was gedempt. Via kruip-door-sluip-doorsteegjes kwam je bij de halve woningen en sloppen achter de gewone huizen, waar altijd nog meer mensen in pasten dan je dacht.

Na een tijdje verhuisden ze naar de Passeerdersgracht, toen naar de Laurierdwarsstraat, vervolgens naar de Rozenstraat, en zo verder. Dat was het leven in de Jordaan: soms bleef je drie jaar op hetzelfde adres, soms drie weken. Het was een kwestie van geld en geluk. Als de huisbaas kwam beuren op een moment dat je niks had, pakte je je schamele boeltje en trok je verder.

Amsterdam eind negentiende eeuw was een jungle. Rond 1870 had de industriële revolutie het leven in de steden overhoop gehaald. Daarbij kreeg de handel in Amsterdam door de opening van het Noordzeekanaal in 1876 nog een extra stimulans. De hoofdstad beleefde een 'tweede Gouden Eeuw', en dat lokte arbeiders uit heel het land; als de kooplui goed verdienden, hadden ze wasvrouwen nodig en kleermakers en bestuurders op de paardentram.

Door al die immigranten barstte de stad uit haar voegen. De Amsterdamse bevolking was in dertig jaar tijd bijna verdubbeld. Woonruimte, gezondheidszorg en onderwijs waren niet op die aantallen toegesneden. Het gaf vooral de huisbazen vrij spel. In nieuwe wijken als de Pijp en de Spaarndammerbuurt werden in hoog tempo gammele panden uit de grond gestampt. Speculatiebouw heette dat; de nieuwkomers hadden toch weinig te kiezen. Maar de Jordaan, oud en verkrot, was er het ergst aan toe. De wijk telde vijfduizend kelderwoningen die hele gezinnen herbergden – met hun voeten in het regenwater en hun hoofd gebogen om niet tegen de balken te stoten. De bovenverdiepingen waren weinig beter, die werden per halve, of soms per kwart etage verhuurd. Epidemieën als cholera, typhus en difterie grepen in de Jordaan meedogenloos om zich heen.

Na drieëndertig jaar in het Derde Gesticht was Cato niet veel luxe gewend, maar de overgang van de verstikkende zekerheid van Veenhuizen naar de vrijheid van de stad was wel erg groot. Het was natuurlijk mooi dat je je eigen keuzen kon maken, je kon er alleen geen huur mee betalen. Cato en de kinderen voegden zich razendsnel naar de mores van het stadsleven: de groten gingen uit huis om te werken als dienstbode, de kleintjes hielpen mee zodra ze konden.

Nu de verhalen van vroeger letterlijk dichterbij komen – tot in mijn eigen buurt – kost het me meer moeite om me erin te verplaatsen. Praktisch alle adressen waar Cato en haar kinderen hebben gewoond, maken deel uit van mijn dagelijks leven. Ik kom ze tegen op weg naar de supermarkt, de bibliotheek, de school van mijn kind. Soms kijk ik om me heen in het souterrain van waaruit ik mijn speurtocht naar het verleden onderneem. Het is een aangename ruimte. De manco's – gebrek aan daglicht, en overstromingen bij hoosbuien – zijn met technisch vernuft goeddeels verholpen. Het kan er bij mij niet in dat in deze ruimte een compleet gezin heeft gewoond, zonder verwarming en ontvochtiger. Ik wil het misschien wel niet weten. Maar het dossier van het Burgerlijk Armbestuur drukt me met de neus op de feiten.

Het is de eerste keer dat ik Helena Gijben, Cato's jongste dochter, in de Amsterdamse archieven aantref. Op 14 oktober 1898 – zevenendertig jaar nadat ze in de stad was komen wonen – had ze aangeklopt bij de bedeling. Uit haar aanvraag sprak radeloosheid, het armbestuur was haar laatste strohalm. Volgens het dossier had ze eerst de pastoor om hulp gevraagd, toen het R.C. Oude-armenkantoor, en ook nog de St. Vincentius Vereeniging. Dat was precies zoals de procedure voorschreef: het Burgerlijk Armbestuur kon haar aanvraag alleen in behandeling nemen als ze alle kerkelijke instanties had geprobeerd. Haar gegevens waren genoteerd op formulier nummer 4000 – Rapport voor Gehuwden. Ze woonde aan de Oude Looiersstraat 17 driehoog achter. Haar situatie was in een paar regels samengevat.

Haar man, Harmen Keijzer, is schoenmaker en heeft haar ongeveer zes weken geleden verlaten. Hij is te Nijmegen geweest doch waar hij zich nu bevindt weet zij niet. Voor haar huwelijk was zij dienstbode bij mevrouw Slicher

Prinsengr. Sedert zes jaar was zij daar werkster voor 3 dagen pw. Langzamerhand verminderde dat en sedert zes maanden is hare hulp daar niet meer noodig doch ze is er de vorige week twee halve dagen geweest en verdiende 80 cent. Van de pastoor der St Catharinakerk heeft zij eerst f 2,50 gehad en van de heer Tholen van de St Vincentius Vereeniging Leidschestraat f 1,-. Volgens informatie is er op haar gedrag niets aan te merken. Heden is zij als noodhulp dienstbode gekomen bij mevrouw Tholen Leidschestraat voor f 4,- pw.

Een dag na deze aanvraag lag het rapport al op het bureau van de Chef voor de Inschrijving. De armbezoekster had het noodzakelijke onderzoek snel en grondig uitgevoerd. Ze wist nu dat juffrouw Gijben, gehuwd Keijzer, vijf kinderen had. De jongste van bijna twee, kleine Harm, had nog de hele dag toezicht nodig. De dochters Stien (12), Tinie (10) en Roza (7) gingen naar school. De oudste, Maria (14), werkte als loopmeisje. Helena Gijben had alle bewijzen getoond van de schaarse inkomsten die het gezin genoot. Naast de vijftig cent die de oudste dochter per week inbracht en de vier gulden voor het werk bij mevrouw Tholen, ontving het gezin ook 1 gulden per veertien dagen van het R.C. Oude-armenkantoor, en wekelijks twee kaartjes voor grutterswaren van de St. Vincentius Vereeniging. De acute nood betrof de huurachterstand die in de zes weken zonder echtgenoot was opgelopen tot zes gulden, waardoor huisuitzetting dreigde. Helena had ook vijftien gulden aan beleenbriefjes laten zien, waaruit bleek dat alles wat het gezin aan waarde bezat al bij de lommerd lag. Vervolgens, zo waren de regels, had de armbezoekster gekeken of er familie was die kon bijstaan.

De opsomming van de omstandigheden waarin Helena's broer en zussen verkeerden, bood mij een onverwachte bron van informatie. Het onthulde hoe Cato met haar kinderen naar Amsterdam hadden kunnen komen, en hoe het ze vervolgens was vergaan.

De sleutel tot de ontsnapping uit het Derde Gesticht bleek te liggen bij Stijntje, Helena's oudste zus. Toen de kolonie een rijksinrichting werd, die graag van overbodig volk af wilde, was Stijntje eenentwintig jaar en verloofd. Ze kende haar aanstaande al lang, ze deden nog samen hun heilige communie. Met het lef van een jong stel hadden ze, net als Cato en Teunis destijds, de stap gewaagd om de gestichten te verlaten. Stijntje en haar man vertrokken in 1860 naar de grote stad, en hadden zo als bruggenhoofd gefungeerd voor de rest van het gezin. Een jaar later was moeder Cato met de kleine Helena en de anderen bij hen ingetrokken in de Willemsstraat.

Stijntje zelf was kinderloos gebleven, en leefde inmiddels met haar man van een armetierig winkeltje in kolen in de pas gebouwde Spaarndammerbuurt. Zij kon Helena onmogelijk helpen. Net als Toon, haar broer. Uit het verslag van de armbezoekster kwam ik te weten dat hij afhankelijk was van een liefdadigheidsinstelling voor hulpbehoevende blinden. Het kon niet anders of hij had zijn blindheid opgedaan in Veenhuizen: in het jaar voor ze uit de kolonie vertrokken, beleefde de Veenhuizensche Oogziekte-epidemie haar hoogtepunt. Misschien was dat een extra aansporing geweest voor Cato om het Derde Gesticht te ontvluchten. Maar de *Trachoma Veenhuizianum* had Toon toch te pakken gekregen. In een aantekenboekje van de liefdadigheidsinstelling waar hij voor wat stuivers matten mocht vlechten, las ik dat hij als geboorteplaats 'Amsterdam' had opgegeven. Kennelijk was hij de waarschuwing van zijn moeder, om zijn Veenhuizen-achtergrond te verzwijgen, nooit vergeten. Zijn oogkwaal, zo stond er, had hij opgelopen 'door de malaria in Indië' – en dat was klakkeloos voor waar genoteerd.

Ook Helena's zussen Marie, Hanna en Kaatje waren niet in staat financieel bij te springen. De eerste moest het als weduwe alleen met drie kinderen zien te redden, de tweede was jong gestorven, en de derde zat in net zo'n wanhopige situatie als Helena zelf: ze woonde recht tegenover haar in de Oude Looiersstraat en stond er ook met een handvol kinderen alleen voor.

Alle andere familie – Braxhoofden en Gijben – was in Drenthe achtergebleven. En Cato leefde niet meer. Zij had haar kroost over de Zuiderzee teruggebracht naar de grote stad om hen een betere kans te geven. Ze had ze allemaal hun eigen weg zien gaan, daarna woonde ze nog jaren alleen in kelderwoningen en minuscule kamertjes. Haar laatste dagen sleet ze in de Balk in 't Oogsteeg, een straatje aan de Amstel waar je staand in het midden beide muren kon aanraken. Na alle omzwervingen, van Namen via Den Haag en Delft naar Veenhuizen, blies ze haar laatste adem uit in een van de donkerste steegjes van Amsterdam. De plek waar ze was gestorven, is tegenwoordig de spoelkeuken van het Golden Tulip Hotel aan het Rembrandtplein, waar de overlevers van deze tijd borden staan te wassen – met of zonder papieren. Cato Braxhoofden was vijfenzestig jaar geworden. Ik hoopte dat haar kinderen rond haar sterfbed hadden gezeten.

Niet lang na haar moeders dood had Helena haar man ontmoet: een Fries met een weelderige haardos en felle ogen. Harmen Keijzer heette hij, schoenmaker uit Harlingen. Dat was alles wat ik over hem wist. Volgens het bevolkingsregister was hij negenentwintig en Helena vijfentwintig toen ze op 11 augustus 1881 de trouwgelofte aflegden.

De eerste jaren van hun huwelijk verliepen ogenschijnlijk normaal, daarna volgden de verhuizingen elkaar in steeds hoger tempo op. Tussendoor kwamen er kinderen, waarvan er veel ook weer gingen; toen Harmen zijn gezin plotseling in de steek liet, waren er van de tien nog vier dochters over en de peuter Harm (de derde). Ik moest denken aan wat een tante had gezegd, dat Harmen af en toe aan de wandel ging zonder dat iemand wist waarheen. Soms zou hij wel tot aan België zijn gelopen, of reisde hij onaangekondigd af naar Indië.

Na het doorlichten van de familie was de armbezoekster van het Burgerlijk Armbestuur ter controle in huis geweest aan de Oude Looiersstraat. Ze noteerde dat de woning bestond uit één 'weinig gemeubelde' kamer. Het gezin maakte op haar de indruk 'thans zeer behoeftig' te zijn, maar wel fatsoenlijk. De kinderen waren alle vijf 'RC gedoopt' en gevaccineerd. Hun moeder was geen klaploopster: 'Zij heeft nimmer van hier bedeeling gevraagd of genoten.'

Bij de inschrijving, zo ontdekte men later, had ze zich wel vergist. Ze gaf op geboren te zijn in Assen, maar uit haar papieren bleek dat ze uit Veenhuizen kwam. De opstelster van het rapport had er niet al te moeilijk over gedaan. Zoiets kon voorkomen, de vergissing had geen invloed op het uiteindelijke besluit.

Tot slot waren er inlichtingen ingewonnen over Helena's gedrag bij haar werkgeefsters. 'Mevrouw Slicher Prinsengracht en mevrouw Jager Keizersgracht geven de gunstigste informatie over haar.' Eigenlijk had vooral dat laatste de doorslag gegeven. Dankzij de mevrouwen viel het oordeel positief uit. De Commissie van het Burgerlijk Armbestuur krabbelde vier dagen na de aanvraag op het formulier:

f4,- tot 7 december.

De meest urgente nood was voor een paar weken gelenigd. Na 7 december moest de situatie opnieuw worden bezien. Maar dat bleek niet nodig. Op 8 december ging kleine Harm dood. Toen hoefde er niemand meer thuis te blijven om op hem te passen.

14 Het vonnis

De signalementkaart van verpleegde nummer 5374 vermeldt dat hij 1 meter 50 lang is. De breedte van zijn hoofd bedraagt 15,6 cm, de lengte 18,9. Zijn gelaatspigment is wit-geel met een doorschijnende tint, de neusrug recht, het linkeroog middenblauw. De verpleegde is niet gebocheld – zijn rugwelving is nul. Op de kaart staat verder dat zijn straf drie jaar bedraagt, en afloopt op 5 november 1903.

De meetsessie volgens de methode-Bertillon moet een uur in beslag hebben genomen. De man die zojuist zijn naam voor een nummer heeft ingeruild, is in allerlei standen bemeten. Voor de zekerheid zijn er vier vingerafdrukken genomen van alle vingers aan de rechterhand, behalve de pink. Daarna is 5374 gefotografeerd: zijaanzicht, vooraanzicht, zijn nummer steeds in beeld. Zijn haar is grijs en dik, de onderste helft van zijn gezicht gaat schuil achter een knevel en een baard. Hij staart me aan, verpleegde 5374, met een uitgebluste blik. Lijdzaam, en ook een beetje verschrikt; hij heeft niet eerder voor een camera gestaan.

Tot slot vermeldt de signalementkaart van 5374 een naam: Harmen Keijzer. En een leeftijd: achtenveertig jaar. Ik staar naar de man op de foto zoals hij naar mij staart. Dit is geen willekeurige zwerver, deze verlopen figuur is mijn overgrootvader.

De meetsessie waaraan Harmen Keijzer was onderworpen, de Bertillonage, werd in het voorjaar van 1896 in Nederland geïntroduceerd. Vanaf dat moment moest iedereen die was veroordeeld voor een ernstig vergrijp – een overtreding waarop meer dan zes maanden cel stond – zijn persoonsdetails laten registreren. De gevangenissen, de grote politiebureaus, en de rijkswerkinrichtingen ontvingen een instructieaffiche met plaatjes om de metingen correct uit te voeren. Het resultaat werd in drievoud opgetekend en in verschillende archieven bewaard.

Het was de bedoeling om zo recidivisten te kunnen traceren – veelplegers en draaideurcriminelen in de taal van vandaag. Tot 1854 was het brandmerken van gevangenen nog in zwang geweest. Een waterdicht systeem, dat wel, maar op den duur was men het onmenselijk gaan vinden. Een vervangende methode was niet direct voorhanden; criminelen konden zich eenvoudig achter een andere naam verschuilen, en telkens opnieuw toeslaan. En dat terwijl juist die onverbeterlijke lieden, veelal rondzwervend volk, de meeste ellende veroorzaakten.

'In sommige streken wordt de bevolking als het ware gebrandschat door doortrekkende vagebonden,' alarmeerde de Nederlandse Juristen Vereniging.

Altijd al werd die ongrijpbare onderlaag beschouwd als bedreiging voor de orde en rust in de samenleving, maar in de loop van de negentiende eeuw begon men er ook op een andere manier naar te kijken. Onder invloed van Darwins evolutietheorie, van 1859, werden de 'stedelijke wilden' plotseling interessante studieobjecten. Vooraanstaande wetenschappers keken naar het stadsproletariaat als naar een primitieve nomadenstam met een eigen taal en eigen rituelen, die in een eerder stadium van de evolutie was blijven steken.

'Zij spreken anders omdat ze anders voelen,' zei Cesare Lombroso, de grondlegger van de criminele antropologie. 'Zij spreken als wilden, omdat zij wilden zijn te midden van onze geweldige Europese beschaving.' Lombroso dacht de eigenschappen van die 'wilden' te kunnen traceren met de nieuwe 'mensmeetkunde', de antropometrie. Hij was ervan overtuigd dat de aard van de mens aan zijn fysiek viel af te lezen. Door schedelmetingen probeerde hij vast te stellen wie een misdadiger was (of zou worden) en wie niet.

Alphonse Bertillon ging niet zover dat hij aan zijn meetresultaten conclusies over karakter en inborst verbond. Maar dat paupers en kleine criminelen tot een ander, gedegenereerd menstype behoorden, gold in zijn tijd als een gangbare visie: ze belichaamden het biologisch verval van een natie. Als antropoloog in dienst van de politie van Parijs zag Bertillon het als zijn plicht om deze gevaarlijke lieden in kaart te brengen, zodat ze beter konden worden opgespoord. Daartoe registreerde hij een aantal vaste kenmerken van veroordeelden: de grootste horizontale afstand tussen de jukbeenderen, de afmetingen en vorm van het rechteroor, de lengte van de linkerpink. Door zulke gegevens op een ingenieuze manier te ordenen kon je een recidivist tussen duizenden anderen in een kaartenbak terugvinden. De methode maakte furore in verschillende Europese landen.

Op 5 november 1900, toen Harmen Keijzer werd opgemeten, was het systeem van de Bertillonage alweer op zijn retour. Het werd een jaar later ingehaald door de dactyloscopie; vingerafdrukken bleken een veel betrouwbaarder identificatiemiddel. De signalementkaarten-met-foto van alle gestraften in Nederland tussen 1896 en 1901 werden in de loop der jaren als waardeloos papier bij het oud vuil gezet. Alleen het Drents Archief had er ruim vijfduizend weten te behouden, afkomstig uit de Rijkswerkinrichting Veenhuizen.

Op mijn computerscherm heb ik de foto van mijn overgrootvader tot tweehonderd procent uitvergroot. Het voelt als de kennismaking met een verloren gewaand familielid: de man van wie mijn moeder niets wist behalve zijn naam, heeft ineens een gezicht. Meer dan een eeuw geleden is hij vastgelegd op wat waarschijnlijk een van de beroerdste dagen van zijn leven was. Ik speur zijn gelaat af naar tekens die zijn gedachten verraden. Wat zou hij ervan hebben gevonden als hij wist dat zijn achterkleindochter hem in deze staat zou betrappen? Voelde hij die dag schaamte, angst, onrust? Of was hij zo murw dat hij zich nergens meer om bekommerde?

Op een maandag, een paar weken eerder, was hij gearresteerd. Het misdrijf zoals omschreven in het vonnis bestond eruit 'dat beklaagde den 8 october 1900 te Utrecht heeft rondgeloopen en dat bij fouilleering door den verbalisant geen geld of geldswaarde op den beklaagde is bevonden.' Onbezoldigd rijksveldwachter Van Zutphen had proces-verbaal opgemaakt van landloperij en Harmen Keijzer was in verzekerde bewaring genomen. Het duurde een paar weken voor hij werd voorgeleid in een groep van vierendertig verdachten die zich allen schuldig hadden gemaakt aan hetzelfde misdrijf. Voor de rechtbank was het een routineklus. Het vonnis was al voorgedrukt, de griffier hoefde alleen naam, datum en strafmaat met de hand in te vullen. De uitspraak, zo las ik, was gedaan door een drietal rechters, onder wie rechter jonkheer mr. H. M. J. van Asch van Wijck.

Nu ik mijn overgrootvader in de ogen had gekeken, bespeurde ik bij mezelf een onbestemde stekeligheid door die titel van jonkheer. Ik kon de neiging niet weerstaan om zijn naam te googelen, en inderdaad: er kwam een lange lijst tevoorschijn van voorvaderen en nazaten die allemaal belangwekkende posities hadden bekleed. De naam van de jonkheer bleek anno 2005 zelfs te prijken op de gevel van een basisschool in Utrecht, de plaats waar hij was geboren en waar hij Harmen had berecht. Mijn korzelige reactie had geen rationele grond. Wat kon deze man eraan doen dat hij uit een fortuinlijker familie kwam dan Harmen Keijzer, en dat de situatie zo was dat hij moest oordelen over mijn overgrootvader in plaats van – bijvoorbeeld – andersom? Jonkheer mr. Van Asch van Wijck was behalve rechter ook lid van de Provinciale Staten van Utrecht én van de Tweede Kamer; een aanstelling in de Eerste Kamer lag in het verschiet. Om te kunnen begrijpen hoe een man als hij naar iemand als mijn overgrootvader had gekeken, moest ik weten hoe Nederland er in die tijd uitzag.

De kronieken uit het begin van de nieuwe eeuw staan bol van het geloof in de techniek en de vooruitgang. De mogelijkheden leken onbegrensd. Zestig jaar eerder nog had Johannes van den Bosch een paar dagen nodig gehad voor de tocht naar zijn koloniën van Weldadigheid; de jonkheer stapte eenvoudig op de trein als hij bij zijn vader, Commissaris des Konings van Drenthe, op bezoek ging.

Achteraf gezien stond de 'global village' toen al in de steigers. Een koperen kabel op de bodem van de oceaan, beschermd tegen de elementen door een coating van rubber, bracht het nieuws uit New York nog diezelfde dag op de Nederlandse krantenredacties. De eerste huishoudens werden op het telefoonnet aangesloten, er waren in 1900 zelfs al auto's op straat gesignaleerd. De stijgende welvaart, aangeslingerd door de industriële revolutie, zorgde ervoor dat meer en meer families konden leven van de inkomsten van de man als enige kostwinner. Het 'moderne gezin', gebouwd op een liefdeshuwelijk, en met een moeder die zorgde voor de opvoeding en de huiselijkheid, werd voor steeds meer mensen een haalbaar ideaal. Tegelijk kon de keerzijde van het moderne kapitalisme geen mens ontgaan. Ambachtslieden als schoenmakers en bakkers werden ingehaald door schoenfabrieken en broodfabrieken. Ze konden onmogelijk op tegen de industrie waar mannen, vrouwen en kinderen lange dagen maakten in bedompte ruimten voor een schamel weekgeld. Het geloof dat de standenmaatschappij door God geschapen was, begon te slijten. Het broeide in de pauperwijken: de term 'proletariaat' kreeg zijn dreigende, marxistische betekenis.

Ondanks het elitaire karakter van het landsbestuur – jonkheer mr. Van Asch van Wijck en zijn collega-parlementariërs waren gekozen door acht procent van de bevolking – konden de bestuurders de ellende (én de dreiging) van de laagste standen niet negeren. De socialist Ferdinand Domela Nieuwenhuis had al eens in het parlement gezeten; de discussies over de 'sociale questie' domineerden de politiek.

'Wie van een sociale questie spreekt, bedoelt hiermeê in den algemeensten zin, dat er ernstige twijfel is gerezen aan de deugdelijkheid van het maatschappelijk gebouw, waarin we wonen,' sprak Abraham Kuyper, de voorman van de Anti-Revolutionairen.

De liberale staatsopvatting, lange tijd een onwrikbaar principe, ging stukje bij beetje op de helling. De twintigste eeuw begon met de eerste sociale wetten die een bodem legden onder het pauperbestaan: de Arbeidswet (die wat bescherming bood aan kinderen en vrouwen in de fabriek), de Woningwet (die de ergste wantoestanden in de woningbouw kon beperken), en de Leerplichtwet (die alle kinderen zes jaar onderwijs garandeerde). Liefdadigheid bleef voorlopig nog het terrein van de kerk en welwillende particulieren. Steeds meer bemiddelde dames en heren zagen het als hun plicht de allerzwaksten te beschermen. Ze richtten verenigingen op ter bestrijding van het drankmisbruik, voor opvang van ongehuwde moeders, voor advies aan arme huisvrouwen. Er waren artsen die op eigen initiatief consultatiebureaus begonnen voor de laagste klassen om zo de zuigelingensterfte – van één op de vijf – terug te dringen.

Iemand met een positie als de jonkheer deed uiteraard aan die liefdadigheid mee. Op de lijst met zijn nevenfuncties stond dat hij bestuurslid was van de Vereeniging tot ondersteuning en zedelijke ontwikkeling van hulpbehoevende blinden, dezelfde instelling waar blinde Toon dagelijks ging mattenvlechten. Maar als rechter werd hij vaak geconfronteerd met volk waarmee hij niets kon aanvangen.

De jonkheer en mijn overgrootvader, rechter en verdachte, hadden tegenover elkaar gestaan als representanten van twee verschillende werelden. Het toonbeeld van beschaving versus dat van degeneratie – de verderfelijke wilde, niet de nobele. Dat ik van beiden een foto had gevonden, was op zich al veelzeggend: ik was erachter gekomen dat alleen rijken en paupers een spoor hadden nagelaten in de archieven. Notariële akten, testamenten en staatsieportretten waren de trotse nalatenschap van de gegoede stand. De onderklasse had dossiers van het armbestuur, rechtbankveroordelingen en signalementen.

Harmen Keijzer had eenentwintig dagen in een politiecel gezeten, voor hij met de andere verdachten per boevenwagen naar de rechtbank was vervoerd. In het wachtlokaal hadden ze de antwoorden gerepeteerd die ze tijdens het verhoor moesten geven, en toen werden ze eindelijk voorgeleid. De plechtstatige binnenkomst van de rechters in hun toga met witte bef kon een verdachte gemakkelijk imponeren. Het portret uit de Eerste Kamer van rechter Van Asch van Wijck toont een ernstige heer met een getrimde snor. Om zijn schouders hangt een jas met afgebieste kraag, zijn opstaande boord wordt bijeengehouden door een modieuze stropdas met stippen. Hij nam zijn taken serieus, dat zie je direct, juist omdat ze hem als vanzelfsprekend waren toegevallen. De verdachte op de foto van de signalementkaart had niets met de jonkheer gemeen. Ik vroeg me af of hun blikken elkaar hadden gekruist. Met vierendertig vervuilde vagebonden in het beklaagdenbankje was het onzeker of de rechter ze werkelijk allemaal had bekeken.

De meeste rechters in die tijd waren niet geïnteresseerd in de achtergrond van een verdachte. Maar ik wel: ik wilde weten hoe mijn overgrootvader in handen van Justitie was gekomen.

Harmen bleek te vinden in het bevolkingsregister van een hele reeks verschillende plaatsen, waaruit ik kon aflezen dat hij was gaan zwerven zodra hij de kans kreeg: toen hij meerderjarig werd. Hij en zijn negen jaar oudere broer waren de enig overgeblevenen uit een gezin met tien kinderen; zijn vader stierf toen hij twee was, zijn moeder op zijn veertiende. Na haar dood was Harmen in het Burgerweeshuis van Harlingen geplaatst. Daarvandaan zou hij, dat was de regel, worden doorgestuurd naar het kindergesticht van Veenhuizen, maar om de een of andere reden was dat niet gebeurd. In plaats daarvan ging hij in de leer bij een schoenmaker.

Op de dag dat de voogdij van het weeshuis eindigde, ging Harmen ervandoor. Eerst naar Franeker, daarna naar Utrecht. Als 'koffijhuisbediende' verbleef hij aan het Neude in een pand dat hij deelde met een winkeljuffrouw en een bierhuishouder. Een paar maanden later schreef hij zich alweer uit en zei tegen de beambte van de burgelijke stand dat hij naar 'Brussel' ging, maar of hij daar werkelijk was geweest, viel niet te achterhalen. Na een half jaar zonder vermelding in de Nederlandse administratie dook hij op in Brielle. En weer een paar maanden later, hij was inmiddels 25, reisde hij verder naar de Bloemstraat in Amsterdam – de stad waar hij ging werken als schoenmaker, en vier jaar later Helena Gijben trouwde.

Volgens de verhalen van mijn tante zou Harmen een man zijn geweest die de jenever maar nauwelijks kon laten staan.

'Hij was ook een driftkop, dat heb ik gehoord. Als iets hem niet beviel, kon hij zo een laars naar het hoofd van een klant smijten.'

In de eerste jaren van zijn huwelijk had Harmen zijn drankzucht en neiging tot zwerven waarschijnlijk nog in bedwang kunnen houden. Maar na de geboorte van zijn dochter Roza was er van alles misgegaan. Achter elkaar gingen er kinderen dood, en daarna ook zijn broer, de enige die hem nog verbond met zijn jeugd.

Het was niet duidelijk of Harmen, nadat hij in 1898 zijn gezin in de steek had gelaten, nog wel eens naar hen was teruggekeerd. Maar het lag voor de hand dat hij al een poos op straat leefde toen hij twee jaar later in Utrecht werd opgebracht.

Zelfs al had rechter Van Asch van Wijck Harmens achtergrond gekend, dan nog zou hij geen consideratie hebben getoond. De omgeving waarin iemand opgroeide, werd nu eenmaal niet in verband gebracht met zijn latere daden. En het begrip 'verzachtende omstandigheid' moest nog worden uitgevonden.

Op het schriftelijke vonnis stond artikel 432 uit het nieuwe Wetboek van Strafrecht van 1886 al afgedrukt. De straf op landlopij en bedelarij was opsluiten en heropvoeden, maar vooral: opsluiten. De vraag was alleen nog voor hoe lang. In het proces tegen Harmen Keijzer luidde de eis van de officier van Justitie: drie dagen hechtenis en anderhalf jaar plaatsing in de rijkswerkinrichting. Rechter Van Asch van Wijck vond dat niet genoeg en besloot tot de maximale straf: drie jaar Veenhuizen.

15 Dorado

Op 15 juni 1902 verscheen er in het weekblad *De Amsterdammer* een felle aanklacht tegen de aftredend minister van Binnenlandse Zaken. Het ging erom dat hij niets had gedaan aan 'den in alle opzichten ellendigen toestand, waarin zij zich bevinden, die te Veenhuizen worden gedetineerd'. Iedereen wist immers 'dat daar de toestand zóó niet kan blijven, omdat daar de toestand zóó rot is dat de hoofddirecteur zelf verklaarde: wie eenmaal het gesticht binnentreedt is onherroepelijk verloren'. De verontwaardigde toon van *De Amsterdammer* – toen nog zonder het voorvoegsel Groene – was tekenend voor die tijd. Het was al tientallen jaren bekend dat het heropvoedingsideaal van Veenhuizen in de praktijk geen vruchten afwierp. Duizenden mannen zaten er jaar in jaar uit te verpieteren. Maar in de nieuwe eeuw wond men zich daar ineens over op, zozeer dat koningin Wilhelmina in 1903 een achtkoppige staatscommissie benoemde, die op zoek moest naar een oplossing.

Toen dat bekend werd, greep een pas ontslagen verpleegde zijn kans. Om te voorkomen dat de commissieleden zich een rad voor de ogen zouden laten draaien, zette hij zijn eigen, ongecensureerde ervaringen op papier. Het was, voor zover bekend, de eerste keer in 65 jaar, sinds de bittere notities van T.L. Hoff, dat er een geschrift naar buiten kwam over het leven in de gestichten. Hoff had nog onder zijn eigen naam gepubliceerd, deze getuige koos voor de anonimiteit. Uit zijn pseudoniem bleek dat hij het artikel in *De Amsterdammer* ook had gelezen: hij noemde zich 'een onherroepelijk verlorene'.

'Men zal mij willen verschoonen, dat ik mijn naam verzwijg; de piëteit tegenover mijn bloedverwanten verbiedt mij, openlijk op te treden.' De verpleegde moest niet alleen zichzelf, maar ook zijn familie beschermen: zo groot was kennelijk de schande van Veenhuizen.

'De Verlorene' en mijn overgrootvader hadden tegelijk in de rijkswerkinrichting gezeten. De kans was groot dat ze elkaar hadden gekend, hun ervaringen moesten vergelijkbaar zijn. In tegenstelling tot T.L. Hoff destijds, vertelde deze anonieme verpleegde wel hoe hij in Veenhuizen was beland, en ik las mee alsof het over Harmen ging.

De tegenspoed van de Verlorene was begonnen toen hij van plaats naar plaats trok, in de ijdele hoop op werk. Gaandeweg was zijn geld opgeraakt en kwam hij terecht in logementen van steeds minder allooi. Tot de dag waarop hij geen cent meer had: het nachtverblijf van de politie was zijn enige optie. De Verlorene schetste hoe hij in die hopeloze situatie de rijkswerkinrichting steeds meer als een 'Dorado' begon te zien. Vooral door de verhalen van doorgewinterde Veenhuizen-gangers, die er eer in legden de gestichten zo mooi mogelijk af te schilderen.

Uit zijn verslag begreep ik dat het haast geen toeval kon zijn dat Harmen zich uitgerekend in Utrecht had laten arresteren, op de drempel van de winter. Onder landlopers stonden de rechtbanken van Utrecht en Den Bosch bekend om hun gemakkelijke opzending; wie het zwerven moe was, zorgde ervoor in een van die plaatsen door een veldwachter te worden aangehouden.

Maar in de rechtzaal al kwam de eerste desillusie. Het beklaagdenbankje bleek een plek 'waar men tot het besef komt van zedelijke kleinheid en waar men reeds een groot gedeelte zijner zelfstandigheid achterlaat'. De Verlorene was geschokt over de achteloosheid waarmee 'er met den meesten spoed werd gewerkt, om over te kunnen gaan tot de verbanning van (een grote groep) personen uit de samenleving'. Het veroordeeldentransport per trein naar Assen was mogelijk nog pijnlijker. De Verlorene vergeleek het met het publiekelijk aan de schandpaal nagelen van een misdadiger in de Middeleeuwen.

Met welke angstvalligheid beproeft men zich, bij de
aankomst aan een station te verbergen, te verschuilen achter
anderen, om niet gezien of herkend te worden! En hoe
ergerlijk is het aangapen van het publiek, dat met wellust de
oogen openspert, om maar niets van een dergelijk tooneel te
verliezen!

Harmens tocht naar de gestichten, waar hij als weesjongen nog
aan was ontkomen, had een extra lading vanwege het Veenhuizen-verleden van zijn vrouw en zijn schoonfamilie. Ik vroeg me af
of hij die geschiedenis eigenlijk wel kende. Of hij wist dat Helena
er was geboren, en dat zijn schoonmoeder Cato er met zoveel
moeite aan was ontsnapt. Terwijl hij in Assen voor het laatste deel
van de reis overstapte op het schip van de Drentsche Stoomboot-
maatschappij, was het of Harmen, in zekere zin, al haar moeite
ongedaan maakte. Of hij het nu wist of niet, op die vijfde november in 1900 belastte hij de familie opnieuw met de schande die Cato had willen wegpoetsen. Het was tragisch, ironisch bijna, zeker
als je bedacht dat de portee Harmen waarschijnlijk was ontgaan.
Op die novemberdag had hij te maken met de realiteit van het
moment, en die was verwarrend genoeg.

Eindelijk komen de gestichten in 't gezicht. Geen pen is in
staat te beschrijven, wat daar woelt en warrelt in 't hoofd van
hem die eindelijk aangeland is in deze omgeving. De eerste
indruk is niet gunstig. Een koude rilling bevangt u, nu
't oog valt op de ijzeren kooien, alkoven genaamd, die aan
weerszijden van het vertrek zijn geplaatst, van afzonderlijke
sloten voorzien. Nu gevoelt men eerst recht, dat men door
de Regeering als een misdadiger beschouwd wordt en het
woord 'verpleging' slechts een tint van menschelijkheid
geven moet aan een stelsel van dwang.
Alle herinneringen aan 't maatschappelijke leven, zooals
photo's, enz. worden u ontnomen. Daarna wordt de
burgerkleeding genoteerd en een pak gestichtskleederen

aangewezen. Meteen verwisselt men voor een nummer zijn naam.

Door den zaalopziener wordt u de zaal aangewezen, welke gedurende den tijd der verpleging uw thuis zal zijn. Komt men die zaal binnen op een winteravond, dat de lampen branden, dan duurt het eenige oogenblikken, voor men iets kan onderscheiden, want in de zaal hangt een tabakswalm, die het licht onderschept. De chaos, dien men ontwaart, doet onwillekeurig den pas inhouden.

Harmen was na die eerste schok bij zijn positieven gekomen en had besloten er het beste van te maken. Die indruk kreeg ik althans uit het 'Inschrijvingsregister van veroordeelde bedelaars en landlopers'. Op een van zijn eerste dagen was hij, zoals iedere nieuwkomer, door de geneesheer gevaccineerd en vervolgens bij de directeur geroepen. Hij moest vertellen hoe hij heette en wat hij kon. In een bibberig handschrift had hij zijn gegevens in het register ondertekend, kleintjes en onzeker naast de ferme handtekening van de directeur.

Omdat hij een ambacht beheerste, werd Harmen geplaatst op de schoenmakerij bij het Eerste Gesticht. De werkplaats bood meer vrijheden en kansen dan de arbeid op het land. Samen met een paar vakgenoten, en onder leiding van een medeverpleegde, maakte hij de schoenen en laarzen voor de ambtenaren – de verpleegden droegen klompen. Het was in de gesloten, half-autarkische wereld van de rijkswerkinrichting een geluk om zo'n baantje te hebben. Want een ambtenaar die een paar stevige schoenen nodig had, kon de schoenmaker maar beter te vriend houden. Harmen en zijn collega's waren zich terdege van hun positie bewust. Telkens als een belangrijke beambte een paar bottines bestelde, namen ze een hele, nog niet aangesneden huid, om daaruit de beste stukken leer te gebruiken. De Verlorene, die kennelijk bekend was met de gang van zaken in de schoenmakerij, beschreef hoe er op die manier flinke stroken moesten worden weggegooid, maar daar maakte niemand zich druk om. Het waren de ongeschreven regels van Veenhuizen: tegenover een paar extra mooie laarzen stonden voordeeltjes in de vorm van pruimtabak of een dubbel rantsoen belegde boterhammen.

Door zijn ambacht schaarde Harmen zich in dezelfde categorie als de 'katjes'. 'Katjes' waren een typisch Veenhuizer fenomeen. Omdat er in de gesloten kolonie geen vreemden mochten komen, ook geen dienstbodes, werden er 'katjes' – landlopers dus – ingezet als huispersoneel voor de bewakers. Er waren katjes die als kindermeisje werkten, katjes die de tuin bijhielden, katjes die de kamers een nieuw behang gaven. Anderen haalden dagelijks de wc-tonnen op of brachten de ambtenaren hun verse drinkwater. De term 'katje' kwam volgens de Verlorene van de kliekjes die deze verpleegden – net als echte katjes – kregen toegeworpen.

Voor Harmen waren de extraatjes niet het enige voordeel van zijn schoenmakerswerk. Wie zijn eigen vak mocht uitoefenen had een relatief beter vooruitzicht voor de toekomst, omdat het hem bij de les hield. Veel verpleegden die niets anders deden dan hele dagen wroeten in de aarde, vielen ten prooi aan het 'venijn van de doodelijke verveling'. Vooral tijdens de wintermaanden, wanneer de werkuren op het land kort waren en iedereen avond aan avond bijeen zat met zestig man op een rokerige zaal.

Ter ontspanning was er een bibliotheek vol stichtelijke werken, maar de meeste verpleegden waren geen enthousiaste lezers. Wat ze wel wilden – knutselen, schaken, de krant lezen – was verboden. De Verlorene beschreef hoe een verpleegde was betrapt met een benen schaakspel. De man had er in het geheim aan gesneden, en juist toen alle tweeëndertig stukken af waren, werden ze in beslag genomen.

> Het leven in de gestichten eischt geen inspanning van den geest en is zoo geheel ontdaan van eenige afwisseling, dat het van vele verpleegden wezens maakt, die niet meer denken.
> Na 3 jaar in de Rijkswerkinrichting gewerkt te hebben is [de verpleegde] nog even ver als bij aankomst, behalve dat

hij zedelijk en lichamelijk in waarde achteruitging. Het zelfvertrouwen, de zelfstandigheid is grootendeels verdwenen en daarvoor is in de plaats gekomen een zekere schuwheid en onbeholpenheid in optreden.

Zelfs wie probeerde opgewekt en actief te blijven, werd gemakkelijk meegesleept door de lamlendigheid van de anderen. Harmen verkeerde dag en nacht in gezelschap. Hij had geen moment voor zijn eigen gedachten, behalve misschien in zijn ijzeren alkoof. Ik begon te begrijpen waarom de kooien in het Veenhuizer museum als 'verbetering' werden gepresenteerd. De hangmatten waren een paar jaar eerder afgeschaft omdat het dicht op elkaar liggen van al die mannen onzedelijk gedrag zou uitlokken. In zijn kooi kon Harmen zich even alleen wanen – al stonden er honderdtwintig per zaal opgesteld, vier rijen dik.

De meest favoriete mijmering, zo beschreef de Verlorene, ging over het ontslag. De dag van het nieuwe begin, het moment waarop je – gelouterd – alles anders zou gaan aanpakken. De verpleegden wisten tot in detail hoe het allemaal zou verlopen. Een paar weken voor het ontslag kreeg je je oude kleren terug. Voor de meesten riep dat herinneringen op aan die warrige tijd van slapen in hooibergen en op politiebritsen, die ze van plan waren voor altijd achter zich te laten. Het versleten goed was als een oude huid die niet meer paste, en daarom kwam er regelmatig een confectiehandelaar uit Assen in de werkinrichting venten: tegen het einde van je termijn mocht je op eigen kosten nieuwe kleren bestellen, zodat je op de dag van het ontslag als herboren de buitenwereld in kon stappen.

Het eerste stuk in vrijheid liep er nog een brigadier mee. Hij bracht je op het stoomschip naar Assen. Het was een tijd de gewoonte geweest om het spaargeld direct bij de koloniegrenzen uit te betalen, tot bleek hoe funest dat was. Steevast stond daar een 'verdachte vrouw', een zekere Anna Eleveld. Aan iedereen die vrij kwam bood ze haar vrouwelijkheid aan; bij haar thuis, zei ze dan, stond de drank al klaar. Na al die jaren van onthouding was het haast onmogelijk weerstand te bieden aan haar verlokkingen. En zo raakte je meteen weer alles kwijt – je centen en je goede moed.

In de tijd van Harmen werd een ontslagen verpleegde uit voorzorg door de politie op de trein naar huis gezet. Maar de werkelijkheid waarmee hij te maken kreeg, was niet minder rauw.

Het gros van de ontslagenen heeft geen thuis; familieleden, ook al zouden ze kunnen helpen, bedanken voor steun, als de Rijkswerkinrichting het verblijf is geweest. De toekomst is dus treurig. Spoedig zal ook voor den beste blijken, hoe zwaar, hoe ondragelijk zwaar 't vooroordeel weegt, dat de publieke meening heeft tegenover ontslagen verpleegden. Zij willen werken. Zij hunkeren naar arbeid. Zij bedelen erom. Er ís voor hen geen plaats. Oude vrienden en kennissen geven belet; waarheen? Terug naar Veenhuizen. En zoo komen ze telkens in de gestichten terug; verhard, verbitterd en ontzenuwd, gedurig een schrede nader tot den misdadiger.

Zelf had de Verlorene het gered. In het voorwoord van zijn boekje stond dat het hem was gelukt 'zich eene bescheiden plaats in de maatschappij te heroveren'.

Ook Harmen maakte een kans. Uit het inschrijvingsregister kon ik opmaken dat hij zich in het voor-wat-hoort-wat-verkeer van Veenhuizen behoorlijk had gered, en dat was ook in de buitenwereld een waardevolle vaardigheid. Hij had zijn baantje als schoenmaker drie jaar lang weten te behouden. Achter zijn naam stond een uitzonderlijk compliment: 'Vakkennis zeer goed.'

16 Schoenen op zondag

's-Gravenhage, 22 Juni 1907.
Aan Hare Majesteit de Koningin.
Mevrouw!

Ter voldoening aan Uwer Majesteits opdracht heeft de
Staatscommissie, ingesteld bij Uwer Majesteits besluit van
22 September 1903, nr 51, de eer aan Uwe Majesteit het
hiernevenstaande Verslag aan te bieden.

In het eerste jaar van hun onderzoek bezochten de leden van de
'Staatscommissie voor bedelarij en landlooperij' Veenhuizen in
eigen persoon. Zeven heren maakten de tocht naar Drenthe, waar
ze werden ontvangen door de hoofddirecteur van de rijkswerkinrichting, het achtste commissielid. Het waren zwaargewichten
die Hare Majesteit had benoemd. Er zaten twee jonkheren bij en
zes meesters in de rechten. De voorzitter, mr. Domela Nieuwenhuis (broer van de socialist), was hoogleraar strafrecht; de secreta-
ris, jhr. mr. Van Asch van Wijck (broer van de rechter), was lid van
het parlement en van de Provinciale Staten. Ook de aankomende
minister van Justitie, die de aanbevelingen moest gaan uitvoeren,
zat in de commissie.

Dagen tevoren was alles voor het bezoek klaargestoomd. De op-
zieners hadden de zalen nagelopen en nieuw beddengoed uitgedeeld – dat ze na afloop weer zouden innemen. De verpleegden
was op het hart gedrukt zich fatsoenlijk te gedragen. Er zat, net als
in de tijd van Johannes van den Bosch, op de dag van de inspectie
meer vlees in het eten.

Tijdens hun rondleiding kregen de deskundigen te zien hoezeer Veenhuizen zinderde van de activiteit. De hernieuwde be-

langstelling voor de werkinrichting, niet alleen in geschriften, maar ook in investeringen, had een bouwwoede ontketend. Overal werd getimmerd en gemetseld, de verpleegden liepen af en aan met kruiwagens. Er staken her en der al dunne stammetjes uit de grond, die de kale omgeving in een verre toekomst het aanzien zouden geven van een lommerrijk landgoed. Geneesheer Synco van Mesdag nam het gezelschap mee naar het splinternieuwe hospitaal (VERTROUW OP GOD.). Hij toonde zijn gasten de ijskoepel voor het bewaren van medicijnen, de apotheek (BITTER EN ZOET.), de apothekerswoning (PLICHTGEVOEL.) en de dokterswoning (TOEWIJDING.). Vergeleken met de schamele ziekenzalen in de gestichten had de kolonie nu een eigentijds medisch centrum. De rooms-katholieke kerk – die waar Cato en Teunis waren getrouwd, en waar Helena was gedoopt – was te klein geworden en herbergde inmiddels de strafcellen; de nieuwe neogotische kerk ernaast was nog maar net afgebouwd.

Ook bij het Eerste Gesticht werd gewerkt. Het etablissement waarin Harmen drie jaar had gezeten en waaruit hij juist twee weken voor het commissiebezoek was ontslagen, werd vervangen door een heel nieuw instituut. Als voorproefje, om te zien hoe het zou worden, was de delegatie meegenomen naar het Tweede Gesticht, waar zo'n zelfde verblijfsgebouw juist in gebruik was genomen. Dat moderne pand, schuin tegenover het oude, bood plaats aan twaalfhonderd mannen, de administratie, de keuken, het aardappelschillokaal en een behoorlijke badinrichting, zowel voor de verpleegden als voor de ambtenarengezinnen. Er waren alleen geen woningen aan de buitenzijde. Het personeel kreeg voortaan een huis dat losstond van de gestichten; er lagen er honderdvijftig op de tekentafel.

De gedaantewisseling van Veenhuizen werd geleid door Willem Cornelis Metzelaar, de officiële bouwmeester van Justitie. De bekende architect had in een paar jaar tijd een compleet dorp ontworpen. Kerk, ziekenhuis, hotel, gestichten, en ook nog zeven typen ambtenarenwoningen – passend bij de zeven rangen die de ambtenarenschaal kende. Metzelaar gaf de kolonie het aangezicht dat een eeuw later 'van onschatbare cultuur-historische waarde' zou worden genoemd. Projectleiders en beleidsinstanties, tot Unesco aan toe, zouden zich beijveren om het in stand te houden.

Dat hadden ze niet kunnen verzinnen, die landlopers die de mortel mengden en de funderingen legden. Metzelaar had het bedacht, de verpleegden maakten het. Zíj bevestigden de spreuken aan de gevels – WERKEN IS LEVEN. FLINK EN VLUG. HELPT ELKANDER. – en timmerden de luiken; zíj vervaardigden de meubelstukken voor de directieburelen die later in het kleine museum zouden staan – fraai afgewerkte fauteuils, secretaires met notenhout ingelegd, kasten met laden en laatjes in alle maten. Zelfs het benodigde gereedschap produceerden ze zelf: gaf je de smederij één schroevendraaier, dan maakten de werklui hem in serie nauwkeurig na. De visitatiecommissie uit Den Haag had de veroordeelden aan het werk gezien. Vervolgens liet ze haar indrukken bezinken tijdens een goed verzorgd diner in het juist geopende Directiehotel. Hoe hadden de deskundigen hun excursie ervaren? Waren ze geïmponeerd door de dynamiek in de kolonie, of was de impact van de autarkie hen juist naar de keel gevlogen: de landlopers metselden de muren waarachter ze zelf zouden vastzitten, ze smeedden de alkoven van gevlochten bandstaal waarin ze zelf 's nachts werden opgesloten.

Na honderd jaar is het rapport van de staatscommissie broos en vergeeld. Tijdens het kopiëren brokkelen er stukjes af van de lijm die de pagina's bijeenhoudt, en blijft er verpulverd papier op de glasplaat liggen. In het exemplaar dat ik heb geleend van de juridische faculteit van de Universiteit van Amsterdam, staan her en der in de kantlijn handgeschreven notities. Van wie die afkomstig zijn, kan ik niet herleiden, maar de onbekende commentator was wel goed ingevoerd. Bij de opmerking dat het in Veenhuizen ontbrak aan een 'sterke arm om eventueel verzet te keeren', krabbelde hij dat het vroeger, met de veteranencompagnie, wel anders was geweest. En bij het pleidooi dat stedelijke werklozen het beste af waren op het land, staat een ferm uitroepteken. 'Het leven in eene groote stad werkt vooral op werkloozen zeer nadeelig; daarentegen oefent het bewerken van den grond en het leven buiten op hen een invloed ten goede uit. De overtollige krachten uit de samenleving moeten worden aangewend, om woeste tot geen nut zijnde gronden voor cultuur geschikt te maken.' Tot zover dus niets nieuws, tachtig jaar na het eerste plan van Johannes van den Bosch.

Maar verder ademt het rapport de nieuwe tijd. Als blijk van de stevige discussies die zich binnen de commissie hadden afgespeeld, staat in het voorwoord dat niet elk lid alle conclusies kon onderschrijven. De hoofddirecteur van de rijkswerkinrichting toonde zich nota bene een principiële tegenstander van de strafbaarheid van landloperij en bedelarij. En strafrechthoogleraar Domela Nieuwenhuis vond dat 'arbeidsschuwen' geen overtreding begingen en dus niet konden worden bestraft. Uit zulke opmerkingen valt af te lezen hoe de gangbare ideeën rond de eeuwwisseling begonnen te kantelen, maar de wezenlijke omslag spreekt eigenlijk uit één woord dat van de pagina's spat als was het met een fluorescerende stift gemarkeerd: individueel.

Ik was dat woord in eerdere geschriften over Veenhuizen nooit tegengekomen. Deze commissie stond een *individuele behandeling* van de verpleegden voor. De rechtbank moest de motieven van elke *individuele* landloper en bedelaar zorgvuldig gaan wegen. Als het aan de deskundigen lag, kwamen er in de rijkswerkinrichting voortaan geen 'onvrijwillig werkloozen' meer. Zulke types die geen emplooi konden vinden omdat ze invalide waren, geestelijk gestoord of te oud om te werken, hoorden hulp te krijgen van de liefdadigheid en niet voor drie jaar te worden verbannen. Veenhuizen moest uitsluitend nog 'werkonwillige' luiaards opsluiten. Het automatisme waarmee Harmen en de Verlorene in een collectieve zitting waren veroordeeld, zou voorgoed tot het verleden behoren.

Tussen de regels door viel af te leiden dat de rapporteurs de brochure van de Verlorene serieus hadden bestudeerd. Dat was op zijn zachtst gezegd opmerkelijk: nooit eerder was er geluisterd naar de ervaringen van een landloper in Veenhuizen. Het gaf me het geruststellende idee dat, via de Verlorene, ook de beproevingen van mijn overgrootvader waren gehoord.

Voor lieden, die geruimen tijd uit de samenleving zijn gebannen, hunne relatiën hebben verloren, afkomstig zijn uit Veenhuizen, is het bijna ondoenlijk zonder krachtige hulp in de maatschappij goed terecht te komen. Het is dus geenszins te verwonderen dat de ontslagenen zeer spoedig weder in Veenhuizen terugkomen; eerder moet men er zich over verbazen, indien zij niet tot recidive vervallen.

De recidive was eigenlijk de meest prangende kwestie: het overgrote deel van de landlopers was werkelijk na hun eerste termijn Veenhuizen 'verloren', want het lukte hen niet meer buiten de gestichten hun draai te vinden. Om dat tij te keren bepleitte de staatscommissie iets waar de overheid zich nog nooit mee had beziggehouden: reclassering.

Tot dan toe werd er op particulier initiatief wel eens een goed woordje bij een werkgever gedaan voor iemand die in een gewone gevangenis had gezeten. Maar de deskundigen adviseerden nu om zulke nazorg aan te wenden voor de verpleegden van Veenhuizen, en nog georganiseerd door de staat ook. Ik las het rapport alsof het speciaal voor mijn overgrootvader was opgesteld. Landlopers als hij kwamen erin naar voren als mensen, lastige mensen, dat wel, maar geen onwaardig uitschot. Het waren lieden die je bij de hand moest nemen: Harmen Keijzer werd niet afgeschreven.

De verpleegden moeten niet worden beschouwd als zooveel nummers, maar als zooveel menschen, die ieder eene levenstaak hebben te vervullen, ieder eene eigenaardige plaats in de samenleving moeten innemen, doch die hetzij om deze, hetzij om gene reden die taak niet hebben kunnen vervullen, hun levensdoel hebben gemist. Zij zijn maatschappelijk gevallen. Zij moeten weder worden opgericht en geschikt worden gemaakt om hun levensdoel te bereiken. Daartoe moet hun de helpende hand worden geboden.

Dat zoiets in de praktijk tegenviel, hoefde niet te verbazen. Om te beginnen had je de vastgeroeste uitgangssituatie, met als meest hopeloze onderdeel het gebrek aan deskundigheid bij het Veenhuizer personeel. Ook zij waren gedrild. De meesten hadden niet meer dan lagere school, een stevig postuur, en als het meezat: enige tact. Ze leefden in de kolonie net zo geïsoleerd als de landlopers. Sommigen waren er zelfs geboren, die wisten nauwelijks hoe je je in de buitenwereld staande moest houden. Ook hun leven werd bepaald door het ritme en de regels van bovenaf; hun kleding, hun huisvesting, de inrichting van hun vrije tijd, alles ging zoals de directeur had beslist. Zo werd er nauwlettend op toegezien dat het voltallige personeel vanaf het appèl 's ochtends vroeg tot aan het einde van de dag de dienstpet droeg. Aan de kleur van de strepen viel af te lezen welke rang ze bekleedden. Breed en goud voor de gestichtsdirecteuren, zilver voor de adjuncten, wit voor de administratie. Een hoed zag je in Veenhuizen uitsluitend bij de hoofddirecteur.

De woningtypen van Metzelaar pasten naadloos binnen dit rigide systeem. Zijn zeven maten en uitvoeringen (van klein en sober naar groot en keurig afgewerkt) waren tot in de kleinste details opgetuigd met regels. Zo mochten lagere ambtenaren geen beschilderde deksel op hun wc-tonnetje hebben, en moest hun stinkende, volle ton 's ochtends door het hele huis naar de voordeur worden gesjouwd om hem te kunnen legen; de huizen van de hogere rangen hadden daarvoor een speciaal zijdeurtje. Het was verboden in de tuin van een opzichter meer dan tien kippen te houden. En alleen de directeur in zijn witte villa ('Klein Soestdijk') had voor zijn huis een rode beuk.

Binnen deze starre hiërarchie kwamen de aanbevelingen van de commissie als van een andere wereld. Sinds de staat de kolonie in

1859 had overgenomen, was het idee van heropvoeding compleet verwaterd; het personeel, van de hoogste directeur tot de laagste zaalopziener, was eraan gewend geraakt de landlopers louter te beschouwen als lastige kerels die het een tijdje uit de samenleving moest houden tegen zo min mogelijk kosten.

Maar de staatscommissie wilde de verpleegden een kans bieden op een zelfstandig bestaan. In plaats van de afstompende arbeid in het veen moesten ze voortaan tijdens hun straf een vak leren. En alsof dat niet revolutionair genoeg was, beval de commissie ook nog een 'triage' aan. De verpleegden moesten bij elkaar worden geplaatst op basis van hun 'zedelijk' gehalte, opdat de 'beteren' niet door de 'slechteren' werden beïnvloed. Met 'een sterke prikkel' zouden ze worden gestimuleerd zichzelf te ontwikkelen, bij wijze van opstapje naar de onderste sport van de maatschappelijke ladder.

De beoogde opvoedingsmethode van beloning en straf was al eens door generaal Van den Bosch uitgeprobeerd met het opprikken en weer afnemen van medailles, maar dit plan was verfijnder en leek ook beter doordacht.

Alle nieuwkomers zouden beginnen in de neutrale 'b-klasse'. Vervolgens konden ze zich opwerken tot de 'a-klasse' waar de omstandigheden gunstiger waren, of voor straf worden teruggeplaatst naar de soberdere 'c-klasse'. Een teken op de kleding moest voor iedereen zichtbaar maken tot welke klasse iemand behoorde.

Het aantrekkelijke van de a-klasse zat hem in een hoger loon en extraatjes als het recht om bloemen te houden, muziek te maken, of schoenen te dragen op zondag. De staatscommissie had zich laten inspireren door een inrichting in België, waar 'het gevoel van orde en regelmaat aangewakkerd [wordt] door de verpleegden trotsch te leren zijn op het schoonhouden van hun tafellaken; als straf wordt de verpleegde voor een ongedekte tafel geplaatst'. Wie de a-klasse wist te bereiken, had bovendien reclassering verdiend. Hij kon rekenen op hulp bij het vinden van een betrekking; van rijkswege benoemde 'agenten van plaatsing' zouden zich voor hem inspannen.

Het liefst had de staatscommissie gezien dat de nieuwe gestichten, waarvan de specie nog nauwelijks was gedroogd, niet zo grootschalig van opzet waren geweest. In kleinere paviljoens hadden de verpleegden aan een gezinsachtige situatie kunnen wennen. Door het bestaande gestichtsconcept in de nieuwbouw over te nemen was het nauwelijks mogelijk te breken met de oorspronkelijke, collectieve opzet van de kolonie. Daarom adviseerde de commissie om de A-klasse ver buiten Drenthe onder te brengen – in de werkinrichtingen van Leiden of Hoorn. Dat was de enige manier om de reclasseerbaren te verlossen van het hardnekkige Veenhuizen-stigma.

Het had vier jaar geduurd eer Hare Majesteit in 1907 het rapport kreeg aangeboden, en het zou nog veel langer duren voor de bepleite cultuuromslag zich in de praktijk zou aftekenen. Het enige dat vrijwel direct werd aangepast, was het opzendingsbeleid. Daar ging voortaan een min of meer serieuze, individuele selectie aan vooraf. 'Geestelijk minderwaardigen' en 'psychopaten' hoefden niet meer naar Veenhuizen: dr. Van Mesdag – inmiddels psychiater in Groningen – zorgde er persoonlijk voor dat ze werden overgebracht naar een rijkskrankzinnigengesticht. En 'onvrijwillig werklozen' kregen vaker het voordeel van de twijfel.

Alleen had Harmen, mijn overgrootvader, aan die veranderingen niets gehad. Te snel, nog voor de commissie haar rapport had afgerond, was hij in herhaling gevallen en opnieuw, in 1905 al, met de gebruikelijke routine, voor een tweede termijn van drie jaar tot Veenhuizen veroordeeld.

17 De vierde stand

Meer dan twintig jaar al gingen mevrouw Slicher en Helena met elkaar om. De twee vrouwen waren praktisch leeftijdgenoten, en als ze wilden, konden ze elkaar vanuit hun huizen zien. Toen Helena's moeder Cato overleed, had mevrouw Slicher het als een van de eersten gehoord, en later toen Helena een vrijer kreeg, die Friese schoenmaker, had ze hem regelmatig te zien gekregen. Helena op haar beurt was getuige geweest van de privé-aangelegenheden in het leven van mevrouw Slicher. Ze kende haar kinderen van jongs af aan. Ze was erbij toen mevrouw Slicher beviel van haar derde, en had haar verdriet en ontreddering gezien toen het meisje kort daarna was gestorven.

Maar al waren ze op de hoogte van elkaars lief en leed, mevrouw Slicher was voor Helena altijd 'mevrouw' gebleven, en Helena heette voor haar nog steeds 'Leentje'. Tijdens de zware jaren dat Harmen in Veenhuizen zat, was het telkens weer die verstandhouding geweest waarop Helena kon terugvallen.

De eerste keer dat de twee vrouwen elkaar hadden ontmoet, was toen Helena in 1878 kwam solliciteren. Op haar tweeëntwintigste was ze al jaren in betrekking geweest in verschillende huizen, en nu had ze via de melkboer of de groenteventer gehoord dat mevrouw Slicher een dienstbode zocht. Om te zien of het iets voor haar was, stak ze vanuit de Jordaan de brug over en belde aan bij het grote huis op de Prinsengracht. Mevrouw moet een gunstige indruk hebben gekregen van het meisje aan de deur. Haar dienstbode-uniform – de witte jurk en het mutsje dat als een kussentje op haar hoofd zat gespeld – oogde verzorgd. En haar ervaring was ruim voldoende. Ze had gediend bij nette families als Van Erven Dorens op het Rokin. Volgens haar getuigschriften was ze nooit ontslagen, en had ze ook nergens haar contract voortijdig verbroken. Ze was al eens drie jaar aan een stuk bij hetzelfde gezin in huis geweest. Nadat mevrouw Slicher inlichtingen over haar had ingewonnen, werd de zaak beklonken. Ze duwde het meisje een paar guldens in de hand, de zogeheten 'godspenning', en daarmee lag vast dat Leentje minimaal een jaar op de Prinsengracht kwam werken als dienstbare.

Meneer Slicher was druk als makelaar, en hij voerde ook nog het beheer over de firma in bouwmaterialen van mevrouws familie. Zij zorgde ervoor de juiste status op te houden door gasten te ontvangen en bezoeken af te leggen. De komst van Leentje moet voor haar een hele zorg minder zijn geweest: de vorige meid had al opgezegd, en het gezin kon niet zonder dienstbode. Het was alleen al ondoenlijk om het huis elke ochtend op tijd warm te krijgen; de kachel hoorde opgestookt te zijn voordat meneer, mevrouw en de kinderen uit bed kwamen. Dan moest ook het ontbijt klaarstaan, met vers brood en verse melk. De rest van de dag moesten de kamers aan kant gemaakt, de vloeren gedweild, de was geboend en gemangeld en gesteven, de maaltijden bereid, de kinderen verzorgd. Het was niet eenvoudig om een goede dienstbode te vinden. Het moest een meisje zijn dat weliswaar handig was in huishoudelijk werk, maar je moest haar bovenal kunnen vertrouwen. Zo iemand was dag en nacht bij je in huis, ze hoorde en zag alles wat er gaande was. Ze kwam in aanraking met mooie, dure spullen waaraan ze niet was gewend, en ze beïnvloedde je kinderen. Als je een verkeerde meid aannam, was de sfeer in huis op slag verpest. Al in 1851 was er een opmerkelijk boek verschenen, *Behandeling van een dienstbode*, dat de dienstmeiden omschreef als:

> lieden wier gansche leven naar een langen werkdag gelijkt; die geboren schijnen om hunne broeders en zusters rust en gemak te verschaffen, die zij zelve niet genieten mogen; die leven om te dienen en niet om gediend te worden, die nog slaven en slooven, als wij ons verpoozen, en alweer arbeiden als wij nog rusten, ja, die zich beijveren moeten om onze behoeften te voorkomen of te voorzien.

Vanaf het moment dat Helena als kleuter in Amsterdam arriveerde, was haar positie in de klasse der dienstbaren onafwendbaar geweest. In Amsterdam werden de Gijbens vanzelfsprekend ingedeeld bij de 'vierde stand'. Ze hoorden niet bij de aristocratie, niet bij de fatsoenlijke burgerij, en niet bij de ambachtslieden van de kleine burgerij. Ze hadden alleen hun arbeidskracht om van te leven, dus waren ze – althans de meisjes – voorbestemd om te dienen.

Tot haar zestiende was Helena 'dagmeisje' geweest en sliep ze 's nachts nog thuis. Daarna viel een betrekking tegen kost en inwoning plus wat loon niet meer uit te stellen. Ze begaf zich daarmee op het heikele terrein van de mevrouwen en de meiden. Het rommelde in die tijd in de burgerhuizen: de mevrouwen verwachtten absolute gehoorzaamheid, alleen voelden de meiden er steeds minder voor zich te schikken. Het was haast onvermijdelijk dat het samenleven van twee verschillende standen onder één dak tot grote spanningen leidde. De 'sociale questie' in de samenleving – het botsen der klassen – weerklonk in de burgerhuizen als de 'dienstbodequestie'. Het bezorgde de mevrouwen zo vaak last van hun zenuwen, dat sommige artsen hun eerst naar de situatie met hun huispersoneel vroegen voor ze overgingen tot lichamelijk onderzoek. In de damestijdschriften besprak men hoezeer de 'meidenzaak' een gewoon gezin konden veranderen in een 'oorlogsterrein'.

Niet voor niets was het toneelstuk De Meid van Herman Heijermans zo'n succes. Het ging over een kwezelige mevrouw die bij afwezigheid van haar man maandenlang door haar hardvochtige dienstbode werd gechanteerd: ze moest zelf al het werk doen, terwijl de meid van haar wijn dronk en haar steeds meer spullen aftroggelde.

Vaak waren de klachten over het personeel prozaïscher. Gebrek aan onderdanigheid was voor veel mevrouwen al een onacceptabele aantasting van hun autoriteit. Een tijdschrift uit 1888 nam een brief op van een dame die naar eigen zeggen nog nooit een goede dienstbode had getroffen.

[De eerste dienstbode] kon niet koken, een andere wilde haar vrijer in de keuken hebben. Antje had wel een uur noodig om zich te kleeden; haar zuster werkte tot 's avonds laat, maar was 's morgens niet uit haar bed te krijgen; en nu mijn laatste heb ik den dienst opgezegd, omdat zij mij twee dagen 'vrijaf' durfde te vragen om te Laren de bruiloft van haar zuster bij te wonen, en ik weigerde omdat de groote wasch gerekt moest worden, [en] zij mij het brutale antwoord gaf: 'de wasch kan wel wachten'.

Helena en haar collega's waren, hoewel niemand hun iets vroeg, regelmatig onderwerp van verhitte politieke debatten; de 'dienstbodequestie' hield de gemoederen bezig tot in het parlement. De vraag was of er weeldebelasting moest worden geheven op het houden van een meid (was het luxe of noodzaak?), en of het huispersoneel bescherming verdiende bij ziekte en ontslag. Was een dienstbode nu een werkneemster of meer een behulpzame huisgenote? Mocht je een mevrouw – zelf officieel handelingsonbekwaam – opzadelen met de verantwoordelijkheden van een werkgeefster? En kon je het gezag van de heer des huizes wel ondermijnen door bij wet te bepalen hoe hij zijn gezinsleden – dus ook zijn meid – moest behandelen?

De meidenzaak was meer dan een vrouwenprobleem in de privésfeer. Het aantal gezinnen met een inwonende dienstbode werd zorgvuldig in staatjes bijgehouden: het gold als de graadmeter voor de welvaart en het beschavingspeil van een land. Maar er speelde nog een ander belang mee: door de meiden op te nemen in een net gezin konden ze de leiding krijgen die ze door hun mindere beschaving nu eenmaal nodig hadden. Dat was de taak voor de hogere standen: onder het juiste toezicht konden de meisjes leren hoe ze met geld moesten omgaan, zodat ze het verkwistende gedrag dat hun klasse eigen was, tijdig zouden afleren. Het was in ieders belang dat een mevrouw wat geduld had met haar meid en niet meteen boos werd om een gebroken kopje of een schep uit de suikerpot. Als ze haar vriendelijk bejegende, bijvoorbeeld door haar elke dag een goedemorgen te wensen, raakte zo'n meisje ook beter voorbereid op haar toekomstige eigen gezin, en daarmee was de verheffing van de hele arbeidersklasse gediend.

Zo'n bevoogdende houding tegenover het huispersoneel paste in het beschavingsoffensief dat in die periode opgeld deed. De gegoede dames begonnen de fatsoensnormen van de burgerij actief te verspreiden onder de paupers in de stad. Ze organiseerden de particuliere armenzorg, ze richtten bewaar- en breischolen op voor de kinderen. De echtgenoten van staatslieden en andere aanzienlijke heren trokken persoonlijk de arbeiderswijken in. Terwijl de werklozen in inrichtingen als Veenhuizen het arbeidsethos kregen aangeleerd, werden hun vrouwen thuis aangespoord tot orde, hygiëne en huiselijkheid.

Helena had gediend tot aan haar trouwen, precies zoals van haar soort mensen werd verwacht, maar er waren steeds meer meisjes die er niet aan wilden. Die gingen liever naar de fabriek. Daar telde de werkdag maar elf uur, je had de hele zondag vrij, en je kreeg ook nog meer loon. En, misschien nog wel het belangrijkste, er werd niet de hele tijd zo op je neergekeken. Het fraaie ideaalbeeld van een meneer en mevrouw die het beste met hun 'huisgenote' voor hadden, werd door de dienstbaren zelf nogal anders ervaren. In de Groninger Courant schreef een dienstbode:

Zoo de dames willen hebben, dat de dienstboden wat langer in hare dienst blijven, zoo moeten de dames de meiden ook maar wat beter behandelen, hetzij met het eten en drinken, hetzij dat ze om acht uur werk gedaan hebben en dat de dienstboden niet zoo met minachting behandeld worden alsof ze slavinnen of honden zijn.

Tegen het einde van de negentiende eeuw had het er even op geleken dat de dienstboden zich aan die minachting en bevoogding zouden kunnen ontworstelen. In het kielzog van de industriële revolutie begon de standenmaatschappij in haar voegen te kraken. Arbeiders, vrouwen en katholieken morrelden aan hun achtergestelde posities. De Amsterdamse bouwvakkers durfden voor het eerst te staken, Aletta Jacobs bevocht met succes haar toegang tot de universiteit, de katholieken en de socialisten verwierven een plek in de politiek. Maar deze emancipatiegolven reikten niet ver genoeg om ook de meiden mee te voeren. Een heel voorzichtig voorstel van de Dienstbodebond over wat vrije tijd voor het huispersoneel – één avond in de week en om de twee weken een zondagmiddag – stuitte op de hoon van vrouwenvoorvechtster Wilhelmina Drucker. 'Wij zelven zijn in ons huis geen seconde vrij,' schreef ze, 'en de dienstboden zorgen wel, dat er van overmaat van krachtinspanning geen sprake is.'

Mijn overgrootmoeder Helena en haar collega's vielen tussen wal en schip. De dames van de vrouwenbeweging vonden hen te min, de arbeiders beschouwden het huishouden niet als echt werk. En zo bleven de dienstmeiden overgeleverd aan de luimen van hun mevrouw.

Ik besefte hoezeer het er voor mijn overgrootmoeder op aan was gekomen dat mevrouw Slicher haar op cruciale momenten een hand boven het hoofd had gehouden. In goede harmonie was Helena na anderhalf jaar vertrokken naar een winkeliersgezin aan het Vondelpark; maar nadat ze haar contract had uitgediend, keerde ze weer naar de Slichers terug. Haar moeder Cato was net overleden, ze liep al met haar vrijer. Het kwam erop neer dat Helena uit het huis van mevrouw Slicher was getrouwd. Maar ook daarna was de band niet verbroken. Toen ze als vrouw van Harmen Keijzer ging poetsen in verschillende werkhuizen, bleef mevrouw Slicher gebruikmaken van haar diensten.

Instinctief had mijn overgrootmoeder zich onder de patronage van haar mevrouw geschaard. Telkens wanneer het echt misging, klopte ze aan op de Prinsengracht. Mevrouw Slicher verzon voor haar vroegere meid altijd wel een klus, ook al moet ze hebben geweten van de veroordeling van Harmen, of althans van diens afwezigheid. Als het Burgerlijk Armbestuur erom vroeg, verstrekte ze over Leentje 'de gunstigste informatie'.

18 Een kamp in de ziel

Op 3 augustus 1905 liet Harmen Keijzer zich opnieuw arresteren in Utrecht. De aanbevelingen van de staatscommissie waren nog niet gepubliceerd, van op handen zijnde veranderingen was niets te bekennen. Dezelfde jonkheer bij dezelfde rechtbank veroordeelde hem met hetzelfde voorgedrukte vonnis tot dezelfde termijn. Zijn vrijheid had krap twee jaar geduurd, en dat viel nog mee; veel recidivisten hielden het niet langer vol dan een paar maanden.

Het leek erop dat mijn overgrootvader werkelijk had geprobeerd om het opnieuw met zijn gezin te rooien. Helena en de kinderen hadden hem binnengelaten; vier dagen na zijn thuiskomst waren ze allemaal verhuisd naar de Lauriergracht. Het zal alleen niet zijn meegevallen om weer aan elkaar te wennen.

Als verhuisdata iets zeiden over de gezinssamenstelling – zonder echtgenoot moesten de huurkosten omlaag – dan was het na anderhalf jaar, in het voorjaar van 1905, opnieuw spaak gelopen. Ik stelde me voor hoe Helena het kopje van haar weerbarstige echtgenoot in de kast had gezet, nadat ze begreep dat hij opnieuw was vertrokken: met een zucht van verlichting, of van wanhoop, of misschien wel van beide. Het verhaal dat Harmen soms 'naar Indië' ging, kon best van haar afkomstig zijn. Wat moest je zeggen tegen je kinderen wanneer hun vader er als een landloper vandoor ging, om zich vervolgens te laten opsluiten op een plek die het hele gezin met schande overlaadde? 'Indië' was een soort codetaal. Helena's broer Toon had het ook gebruikt toen hij moest vertellen waar hij zijn blindheid had opgelopen. Het leek wel wat op het 'verkeerde huwelijk' en de 'aanzienlijke afkomst'. Of die andere straatnaam die mijn oma in Amsterdam-Noord haar kinderen liet opgeven als hun adres.

Harmen zelf kon na zijn vertrek niet lang opgelucht zijn geweest: het zwerversbestaan was hard voor een man van in de vijftig. Al na twee maanden, het was nog zomer, moet voor hem de lokroep van Veenhuizen hebben geklonken. Het leek of zijn tweede inschrijving hem gemakkelijker was afgegaan dan de eerste. Je zag het aan zijn handtekening, die was fermer dan die van destijds. En aan de bravoure waarmee hij, de schoenmaker met zijn goede vakkennis, schaamteloos had opgegeven van beroep 'koopman' te zijn. Dat kon maar één ding betekenen: dat hij om de een of andere reden niet terug wilde naar de schoenmakerij. Mijn overgrootvader werd tewerkgesteld in de smederij in het oude Tweede Gesticht. Hij kreeg een slaapkooi in het nieuwe gebouw aan de overkant, in een zaal voor katholieken.

Een tweede termijn verschilde doorgaans alleen van de eerste door het ontbreken van hoop. Recidivisten hadden geen illusies of ambities meer. Maar in de jaren dat Harmen opnieuw in de kolonie zat, kwam er uit onverwachte hoek oprechte aandacht voor het lot van de verpleegden. Het was mogelijk dat hij daar iets van had gemerkt. In elk geval gaf het mij een eeuw later wat meer inzicht in de persoon van mijn overgrootvader.

Het begon in 1907, halverwege Harmens termijn, toen twee jonge predikanten hun intrek namen in de kolonie. Ds. De Graaf was een gedreven Fries van tweeëndertig met een doctorstitel op zak. Hij was eerder beroepen geweest in een Gronings gehucht, Veenhuizen was pas zijn tweede post. Ds. Germs was nog jonger, maar minstens zo toegewijd. Het tweetal vormde een gouden koppel. Ds. De Graaf was een wetenschapsman met een sociale instelling, Ds. Germs een pragmaticus, en, ondanks zijn geloof, een actief socialist. Ze vonden elkaar in hun oprechte belangstelling voor de landlopers, wat maakte dat zij – in tegenstelling tot veel katholieke priesters – geen haast hadden om uit de werkinrichting weg te komen. Integendeel, ze beten zich erin vast. Elke protestantse nieuwkomer werd in de eerste weken van zijn verblijf bij de dominees geroepen voor een kennismakingsgesprek. Dat op zich was al ongebruikelijk. Het waren gedachtewisselingen zonder vaste agenda of tijdslimiet. De ene verpleegde stortte zijn hart uit, de ander wilde niets met de predikanten te maken hebben. De dominees vonden het telkens even interessant. Meestal zaten ze samen aan. Dan voerde De Graaf het gesprek en maakte Germs de aantekeningen. Ze waren niet alleen nieuwsgierig naar hoe ze deze verschoppelingen konden helpen, ze wilden ook weten wie die mannen waren en wat het was dat ze tot vagebonden had gemaakt. Een aanzienlijk deel van de 'Veenhuizers', zo begrepen ze, was grootgebracht in 'minder gunstige omstandigheden'. Als ze niet ouderloos waren opgegroeid, dan hadden ze in hun kinderjaren wel diepe armoede gekend. Het was iets waarnaar nooit eerder was gekeken. Maar hoewel het de dominees opviel, kon het ook in hun ogen onmogelijk de oorzaak zijn van het onaangepaste gedrag.

Ds. De Graaf, de wetenschapsman, volgde de ontwikkeling van de zielkunde op de voet, in de hoop dat het hem een sleutel zou bieden tot wat de landlopers voortdreef. Hij toonde zich een trouwe leerling van de Groningse hoogleraar Heymans, destijds dé voortrekker van de ontluikende wetenschap der psychologie in Nederland. Professor Heymans had grote verwachtingen van de twintigste eeuw, die hij alvast had uitgeroepen tot 'de toekomstige eeuw der psychologie'. Tijdens de voorbije honderd jaar, zo betoogde Heymans, hadden de natuurwetenschappen belangrijke doorbraken behaald. Er waren uitvindingen gedaan met ingrijpende gevolgen voor het dagelijks leven. Elektriciteit, medicijnen, stoommachines. Ze hadden de mens meer mogelijkheden geboden, maar maakten ze hem gelukkiger? Nee, zei de professor. Dat nu was de taak van de psychologie.

Met enquêtes (een novum in de wetenschap) en het eindeloos turven van eigenschappen had Heymans de mens onderverdeeld in acht temperamenttypen, mede gebasseerd op het idee over de lichaamsvochten (bloed, slijm, gele en zwarte gal), die afhankelijk van hun menging ('temperamentum' in het Latijn) het individu kenmerkten. (Zo had een *sanguinicus* een goed ontwikkeld hart en bloedvatenstelsel, was gezond en vurig, maar beleefde emoties slechts oppervlakkig, terwijl een *flegmaticus* last had van slijmafscheiding, nuchter en volhardend was, gelijkmatig van stemming, en uitermate zuinig.) Maar bij het bepalen van iemands levensrichting was niet alleen het temperament van belang, ook het karakter, ofwel 'het geheel der neigingen en hun onderlinge sterkteverhouding'. Na uitgebreid empirisch onderzoek in zijn 'psychologisch laboratorium' was de professor tot de conclusie gekomen dat beide factoren – karakter en temperament – aangeboren waren, en feitelijk onveranderbaar. Al bij de geboorte stond alles vast, daar viel nu eenmaal niets aan te doen. Alleen de wisseling der generaties zou, bij een juiste huwelijkskeuze, de mens kunnen verbeteren.

Ds. De Graaf en ds. Germs vonden dat ze zo lang niet konden wachten. Zij zetten zich aan de 'zedelijke opheffing' van de landlopers zoals ze waren. Naast het voeren van individuele gesprekken, bezochten ze regelmatig de verblijfzalen, waar ze oog en oor hadden voor de kommernissen van de bewoners. Ze hielden er lezingen met lichtbeelden over allerhande onderwerpen. Het gaf de verpleegden iets te doen, en het toonde hun tegelijk een ander perspectief op de wereld. De lezingen waren zo populair dat de predikanten het wel eens aan de stok kregen met de pastoor, die vreesde voor een verkeerde invloed op zijn katholieken.

Terwijl de aanbevelingen van de staatscommissie nog lagen te bezinken in Den Haag, namen de dominees op eigen initiatief ook alvast de reclassering ter hand: via het Nederlands Genootschap tot zedelijke verbetering der Gevangenen begonnen ze het zwerversvolk na hun ontslag weer op pad te helpen. Hierbij kregen ze de pastoor wel mee, al werkte hij langs de roomse kanalen. Samen probeerden ze de mannen weer in contact te brengen met hun familie, ze benaderden welwillende werkgevers, of zochten een plekje in een liefdadigheidsinstelling. Toen Veenhuizen in 1911 de eerste Reclasseringsraad van Nederland kreeg, onder leiding van de predikanten, hadden die al een paar jaar ervaring opgedaan.

Ds. De Graaf bleef intussen zoeken naar de oorzaak van het gedrag van de landlopers. Wat dreef een man als Harmen telkens weer de baan op? Waarom ging de ene arme sloeber drinken en de andere niet? De dominee besloot alle informatie die hij over de verpleegden opdeed systematisch te ordenen in het raster van de temperamentenleer van professor Heymans. Het mondde uit in een dissertatie, zijn tweede.

Nieuwsgierig had ik het proefschrift uit 1914 bij een antiquariaat opgespoord, maar toen ik het eenmaal in handen had, aarzelde ik om het te lezen. Een analyse van de persoonlijkheid van de Veenhuizenaren was indirect ook een typering van mijn overgrootvader. Ik zette me schrap voor de uitkomst.

Het boek begint met reeksen letters die vandaag de dag hun betekenis hebben verloren; nEnAP, nAP, EnAp. Zulke verwijzingen naar Heymans' typologie waren in die periode zo gangbaar dat De Graaf niet de moeite had genomen ze toe te lichten.

De predikant had de gegevens van zeshonderd veroordeelden naast elkaar gelegd, en ze vergeleken met de uitslag van een landelijke enquête van professor Heymans. Aan de hand van maar liefst negentig uiteenlopende eigenschappen had deze de psyche van de gemiddelde Nederlander geduid. Uit de reeksen cijfers van De Graaf kon je afleiden welke van die eigenschappen bij de Veenhuizer beduidend vaker voorkwam dan bij een dwarsdoorsnede van de bevolking, en welke beduidend minder.

Na het nodige gepuzzel kwam ik uit op het volgende rijtje typeringen. De Veenhuizenaar had volgens De Graaf een korte, afbijtende wijze van praten, hij was erg beweeglijk en prikkelbaar, koppig ook, en tegelijk spoedig uit het veld geslagen. Daarbij liet hij zich gemakkelijk door anderen leiden, was wel verkwistend maar niet geldzuchtig, en boven alles: impulsief. De Veenhuizenaar was niet lui, eerder buiig: hij kon hard werken tot hij er geen zin meer in had. Het rondtrekken van plaats naar plaats zorgde ervoor dat hij weinig echte contacten maakte, wat zijn geringe mensenkennis verklaarde. Ook het wantrouwen waarmee hij anderen bekeek, had een logische achtergrond: hij werd immers zelf vijandig, of op zijn best argwanend bejegend. Ondanks dat was de Veenhuizer landloper tevreden met zichzelf. Hij zag het leven namelijk alleen vanuit zijn eigen standpunt, zelfkritiek hoorde daar niet bij. De meest onverwachte eigenschap viel op die manier te begrijpen: dat de gemiddelde landloper bovengemiddeld ijdel zou zijn.

Het was alles bij elkaar geen fraai plaatje. Mijn overgrootvader als een eenzaam mens, levend van impuls naar impuls, rusteloos, egocentrisch, onthecht. Het beeld dat De Graaf schetste, leek te passen bij het weinige dat ik van Harmen wist. Hij beschreef hoe gehuwde landlopers doorgaans op latere leeftijd tot 'verval' kwamen dan ongehuwden. Zij werden door hun gezin beschermd tegen de 'onmacht' om zich zelfstandig in het leven staande te houden, tot er een moment kwam dat die band brak. Ik moest denken aan de dood van Harmens kinderen en zijn broer, de enige bloedverwant uit zijn jeugd. Als ik De Graafs interpretatie op Harmen projecteerde, moest hij na dat overlijden in een opwelling zijn vertrokken. Dat hij daarbij ook nog ging drinken, verbaasde me niet.

'Je drinkt om je te bedwelmen, niet om den lekkere smaak,' citeerde De Graaf een verpleegde. 'Als men overal den neus stoot, neemt men wel eens een borreltje voor 'verzet'.' De 'zeer sterke aanleg' tot drankmisbruik bij de Veenhuizer landloper kwam volgens de dominee voort uit dezelfde machteloosheid die hem ertoe aanzette telkens weer te vertrekken. Met zijn impulsieve aard kon er bij de Veenhuizenaar plotseling een sterke afkeer opkomen van het leven dat hij leidde. Als dat in conflict kwam met de natuurlijke behoefte tot overleven en stabiliteit, leidde dat tot:

een kamp in de ziel tusschen zelfvernietiging, bewustzijnsverdooving [en] zelfvergeting eenerzijds – en anderzijds de door de onbewust lichamelijke en lagere zielefuncties zich handhavende activiteit [het overlevingsinstinct]. Wint het de emotie, dan ziet men drinken optreden. Wint de lagere activiteit, dan ziet men de 'fugue', de betrekkelijk doellooze, maar gezondheid herstellende voortzwerving.

Dit was wat De Graaf beweerde: dat mijn overgrootvader zijn vrouw en kinderen in de steek had gelaten omdat hij niet anders kon. Hij dronk omdat hij moest, om de pijn van de strijd in zijn ziel te verdoven. Toen dat niet meer werkte, had hij geen andere keuze dan te gaan zwerven, om niet psychisch te gronde te gaan. In deze uitleg klonk het als een verzachtende omstandigheid; ik wist alleen niet zeker of ik het zo wilde zien.

ROZA

19 Bruiden van God

Zonder afscheid te nemen van haar vader was Roza op een herfst-
dag in 1907 vertrokken uit Amsterdam. Ze was zestien jaar. In haar
hand droeg ze een kleine tas met schoon goed, terwijl ze met haar
moeder op de trein stapte naar Leiden. Het was de bedoeling dat
ze niet meer zou terugkeren. Eerder al waren haar zussen Maria en
Stien door moeder Helena weggebracht, en ook Tinie zou op een
dag dezelfde tocht maken. Het bevolkingsregister vermeldde dat
ze een voor een naar het 'Liefdesgesticht' te Zoeterwoude waren
verhuisd, om zich onder de hoede te plaatsen van de Zusters van
Liefde des Goeden Herders. Terwijl Harmen in Veenhuizen zat,
verdwenen zijn kinderen geruisloos uit het wereldlijke bestaan.

Wat had hen daartoe gebracht?

Ik wist dat Roza, mijn oma, altijd diep gelovig was geweest.
Mijn moeder had me verteld hoe ze vroeger door haar werd ge-
wekt als het 's nachts onweerde. Met haar kinderen zat Roza dan
geknield aan het bed te bidden tot het voorbij was. Ik dacht: in de
hoop dat ze niet zouden worden getroffen, maar dat was het niet.
Tegen het noodlot kon je toch niets doen, je moest er alleen wel
voor zorgen dat je ziel zuiver was, op het moment dat het toe-
sloeg.

Van jongs af aan had Roza met haar moeder de strengste kerk
van de stad bezocht. De Onze Lieve Vrouwekerk aan de Keizersgracht, tegenwoordig eigendom van de Syrisch-orthodoxe gemeenschap, was destijds een uitvalsbasis van de orde der Re-
demptoristen. Dat waren missionarissen die met hun rechtlij-
nige predikingen van parochie naar parochie reisden om aan te
zetten tot hernieuwde vroomheid. Hun strenge leer was aantrekkelijk: de Amsterdamse zetel van de congregatie trok zelfs
roomsen van buiten de stad. Ook Helena, die eigenlijk bij een

andere parochie hoorde, nam haar kinderen er vaak mee naartoe.

Voor Roza moet de lange kerk met zijn sierlijke beuken een toevluchtsoord zijn geweest. Thuis waren er altijd zorgen. Hoe hard moeder ook werkte, en vader, toen hij er nog was, altijd kwamen ze tekort. Dan smeekten ze de kruidenier om nog iets op de pof te geven, of gingen ze slapen met een knagend gevoel in hun maag. Ondertussen werden er de hele tijd broertjes en zusjes geboren, die ook weer dood gingen. Toen Roza zeven was, had ze er vier zien komen, en vier zien gaan – telkens was ze opnieuw de jongste. De sombere, gespannen situatie thuis stond in schril contrast met de serene sfeer van de kerk. Als alles misging, als vader er weer eens vandoor was, en moeder niet wist wat ze moest doen, was Roza het liefst daar te vinden. Op haar knieën in de devotiekapel voor Onze Lieve Vrouw van Altijddurende Bijstand – de icoon waarop het kindje stond dat bijna zijn schoentje verloor – bad ze vurig dat de Heilige Maagd alles goed zou maken. Het zoú kunnen, want deze door het Vaticaan geautoriseerde kopie van de Middeleeuwse icoon had al eerder wonderen verricht. Wie op bepaalde dagen tot haar bad, kreeg van de paus een volle aflaat.

Dat moest het fijne van de kerk zijn geweest: je was wel bang voor het Laatste Oordeel, vooral als je keek naar de gebrandschilderde ramen achter het altaar waarop die gruwelijke dag stond afgebeeld, maar tegelijk wist je dat verlossing mogelijk was. Als je tenminste je bovenmenselijke best deed.

Dat de kinderen van Helena en Harmen alle vier achter de kloostermuren terecht waren gekomen, was een wending die ik niet had voorzien. Het klooster leek haast wel een vrouwelijke tegenhanger van Veenhuizen: een besloten gemeenschap met strikte regels, als een eilandje van zekerheid in het rauwe onderklassebestaan. Mannen, zo kreeg ik de indruk, grepen in hun diepste wanhoop naar de fles, tot ze uiteindelijk in het landlopersasiel belandden. Vrouwen, in elk geval de katholieke, reageerden op hun eigen manier: ze richtten zich tot de hemel, met als ultieme consequentie het kloosterleven.

Nu het katholicisme aan het begin van de nieuwe eeuw weer

opleefde, namen de intredingen een hoge vlucht. Veel klooster-
orden wijdden zich niet alleen aan contemplatie, maar vervulden
ook maatschappelijke functies in het onderwijs, de wezenopvang
of de ziekenverzorging. Het zusterschap was vooral voor arme
meisjes aantrekkelijk: het bood hun een alternatief voor het slo-
ven en de zorgen van een arbeidersvrouw. Ze konden in het klooster doorleren; achter de muren van die maagdenwereld was het
zelfs mogelijk carrière te maken.

Ik veronderstelde dat de vier zusjes Keijzer de ambitie hadden
gehad om zich aan het pauperbestaan te ontworstelen. Maar het
kon evengoed dat Helena erop had aangedrongen, omdat ze haar
dochters koste wat kost – al was het door ze voorgoed af te staan –
het leven wilde besparen dat zij doormaakte.

Op zoek naar informatie over de zusters van De Goede Herder
stuit ik op een radioreportage van de VPRO. Daaruit blijkt dat er in
de kloosters van de congregatie niet alleen nonnen hadden gewoond. De zusters onderhielden ook een aantal internaten, die in
de volksmond 'gestichten voor gevallen meisjes' heetten. Ik was
ervan uitgegaan dat mijn oma en haar zussen naar Zoeterwoude
waren vertrokken om kloosterling te worden, maar ineens begin
ik daaraan te twijfelen. Wat als Helena haar dochters had weggebracht omdat ze de opvoeding in haar eentje niet aankon? Dat
scenario viel niet uit te sluiten.

In het Liefdesgesticht zaten kinderen die, zo begrijp ik, op het
verkeerde pad dreigden te komen en daarvan door de zusters gered moesten worden. Het ging om meisjes tot eenentwintig jaar,
'verpleegden', die door verwaarlozing of erfelijke belasting zedelijk gevaar liepen. De 'boetelingen', de kinderen die iets hadden
uitgehaald, werden strikt gescheiden gehouden van de 'bewaar-
den', de meisjes die het risico liepen iets te gáán uithalen. Met
discipline en tucht (en het verplichte dagelijkse kerkbezoek) probeerden de nonnen het tij te keren en de meisjes te kneden tot
gedweeë kinderen Gods. De kinderen brachten hun dagen door
met collectieve activiteiten onder toezicht van de zusters: school

of werk, bidden, slapen, en nooit eens contact met de buitenwereld. De groteren hadden wat privacy in de vorm van een 'chambrette': een kamertje van het formaat bed plus twee stappen aankleedruimte. Het was dat er een gordijn voor zat en geen tralies, anders leek het precies op de slaapkooien van Veenhuizen. Je kon het met recht een heropvoeding noemen: de meisjes kregen een uniform en een nieuwe naam en mochten elkaar niet vertellen hoe ze in werkelijkheid heetten. Ze mochten 's ochtends helemaal niet praten, dan heerste er in het klooster een spreekverbod.

Intussen wonen de overgebleven zusters van de Goede Herder allemaal in Bloemendaal. Van de vier kloosterinternaten rest alleen nog een verzorgingstehuis met één vleugel voor de gepensioneerde kloosterlingen en één voor de bejaarde 'pupillen' (een handvol 'gevallen meisjes' die nooit uit het internaat zijn vertrokken). Hoe indrukwekkend het aantal religieuzen eertijds was, valt nog te zien op het kerkhof, waar de ontslapen nonnen in militaire slagorde onder betonnen kruisen te ruste zijn gelegd. Moeder-overste reageert terughoudend op mijn verzoek om informatie over Roza Keijzer en haar zussen. Ik wil weten in welke hoedanigheid ze in het klooster zijn beland, maar de toon van de overste maakt mij direct op mijn hoede. Ze zal zien wat ze kan doen, dat is wat ze zegt, het klinkt alleen alsof ze het tegenovergestelde bedoelt.

Elke vier weken bel ik naar Bloemendaal, maar wat ik ook probeer: vriendelijk en bescheiden ('ik begrijp dat u het druk heeft'), of flink aandringend ('het gaat tenslotte om mijn oma!'), de reactie wordt steeds korter en korzeliger. Tot ik op een dag een medewerkster aan de lijn krijg die wel behulpzaam is. Ze vertelt dat moeder-overste archieven bezit waarin de correspondentie en de beschrijvingen van de kloosterbewoners en allerhande persoonlijke papieren worden bewaard, maar dat die uit privacy-overwegingen nog vijftig jaar gesloten blijven. Ze zal voor me kijken of er in het algemene gedeelte van het archief iets over de zusjes Keijzer te vinden is.

Pas na het gesprek realiseer ik me wat ze heeft gezegd: dat er wellicht brieven bestaan van mijn oma en mijn drie oudtantes, correspondentie met de pastoor die hen had aanbevolen, verslagen over hun achtergrond, dossiers van hun jaren bij De Goede Herder. Maar dat ik die nooit te zien zal krijgen. Naarmate mijn onderzoek het heden nadert, binnen de tijdspanne van één mensenleven, begin ik te merken dat het ontsluiten van informatie steeds moeilijker wordt. Wat me een voordeel had geleken – dat er nog getuigen zijn die uit de eerste of de tweede hand over Roza of haar omstandigheden kunnen vertellen – blijkt juist een hindernis. Onbekenden voelen zich geroepen om haar tegen mij, haar kleindochter, te beschermen. Ik krijg het idee dat ze de 'schande' willen verhullen van haar geringe afkomst en haar veroordeelde vader. Terwijl het mij juist daarom te doen is. Ik wil de naakte feiten opdiepen uit de wirwar van dwaalsporen en verfraaiingen: om te laten zien dat daaronder niets ligt om je voor te schamen.

De medewerkster van de Goede Herder houdt woord en belt al snel om te vertellen dat ze Maria en Tinie Keijzer heeft teruggevonden: ze liggen op het kloosterkerkhof in Bloemendaal. Dat betekent dat ze inderdaad in Zoeterwoude waren opgenomen als nonnen: de zusjes waren niet erfelijk belast met de onzedelijkheid van hun vader, maar met de vroomheid van hun moeder. Ik mag ervan uitgaan, zegt de medewerkster, dat hetzelfde geldt voor Roza en Stien, maar hun spoor heeft ze nog niet getraceerd.

In afwachting daarvan, besluit ik Roza achterna te reizen naar Zoeterwoude. De trein rijdt nog altijd over hetzelfde traject. Ik kijk uit het raam en probeer te zien wat een zestienjarig meisje een eeuw geleden zag toen ze zich voorgoed uit de wereld zou terugtrekken, maar veel gelijkenis is er niet: het uitzicht tussen Amsterdam en Leiden is vandaag de dag gevuld met spiegelkantoren en windturbines. Het klooster in Zoeterwoude, waaruit de nonnen in de jaren zeventig waren verhuisd naar Bloemendaal, was in Roza's tijd een zelfvoorzienend complex. Op oude foto's is te zien dat het zusterverblijven telde en internaten, een boerderij, een kapel, een theehuis, een wasserij, een gangenstelsel en een begraafplaats. En dat alles ommuurd, want De Goede Herder was een 'slotklooster', waar de zusters zich afzonderden van de buitenwereld. Uit de documentatie die ik bij me heb, kan ik me een beeld vormen van hoe Roza's intrede bij De Goede Herder moet zijn gegaan. Een verslaggeefster van de *Katholieke Illustratie* had in 1869 dezelfde weg afgelegd.

Ik liet op een schoonen morgen Leidens vest achter mij en betrad den breeden weg die mij naar Soeterwoude moest voeren. Keurig aangelegde zomerverblijven, uitgestrekte weilanden, heerlijke tuinen wisselden elkander af en gaarne verliet ik de stad met haar bedrijf en gewoel om van het zoete, van het aantrekkelijke der eenzaamheid te genieten. Ik ging immers naar het huis van den Goede Herder. Zoo dacht ik, en daar zie ik in de verte een groot statig gebouw zich vertoonen, eene vreemde gewaarwording greep mij aan, ik verlangde daar te zijn en huiverde ondanks mijzelven, toen ik zoo nabij was. O daar staat het voor mij, zoo groot, zoo somber, zou ik haast zeggen, stil en zwijgend als het graf, de hooge met mat glas voorziene ramen, laten niet toe dat een oog daar buiten staart of dat iemand van buiten een nieuwsgierige blik in dat heiligdom werpt.

Meisjes als Roza golden als 'bruiden van God'. In de boeken die er in die tijd over De Goede Herder verschenen, werd er van hun moed hoog opgegeven.

Zij wil immers niet anders dan God dienen, zoo volmaakt mogelijk. Daarom verliet zij dien dierbaren vader en viel het afscheid van die lieve moeder en familie haar zoo zwaar als een bloedig offer. Zij bracht het om Hem, zij zocht Zijn liefde alleen, om Hem had zij de pracht der wereld ook veracht. Zij koos de vernedering, de armoe en de versterving om Hem alleen en beminde immers van haar prilste jeugd de schoonheid van des Heeren huis.

Het slotklooster liet uitsluitend vrome meisjes toe 'van wettige geboorte' en 'boven elke zedelijke verdenking verheven'. Kennelijk waren Roza en haar zusjes, ondanks de smet van hun vader, onberispelijk bevonden, en mochten ze de 'goddelijke beproeving' aanvaarden.

De gebruikelijke afscheidsceremonie aan de poort van het klooster was doordrenkt van symboliek. Op de drempel zei een meisje als Roza haar moeder voorgoed vaarwel; aan de andere kant stond haar nieuwe 'moeder' klaar. 'Mijne geliefde dochter,' zei moeder-overste dan, en ze gaf zo'n meisje een warm bad en een bord eten om haar te laten merken dat ze welkom was.

Net als alle nieuwkomers moet Roza de eerste periode hebben doorgebracht in het 'postulantenhuis', tot ze de geloften mocht afleggen. Om zich daarop voor te bereiden was de wereld van de aankomende zusters beperkt tot dat ene vierkante gebouw met binnenplaats, waarin ze waren afgezonderd van de andere kloosterlingen. De postulantes brachten hun tijd grotendeels zwijgend door, zo konden ze zich met gebed oefenen om 'haar geest bijna voortdurend op het Goddelijke gericht te houden'.

De eisen waaraan Roza zich onderwierp waren onbereikbaar hoog. Ze stelde haar leven in dienst van het verwerven van 'de zuivere liefde tot God, de voortreffelijke liefde tot den naaste, de diepe nederigheid, de nauwgezette gehoorzaamheid, de meer dan engelachtige zuiverheid, het onoverwinnelijke geduld, de kinderlijke goedaardigheid, de algeheele onderworpenheid aan God's wil, de volmaakte verloochening van zichzelf, de volkomen verachting van de wereld'.

Het nam me voor mijn oma in dat ze hoog inzette. Ik (die ook háár genen had geërfd) kon me voorstellen dat voor haar de aantrekkingskracht tot het religieuze leven juist in de totale overgave zat, zeker op de leeftijd van zestien jaar. Roza ging het klooster in om God te eren door voor hem zondige zieltjes te winnen. De 'gevallen meisjes' met wie de zusters te maken kregen, waren weerbarstig, verpest, en soms zelfs 'onkatholiek'. Alleen door grenzeloze toewijding konden ze nog worden gered.

De literatuur over de Goede Herder was doorspekt met succes-
verhalen. De zondigste meisjes werden vaak pas op het allerlaatste
moment voor de poorten van de hel weggesleept, meestal geholpen door een venijnige ziekte. 'En ziet! [Het meisje] deed een ver-
koudheid op die omsloeg in vliegende tering.' Zo'n ziek kind begon op haar sterfbed steevast alsnog te bidden. 'En voor haar
sponde lagen enkele Zusters op haar knieën, met uitgestrekte
handen de Goddelijke Almacht smeekend om den eindvolhar-
ding dezer ziel.' Als het meisje uiteindelijk biddend was gestorven, hadden de zusters hun zege behaald.

Toen ik dat las, begreep ik ineens waarom Roza haar eigen kinderen later onafgebroken liet bidden tijdens onweersbuien. Het
wierp ook een ander licht op de tekst van het bidprentje van haar
moeder Helena.

'O zoete, o veilige dood.'

Mijn tocht naar Zoeterwoude, om de plek te zien waar Roza zich
aan deze taak had gewijd, blijkt tevergeefs: van het klooster is
niets meer over. Het hoge, statige gebouw waar de postulantes
zwijgend rondliepen, het theeprieel met klimop langs de zijwan-
den, de grote kapel met het geblokte tegelwerk – alles wat ik op
de foto's had gezien, is nu verdwenen. Zelfs het beeld van de Goede Herder die zijn armen uitstrekt naar alle gelovigen, staat er
niet meer. Het hele complex is in 1977 met de grond gelijk gemaakt, omdat niemand er nog iets van waarde in zag. Het enige
dat nog rest uit Roza's tijd is de sloot die nu rond een woonwijk
slingert en twee bakstenen muren van een zijpoortje.

Een paar weken later ontvang ik van de medewerkster van De
Goede Herder een envelop met kopieën. Het eerste document
gaat over Roza's oudste zus Maria.

Heden 6 maart 1901 heeft Maria Christina Petronella Keijzer,
16 jaar oud, geboortig van Amsterdam, in dit klooster van
o. l. v. van de Liefde des Goeden Herders het kloosterkleed
ontvangen uit de handen van den Hoog Eerwaarde Heer

P. Dessens, afgevaardigde van Zijne Doorluchtige Hoogwaardigheid Monsigneur C. Bottermanne, Bisschop van Haarlem, die haar den naam heeft gegeven van Zuster Maria van de Heilige Stanislaus Kostka.

De tweede en de derde kopie zijn bijna woordelijk hetzelfde, en betreffen de 'inkleding' van Stien en Tinie, elk op een ander moment. Verder vind ik in de papieren van de zussen hun geloften – de jaarlijkse en de eeuwige – en hun bidprentjes. Maria, die op haar veertiende nog als loopmeisje aan een dienstbodecarrière was begonnen, blijkt zich te hebben opgewerkt tot hoofd van de mulo. Dit gegeven doet me beseffen dat de zussen als eersten, na hun ouders en hun grootouders, niet aan een heropvoeding waren blootgesteld; zíj waren juist degenen geweest die anderen hadden gedrild. Het was of ze via een omweg de positie hadden teruggewonnen van hun overgrootvader Tobias, de bewaker.

Uit de laatste kopie blijkt dat die stap naar de andere kant wel iets had gekost. Er was een kleine, maar schrijnende verdraaiing van de feiten nodig geweest om te voorkomen dat de vrome meisjes Keijzer de bandeloosheid van hun vader kon worden aangerekend. Maria was het klooster in gegaan toen Harmen zijn eerste termijn in Veenhuizen uitzat, Stien en Roza tijdens zijn tweede. Maar Stien was na een paar maanden bij de Goede Herder op haar negentiende plotseling gestorven. En toen bleek wat Helena de zusters over Harmen had verteld: in Stiens overlijdensakte stond haar vader omschreven als 'Harmen Keijzer, wiens beroep en woonplaats niet bekend zijn, evenmin of hij in leven of overleden is'.

In de envelop zit alleen niets over Roza. Geen gelofte, geen akte, geen enkele aanwijzing. Gezien haar vroomheid lijkt het me onwaarschijnlijk dat ze vrijwillig was vertrokken. De medewerkster van de Goede Herder beaamt dat. Moeder-overste moet haar op een dag bij zich hebben genomen om te vertellen dat ze niet voldoende roeping had. Ze moest haar boeltje bij elkaar pakken, en het klooster verlaten. Na anderhalf jaar zwijgen binnen de muren van het slot was Roza als enige van de zusjes Keijzer te licht bevonden op de schaal van de heiligheid. Het oordeel van moeder-overste, waartegen geen beroep mogelijk was, duwde Roza in een keer terug in de wereld waaruit ze had willen ontsnappen. Net als Cato, haar oma, die had geprobeerd te ontkomen aan haar lot in Veenhuizen, leek het of ze vastzat aan een onzichtbaar elastiek: zodra ze te ver van haar maatschappelijke bestemming raakte, werd ze onverbiddelijk teruggetrokken.

20 Over het IJ

Wouter Dingemans kwam uit een fatsoenlijk katholiek gezin. Zijn ouders waren nieuwe Amsterdammers, op de grote migratiegolf meegekomen uit Brabant. Zevenbergen, hun geboorteplaats, had een treinstation, Vincent van Gogh zat er op kostschool, er waren zelfs suikerfabrieken, maar voor jonge mensen met ambitie was dat niet genoeg.

Vader Kobus ging op zijn vijfentwintigste zijn kansen beproeven in de hoofdstad, omdat hij had gehoord dat ze daar kerels zochten die weg wisten met paarden. Het was zijn geluk dat hij een vak beheerste, zo hoefde hij niet op te gaan in de massa van sjouwers en dagloners. Al snel bemachtigde hij een betrekking als koetsier op de paardentram van de Amsterdamse Omnibus Maatschappij. Nadat hij ook een huurwoning had gevonden in de Pijp, keerde Kobus terug naar Zevenbergen om te trouwen. Zijn bruid, Betje Borburg, had erop gewacht. De dag na de plechtigheid al ging ze met haar kersverse echtgenoot mee naar Amsterdam om zich te voegen in haar nieuwe rol als stedeling. Het sneeuwbaleffect van hun migratie viel af te lezen aan de huisgenoten die ze in de loop van de jaren hadden gehad. Hun woning in de hoofdstad diende als vooruitgeschoven post voor familieleden die ook hun mogelijkheden wilden verkennen. Nu eens woonde er een broer van Betje in – tot hij een betrekking vond en zijn bruid uit Zevenbergen haalde – dan weer een zus van Kobus, tot ook zij haar eigen weg vond. Generaties achtereen hadden hun voorzaten in Brabant gewoond, in de dorpjes en gehuchten rond Zevenbergen, maar uiteindelijk kwam zelfs Kobus' vader, akkerbouwer, zijn laatste dagen slijten op een bovenverdieping.

Gezien hun positie als nieuwkomers in een volstromende stad ging het de familie Dingemans redelijk voor de wind; Wouter, de vierde en jongste, werd in 1893 geboren in een warm en veilig nest.

Zesentwintig jaar later was Roza juist bezig in de keuken van de familie Schmitz aan de Keizersgracht, toen Wouter binnenstapte. De zwier waarmee hij haar begroette, zijn donkere krullen en zijn lach; het moet haar het gevoel hebben gegeven of ze even werd opgetild. Het was niet de eerste keer dat ze hem zag. Wouter kwam wel vaker langs om het kindermeisje, zijn zus, gedag te zeggen, maar Roza kreeg plotseling het rare idee dat hij ook om háár de dienstbode-ingang nam. Eigenlijk durfde ze, zo had ik van mijn moeder gehoord, nauwelijks nog op een geliefde te hopen. Ze naderde de dertig, en ze was nu eenmaal niet zo iemand die gemakkelijk een jongeman om haar vinger wond.

Na haar vertrek uit het sobere klooster in Zoeterwoude had ze jaar in jaar uit in rijke huizen gewoond. Haar eerste dienstje in de kapitale villa van een bankdirecteur aan de Koningslaan hield ze vier jaar vol. Het was opvallend dat de huizen waarin ze werkte groter waren dan die waarin haar moeder had gediend, en ook dat ze langer bij een familie bleef, vaak jaren achter elkaar. Maar haar ondergeschikte positie als dienstbode was niet wezenlijk anders.

Op de Keizersgracht had ze het getroffen, dat zou ze later aan haar kinderen vertellen. Het was eens gebeurd dat ze 's nachts niet kon slapen van de kiespijn en toen ten einde raad een glaasje sherry was gaan drinken uit de fles van mevrouw. Ze was aan tafel in slaap gevallen zonder dat ze haar glaasje had opgeruimd, en zo had mevrouw haar de volgende ochtend gevonden. 'Ze werd niet eens boos,' vertelde Roza dan, en daarmee was het bewijs geleverd dat ze het bij mevrouw Schmitz heel goed had. Het was ook fijn dat er op de Keizersgracht meerdere meiden waren, dat gaf aanspraak. Roza kon het goed vinden met Marietje Dingemans, de kindermeid, die even oud was als zij. Toen ze van Wouter onder de indruk raakte, wist ze via zijn zus al het nodige van zijn achtergrond. Bijvoorbeeld dat zijn vader was bevorderd tot bestuurder op de elektrische tram, en dat er nog een zus was, die in een klooster in Zwolle zat. Ook minder mooie verhalen had ze gehoord. Wouters moeder was gestorven toen hij nog een kind was, en daarna was er een stiefmoeder gekomen. Zijn oudste broer was niet veel later in de war geraakt en werd opgenomen in een inrichting in het Belgische dorp Geel – het hele gezin Dingemans ging er eens per jaar op bezoek.

Dat Wouter zich de laatste tijd regelmatig in de keuken vertoonde, had te maken met zijn nieuwe betrekking, tenminste dat hield Roza zichzelf voor. Hij was incasseerder geworden bij meneer Schmitz, die een agentuur had in manufacturen en wollen stoffen, gevestigd in hetzelfde huis. Maar naarmate Wouter vaker kwam, begon Roza te geloven dat hij werkelijk interesse had in haar.

Het had even geduurd voor ze met elkaar liepen. Zoiets was een serieuze zaak. Als ze verkering kregen, moest Roza omzien naar een ander dienstje, want twee geliefden onder één dak gaf geen pas. Toen het er na wat heimelijke afspraakjes toch van kwam, trok Roza van het ene tijdelijke contract naar het andere, tot er na een jaar verkering geen reden meer was om nog langer te wachten. Bij Wouters familie, die met drie kamers groter behuisd was dan Roza's moeder in haar halve woning, werd een slaapkamertje ontruimd. En op 11 november 1920 legde Roza Keijzer vol vertrouwen haar toekomst in Wouters handen, en zou voortaan door het leven gaan als Roza Dingemans.

Eigen woonruimte was voor zo'n pasgetrouwd stel niet weggelegd. De meeste echtparen moesten er jaren op wachten. Amsterdam telde veel te weinig huizen voor het almaar wassende inwonertal. In de overbevolkte arbeidersbuurten hadden de huisjesmelkers nog altijd vrij spel, maar rond de eeuwwisseling kwam daar verandering in.

De omslag vloeide voort uit de eeuwige vraag hoe de maatschappij te verlossen van die afzichtelijke, bedreigende armoede. Voor wie het wilde zien, was het eigenlijk heel simpel: die uitgewoonde kelders en rug-aan-rugwoninkjes met hun behangselpapieren muren wáren niet prettig om in te verkeren. Logisch dus dat een vader liever in de kroeg zat, en een moeder haar kinderen de straat op stuurde, waar ze zonder toezicht opgroeiden. De sleutel tot de verheffing van het volk, zo klonk het steeds vaker, zat hem in het creëren van huiselijkheid. Wie een huiselijk, geregeld bestaan had, kon gemakkelijker een normale baan krijgen en behouden. Dus moest je ervoor zorgen dat iedereen graag thuis was. Maar een vochtige, krappe kamer was nu eenmaal niet gezellig te krijgen, hoezeer de dames van de liefdadigheid de huismoeders ook motiveerden: de huizen zelf vormden de kern van het probleem.

Vanuit die gedachte was de arbeiderswoning eind negentiende eeuw ineens een onderwerp geworden waaraan speciale studies, congressen en boeken werden gewijd. De ideale arbeiderswoning was een huis met voldoende licht en lucht, dat uitnodigde tot een gezinsleven. Er waren meerdere kamers, zodat ouders en kinderen konden breken met die zedenbedervende praktijk van het bij elkaar slapen in één ruimte. Liefst lagen ook de jongens en meisjes niet bijeen, maar het was al heel wat als ze geen bed hoefden te delen. In de ideale woning waren bedsteden taboe, ze werden vervangen door frisse ledikanten met beddengoed dat dagelijks moest worden gelucht. De was hing op speciaal daarvoor ingerichte droogzolders, opdat het in huis niet benauwd zou worden. Een eengezinswoning was nog het beste, maar in de stad zat men nu eenmaal vast aan portieken. Juist daarom was het essentieel dat zelfs de kleinste woning een eigen kraan en een eigen privaat had. Hoe minder je het huis uit hoefde, en het gekijf en gekonkel op straat aanhoorde, hoe beter. De architecten van de Amsterdamse School bedachten er later nog de kleine, hooggeplaatste ramen bij, waardoor de aandacht van de gezinsleden naar binnen gericht bleef. Ze bevestigden de aansluiting van de elektrische lamp in het midden van de kamer, opdat iedereen zich 's avonds rond de gezinstafel zou scharen, in plaats van nutteloos uit het raam te hangen.

Het overplanten van arbeidersgezinnen naar zulke moderne

woningen vergde wel begeleiding. Twee dames uit Amsterdam die het vak van 'woonopzichteres' uit Londen hadden geïmporteerd, lieten eind negentiende eeuw op eigen initiatief arbeidershuizen bouwen in de Jordaan, waar ze persoonlijk de opvoeding van de huurders ter hand namen. Het kwam voor dat gezinnen het privaat als berging gebruikten voor de wintervoorraad aardappels, waardoor er alsnog een emmer in de hoek van de kamer stond te stinken. Of dat er een los handeltje in kolen in de huiskamer lag te wachten op kopers. De opzichteres corrigeerde zulke fouten met zachte dwang. Eens per week kwam ze over de vloer om de huur op te halen en dan nam ze uitgebreid de tijd voor gevraagd en ongevraagd advies. Haar bemoeienis kon zich uitstrekken tot het beheer van het huishoudgeld, de schoolgang van de kinderen, de gezondheid van de zuigelingen. Ze kon een huisvrouw ook ronduit zeggen dat ze niet zo moest staan te kleppen als de kamers nog niet aan kant waren.

Het initiatief van de opzichteressen oogstte lof, maar zette, omdat het maar een paar panden betrof, weinig zoden aan de dijk. Pas door de Woningwet van 1901 ontstond voor het eerst de kans om de volkshuisvesting op grotere schaal aan te pakken. De nieuwe wet verschafte het stadsbestuur de bevoegdheid krotten onbewoonbaar te verklaren en te slopen. Tegelijk kregen woningbouwverenigingen – opgericht door arbeiders of hun pleitbezorgers – de mogelijkheid om met staatsfinanciering goedkope huizen te bouwen.

Wouter had een vaste betrekking, Roza was een nette huisvrouw. Het leek of ze alles mee hadden. Maar al snel na de trouwerij begon Roza te vermoeden dat er iets niet klopte. Ze kreeg het idee dat haar man zo vaak hij kon de deur uit ging, met of zonder excuus.

Het was te merken dat Wouter het niet goed kon vinden met zijn stiefmoeder, al viel nauwelijks te zeggen waarom. Zijn vader Kobus had hoge verwachtingen van het stel, wat de sfeer er niet ontspannener op maakte. Bovendien zaten ze behoorlijk op elkaars lip in die drie kamers, met ook nog twee kinderen uit vaders nieuwe huwelijk. Aanvankelijk had Roza nog gemeend dat het te maken had met Wouters joviale karakter dat hij steeds vaker door de stad doolde. Het was haar inmiddels wel duidelijk dat de dood van Wouters moeder, toen hij nog pas negen was, hem behoorlijk had aangegrepen. Na anderhalf jaar had zijn vader een nieuwe vrouw gevonden in Zevenbergen, kort daarna gingen zijn broer en zussen uit huis. Wouter zelf, nog te klein om te vertrekken, ontvluchtte zijn nieuwe moeder door buiten rond te hangen, waar de sjouwers en de andere werklui hem inwijdden in de ruwe mores van de straat.

Op zo'n dag waarop haar man laat thuis kwam, begon Roza te begrijpen wat dat betekende. Wat Wouter verborgen had weten te houden tijdens hun verkering, kon hij niet versluieren toen ze deel uitmaakte van zijn dagelijks leven: hij kon niet zonder drank. Roza, die in verwachting was van hun eersteling, probeerde het van zich af te zetten met de gedachte dat Wouter anders was dan haar vader. Hij was lief voor haar, aanhankelijk soms als een kind. Het zou allemaal wel loslopen als ze eenmaal een eigen huis hadden.

Eerst werd Lenie geboren. Het jaar daarop Betsy, mijn moeder. Weer een jaar later Toos. Toen Wouters stiefmoeder onverwacht overleed, droeg Roza de zorg voor twee gezinnen, met een man op wie ze niet altijd kon rekenen en drie hummeltjes aan haar rokken. Ze hadden zich bij de gemeente ingeschreven voor eigen woonruimte, maar het was onduidelijk wanneer ze aan de beurt zouden komen.

In het vijfde jaar van hun huwelijk, direct na de geboorte van Koos, ging er iets verschrikkelijk mis. Misschien had die zoveelste bevalling Roza uitgeput of kreeg ze een zenuwinzinking. Het kan ook dat schoonvader Kobus de drukte van zoveel kleintjes in huis niet meer aankon. In elk geval werden Toos en Betsy, anderhalf en tweeënhalf, in een kindertehuis in Noordwijkerhout geplaatst, in het internaat van de Arme Zusters van het Goddelijk Kind van de Voorzienigheid.

Wat er precies was gebeurd, viel niet te achterhalen. Mijn tante Toos noch mijn moeder konden me helpen. Toen ik hun ernaar vroeg, ontdekte ik dat ze zelf van niets wisten. Hun moeder Roza had nooit verteld dat ze uit huis waren geweest, en ze waren destijds te klein om er herinneringen aan te hebben.

In het bevolkingsregister stonden alleen de droge feiten: op 3 april 1925, acht weken na de geboorte van hun broertje Koos, waren de twee peuters zonder hun ouders uit Amsterdam verhuisd naar 'Noordwijkerhout, Voorzienigheid'. De aantekeningen van de zusters in Noordwijkerhout over individuele kinderen waren verloren gegaan. Uit algemene teksten over het internaat kwam het beeld naar voren van een tehuis zoals alle kloostertehuizen destijds: de groep kinderen was groot genoeg om in te verdwijnen en de zusters zaten weliswaar vol goede bedoelingen, ze waren alleen niet allemaal even liefdevolle opvoeders. Geboden en verboden dicteerden het leven van de meisjes. Volgens sommigen speelde het bedrag dat de ouders voor de opvoeding betaalden een rol in de mildheid waarmee hun kroost werd behandeld.

Voor Roza en Wouter werd het vinden van eigen woonruimte een halszaak. Wilden ze hun gezin bijeenhouden, dan moest er nu snel een betaalbare woning beschikbaar komen. In de jaren dat ze op de wachtlijst stonden, werd er wel volop gebouwd. De sociaal-democraten die het stadsbestuur domineerden sinds de invoering van het algemeen kiesrecht – in 1917 voor mannen, in 1919 voor iedereen – probeerden woningnood op te lossen. De stad moest worden uitgebreid met goede, goedkope huurhuizen, waarin de arbeiders zich konden ontplooien.

Eigenlijk verbaasde het me dat ze niet naar de Maatschappij van Weldadigheid hadden gekeken, vooral als je zag waarmee ze op de proppen kwamen. Een eeuw eerder had Johannes van den Bosch de laagste standen onder streng toezicht in stenen huizen geplaatst en aan een gezonde dosis buitenlucht blootgesteld – in het 'Hollands Siberië' aan de andere kant van de Zuiderzee. Begin twintigste eeuw zochten de stadsbestuurders het dichterbij. Ze wilden de ideale arbeiderswoning neerzetten in een aparte wijk aan de uiterste rand van de stad, opgetuigd met veel groen en veel ruimte. Volgens het 'tuinstad'-concept uit Engeland kwamen de arbeiders in zo'n overzichtelijke, dorpsachtige gemeenschap optimaal tot bloei.

De meest geschikte locatie voor het eerste tuindorp van de hoofdstad werd gevonden aan de overkant van het IJ, in de kale polders die, toeval of niet, ook wel het 'Siberië van Amsterdam' werden genoemd. Langs het water zouden zich scheepswerven vestigen, die de arbeiders van werk zouden voorzien. De bouw begon in 1920 met duizend 'semi-permanente' woningen (voor de duur van vijftien jaar) die tezamen Tuindorp Oostzaan zouden vormen.

Het nieuwe fenomeen 'gemeentewoning' was bestemd voor wie de huur op de vrije markt niet kon opbrengen. Maar welke gezinnen er precies voor in aanmerking kwamen, was voor de stadsbestuurders nog een dilemma. Velen van hen woonden in de krotten die juist werden gesloopt. Er zaten gezinnen bij waarvan vader (of, minder vaak, moeder) aan de drank was, wat leidde tot burengerucht en ruzies, vernielingen aan het huis en ook tot onoplosbare huurachterstanden. Zulk volk kon je niet tussen de arbeiders plaatsen die wel fatsoenlijk waren, dat haalde de hele buurt omlaag. Maar je kon ze – zo was deze tijd – ook niet aan hun lot overlaten.

Langzaam, in kleine kring, begon het idee post te vatten dat je het gedrag van dergelijke gezinnen niet alleen kon afdoen als hun eigen schuld. De Amsterdamse psychiater Arie Querido was ervan overtuigd dat hun manier van leven voortkwam uit langdurige armoede, ondervoeding, verwaarlozing en vervuiling. Hun ruwheid en bandeloosheid vormden weliswaar een probleem, maar dan een met een maatschappelijke oorzaak; het moest dan ook worden aangepakt door te sleutelen aan de maatschappelijke situatie.

U kent de vrouwen, bleek afgetobd, verouderd voor hun tijd; de mannen die hard en onverschillig hun eigen weg zoeken; u kent bovenal de kinderen, schraal, ouwelijk en mager, te vroeg door de zorgen gegrepen, vroegwijs, bandeloos of crimineel.

U kent ook het decor van dit alles, het gebroken huisraad, de bekrompen woning, de lichamelijke onverzorgdheid, in een woord: de armoede.

Wil men enig resultaat boeken dan zal men dit zieke gezin moeten isoleren. We moeten trachten met liefde en geduld nog te redden wat er te redden valt door ze te plaatsen in een gecontroleerde woonomgeving onder streng toezicht.

De directeur van het Woningbedrijf was het met de psychiater eens, maar worstelde met de vraag hoe hij dit praktisch – in de woningbouw – zou vormgeven. Eerst kwam hij met het plan om de kinderen van zulke 'ontoelaatbare' gezinnen bij hun ouders weg te halen en voor een goede opvoeding in een gesticht te plaatsen. Op die manier hoefde je ze later niet weer hun slechte gewoonten af te leren. Vervolgens stelde hij voor dat de moeders zich bij die kinderen in het opvoedingsgesticht zouden voegen. Maar uiteindelijk werd het: de woonschool.

Tegenover het Centraal Station, alleen vanuit de stad te bereiken met de pont, plande hij Asterdorp. In 'verblijven met bijzondere bestemming' zouden de 'ontoelaatbaren' onder dagelijks toezicht het beschaafde wonen leren. De huizen waren zo gebouwd dat er weinig aan te vernielen viel. De woonopzichteressen, dames in dienst van de gemeente wier werk was gemodelleerd naar dat van de eerste opzichteressen in de Jordaan, zouden toezien op elk detail van het dagelijks leven: van het luchten van de dekens, tot het eten aan tafel, en het op tijd betalen van de huur. Om de scheiding met de nette arbeiders in de buurten eromheen te garanderen werd het complex ommuurd. Er was slechts één toegangspoort, die om tien uur 's avonds op slot ging. Het Woningbedrijf formuleerde het zo:

In zo'n complex moet in de allereerste plaats tucht heersen, een tucht die van buitenaf opgelegd door het bekwaam en tactisch optreden der opzichteres langzamerhand moet overgaan in een innerlijke tucht.

Feitelijk kwam het erop neer dat er in de polders over het IJ, net als vroeger aan gene zijde van de Zuiderzee, een sociaal experiment werd uitgevoerd met het uitroeien van de armoede als doel, en de heropvoeding als middel. De overeenkomsten lagen voor het oprapen. De 'ontoelaatbaren' werden geïsoleerd in Asterdorp (vergelijkbaar met de binnenzijde van een Veenhuizer gesticht). Het volk dat niet veel huur kon betalen maar wel fatsoenlijk was, kon een gemeentewoning krijgen een eindje verderop, in Tuindorp Oostzaan (buiten de muur). En voor de groep ertussenin kwam er een wijk zonder dwang, maar wel met extra toezicht: Floradorp. Opmerkelijk genoeg was de gemeenteraad die met dit plan instemde zich ervan bewust dat wonen onder toezicht de huurders een stigma zou opleveren waar ze niet makkelijk weer vanaf kwamen. Wie zijn adres noemde zou worden afgewezen voor een baan. De schoolkinderen van Asterdorp, herkenbaar aan hun speciale kleding, zouden door hun klasgenoten worden gepest en door de juffen en meesters anders worden benaderd. Toch zag niemand hierin een mogelijk gevaar. Integendeel: het stadsbestuur meende dat juist zo'n brandmerk een extra aansporing zou zijn om netjes te worden. Wie buiten de muur een onoplosbare huurachterstand opliep of zich asociaal gedroeg, kon worden overgeplaatst naar Floradorp of Asterdorp. Maar wie in Asterdorp goed zijn best deed, kreeg als beloning een huis in een gewone wijk.

Om te bepalen aan welke zijde van de muur een gezin het beste paste, kon iedereen die een gemeentewoning zou krijgen, een bezoek van de opzichteres verwachten. Roza en Wouter waren aan de beurt toen hun dochters al een half jaar in het kindertehuis zaten. Dat ze eindelijk in aanmerking kwamen voor een eigen woning was het beste nieuws in tijden. Voor het eerst in haar volwas-

sen leven zou Roza niet meer bij vreemden hoeven wonen. En be-
langrijker: de meisjes konden weer thuiskomen, het gezin zou
weer compleet zijn. Dat ze over het IJ zouden gaan wonen, was
al duidelijk. De vraag was alleen nog: waar? Tuindorp Oostzaan,
Floradorp of Asterdorp? Het wachten was op het oordeel van de
opzichteres.

21 De A-klasse

Het echte laboratorium voor heropvoeding lag nog altijd in Drenthe. Juist de combinatie van het afgesloten domein en de vaste groep verpleegden maakte Veenhuizen tot ideale proefopstelling. Maar na een eeuw van testen was de panacee nog altijd niet gevonden. De landlopers van Veenhuizen waren een slag lastiger in het gareel te krijgen dan de 'ontoelaatbaren' voor wie in Amsterdam een woonschool werd gebouwd. Toch had de staatscommissie van 1907 wel hetzelfde uitgangspunt gehanteerd: ook in de gestichten werd de hoop nu gevestigd op toezicht én perspectief. Na honderd jaar discipline en tucht was zo'n positieve aanpak voor de verpleegden een verademing.

De meeste aanbevelingen uit 1907 bleken hun tijd te ver vooruit. Ambachtsonderwijs tijdens straftijd vond men te kostbaar, het verplaatsen van de reclasseerbaren naar een andere instelling om ze te verlossen van het stigma van Veenhuizen, te idealistisch. Zelfs de onderverdeling in een A-, B-, en C-klasse bleek een brug te ver. Het was in 1914 weliswaar geïntroduceerd, maar al haast meteen gekortwiekt, omdat het te veel onrust veroorzaakte. Wat overbleef was alleen de A-klasse: een select groepje van de meest hoopgevenden onder de landlopers. Van alle mannen in de rijkswerkinrichting waren er honderd uitverkorenen in wie de samenleving nog zou investeren. Het ging om verpleegden die zich voorbeeldig gedroegen: ze moesten een derde van hun termijn hebben uitgezeten zonder ook maar één keer door de tuchtraad te zijn bestraft. De mannen sliepen op aparte zalen (katholiek en protestant bijeen). Ze aten van gedekte tafels, kregen nette kleren en schoenen voor de zondagse wandeling, en eens per week 'belooningsavond': de lezingen met lichtbeelden waren nu alleen aan hen voorbehouden. Om hun begeerlijke status voor iedereen kenbaar te maken, droegen zij op hun pak van bruine pilo een bruine kraag, in plaats van een groene.

De drijvende kracht achter de A-klasse was dominee Germs (zijn collega De Graaf was inmiddels naar een andere post vertrokken). Samen met de pastoor hielp hij de A-klassers in hun pogingen na het ontslag onderdak en werk te vinden. Als die 'reclassering' lukte, konden ze vervroegd voorwaardelijk vrijkomen – een nieuwe clausule in het strafrecht waarvan ook de landlopers van Veenhuizen mochten profiteren.

Ik stelde me graag voor dat mijn overgrootvader tot de uitverkorenen had behoord. Maar zo was het niet gegaan.

Toen Harmen voor de tweede keer vrijkwam, op 16 augustus 1908, trof hij zijn gezin in Amsterdam gedecimeerd aan. Zijn dochter Stien was gestorven, Maria en Roza hadden zich teruggetrokken in het klooster. Alleen Tinie was nog thuisgebleven: zonder haar loonzakje uit de fabriek kwam haar moeder Helena niet rond. Harmen ging bij hen wonen in de Runstraat op tweehoog aan de achterzijde en was nooit meer vertrokken. Zelfs al had hij opnieuw de drang gevoeld ervandoor te gaan, hij kon het niet opbrengen. Zijn ingewanden teerden langzaam weg door de kanker. Zijn kapotte slokdarm mergelde zijn toch al afgeleefde lichaam uit tot op het bot. Toen Roza in 1909 terugkeerde uit het klooster was hij al zover heen dat hij nog amper kon eten. Hij kon het aanzien van voedsel ook niet meer verdragen. Roza wist zich haar hele latere leven nog dat macabere geluid te herinneren van haar ijsberende vader op de gang, waar hij zich terugtrok als de anderen aan tafel gingen. Het duurde nog haast drie jaar voor Harmen Keijzer zijn laatste adem uitblies. Hij was achtenvijftig jaar oud.

Met de introductie van de A-klasse veranderde de positie van Veenhuizen binnen het gevangeniswezen op slag. De rijkswerkinrichting was tot dan toe altijd een buitenbeentje gebleven: de veroordeelden waren geen gewone misdadigers, de gestichten hadden voor de ramen geen tralies. Maar door de invoering van de

A-klasse ontpopte Veenhuizen zich onbedoeld tot voorloper: gaandeweg werd het concept door de reguliere gevangenissen overgenomen.

Alleen de gestichtsdirectie vond het toch niet zo'n heel geslaagd experiment. Uit het archief van Veenhuizen had ik twee brieven opgediept van februari 1934 waarin de directeuren van het Eerste en van het Tweede Gesticht, Faber en Buitenga, twintig jaar terugblikten om aan te tonen hoe de A-klasse vanaf het begin al nauwelijks iets had opgeleverd. Zij verweerden zich hiermee tegen een nieuw voorstel van het ministerie van Justitie om de verpleegden voortaan niet alleen bij elkaar te plaatsen op basis van hun 'zedelijk gehalte', maar ook op leeftijd en op oorzaak van het gepleegde delict. Als mannen van de praktijk veegden de directeuren in nette bewoordingen de vloer aan met die instructie. Niet alleen omdat zo'n indeling onuitvoerbaar was ('minstens 98%' van de delicten viel toe te schrijven aan drankmisbruik), ze werden ook een beetje moe van al die op afstand bedachte plannen. 'Van mijn jeugd af heb ik a. h.w. onder deze menschen geleefd en 38 jaar lang als ambtenaar', memoreerde directeur Faber.

Wy allen dachten, dat de bevordering tot de A-klasse, door de verpleegden op grooten prys zou worden gesteld, vooral om de groote voordeelen, die er voor de 'gelukkigen' uit voort zouden vloeien. Immers, ze kregen een Zondagsch 'pakje', schoenen, op Zondagmiddag mochten ze wandelen, ze aten van een gedekte tafel, uit steenen borden, dus niet uit geëmailleerde schalen. Ze konden eens per week naar de recreatiezaal gaan om een kop chocolade, 2 kop koffie met suiker, een sigaar te consumeren. Ze mochten knutselen, waarvoor hun alles werd verschaft. Hoe is alles geloopen? Het Zondagsche pak en de schoenen droegen ze niet. Wandelen wilden ze wél, doch níet in een grooten troep onder geleide, wat natuuurlijk niet anders mogelyk was. Gedekte tafels en steenen borden, bleken al heel gauw uit den booze. Immers, ze dachten dat ze te weinig kregen in die borden.

Toen ze eenige dagen deze borden in gebruik hadden, kwamen ze vragen de blikken schalen weer te mogen ontvangen, omdat ze dan een grootere hoeveelheid (hun volle portie met een 'toren' er op) in ééns voor zich hadden. En of men hun ook al zeide, dat zij hun borden steeds konden bijvullen en niet minder voeding ontvingen, het hielp niet: ze zagen liever een groote hoeveelheid tegelijk. En dit waren nog wel de beste en meest ontwikkelde verpleegden.

De periode waarop de gestichtsdirecteuren terugkeken, was de roerigste in de hele geschiedenis van Veenhuizen. De ontwikkelingen buitelden over elkaar heen, en dat viel nog het beste af te lezen aan de uniformen. Tientallen jaren had iedereen in de kolonie hetzelfde gedragen: een bruin pak met groene kraag, bruine pet, klompen. Maar met de onderverdeling van de verpleegden in klassen en categorieën, én de komst van nieuw volk, moesten de kleermakers hun fantasie aanspreken. De eerste aanpassing was de bruine kraag voor de A-klasse. De tweede: het pak voor de oude mannen, dat voortaan geheel in zwart werd uitgevoerd. Landlopers van boven de zeventig, zo zag men uiteindelijk in, waren te versleten om nog behoorlijk te kunnen werken. Ze mochten voortaan rustig aan doen in het Oude Mannenhuis in de voormalige katoenspinnerij bij het Derde Gesticht; ik had de sporen van hun aanwezigheid er nog gezien.

Toen in 1914 de Eerste Wereldoorlog uitbrak, werd de gesloten kolonie gedwongen de buitenwereld toe te laten. Duitse troepen vielen België binnen, de bevolking vluchtte massaal de grens over, waardoor Nederland een miljoen ontheemden onderdak moest bieden. 340 verpleegden en gevangenen uit de werkinrichtingen Merksplas en Hoogstraten, die ooit door Johannes van den Bosch als zuidelijke zusterkoloniën van Veenhuizen waren opgezet, arriveerden in Drenthe. Plus nog eens 1500 andere vluchtelingen. Het bouwvallige Derde Gesticht, dat eigenlijk was ontruimd om te worden gesloopt, kraakte in zijn voegen onder zoveel bewoners.

Hoewel Nederland erin slaagde neutraal te blijven, had de oorlog een grote impact. De schaarste die er het gevolg van was, dwong de overheid voor het eerst tot rechtstreeks ingrijpen in de economie, door het invoeren van een gecontroleerde distributie. En dat werkte weer woekerhandel en smokkel in de hand; de gevangenissen raakten overvol. Tot dan toe zwoer het gevangeniswezen bij één man op één cel. Het was de bedoeling dat je als misdadiger je straf in strikte eenzaamheid uitzat, om zo je zonden te overdenken. Zelfs bij de kerkgang kregen de gevangenen een kap op hun hoofd, bij wijze van oogkleppen. Er woedden al jaren felle discussies over het nut en effect van dit isolement, maar nu er een cellentekort ontstond, werden alle principes met één armzwaai terzijde geschoven. Ineens mocht een gevangenisstraf in sommige gevallen ook in 'gemeenschapsregime' worden uitgezeten. En dat betekende: in Veenhuizen. In 1917 kwamen de smokkelaars. Ze kregen op hun bruine pak een rode kraag, bij goed gedrag aangevuld met een, twee, of drie strepen. Hun bijnaam: roodkragen. In 1918 arriveerden de 'achterstandsgevangenen', gedetineerden die tijdens het laatste stadium van hun straf in de 'openluchtgevangenis' van Veenhuizen mochten acclimatiseren. Zwartbanders heetten ze, naar de zwarte streep op hun uniform.

Terwijl de bevolking van Veenhuizen bonter van samenstelling werd, ging het zoeken naar de meest geschikte aanpak van de landlopers gewoon door. Op een haast verontwaardigde toon somden de gestichtsdirecteuren op wat ze niet allemaal hadden geprobeerd: de scheiding tussen 'psychopaten en normale menschen', maar dat had bijkans tot moord en doodslag geleid; het apart plaatsen van de jongeren en de ouderen, waar ook alleen maar 'vechteryen en ruzies' van kwamen. Wat de directie betreft waren alle pogingen om de landlopers betere kansen te bieden hoe dan ook tot mislukken gedoemd, omdat de verpleegden helemaal geen betere kansen wensten.

Vrijwel allen (hebben) het hier oneindig veel beter dan ze het in de maatschappij hebben gehad. Gewoonlijk is dan ook het eenige wat hen hier hindert: dat ze hun vrijheid kwijt zijn, omdat ze hun zwervend en losbandig leven moeten missen. De zucht naar dát leven is bij de meesten de reden, waarom ze een gratieverzoek indienen.

Dominee Germs gaf al die jaren zijn geloof in de landlopers niet op. Hij werkte op zijn eigen manier aan het menselijker maken van het regime. Met zijn kleine, ronde bril en zijn rafelige baard oogde hij als een figuur die pal stond voor zijn zaak. Na lang pleiten had hij in 1916 toestemming gekregen samen met de pastoor een 'uitknipselkrant' te maken, met zorgvuldig geselecteerde artikelen uit de dagbladen. Deze krant, die vervolgens landelijk in alle gevangenissen werd verspreid, moest het isolement van de veroordeelden doorbreken, zodat ze na hun ontslag niet als wereldvreemde wezens in de maatschappij hoefden terug te keren. De predikant lichtte de landlopers zelfs persoonlijk in over de omwenteling die van Rusland een socialistische unie had gemaakt en in de hele wereld het geloof in de nakende heilstaat deed ontbranden. Germs, de socialist, was in Moskou geweest. En ondanks de vrees van de directeur en de woede van de pastoor vertelde hij de verpleegden in zijn lezingen over de arbeiders die daar de macht hadden gegrepen.

Misschien had dat Russische voorbeeld de normaal zo dociele landlopers geïnspireerd om een protestbrief aan de Tweede Kamer te sturen. Voor het eerst in de geschiedenis van Veenhuizen lieten ze zo nadrukkelijk en collectief van zich horen. Hoewel de brief door de directie was onderschept, lekte de inhoud toch uit. De ondertekenaars beklaagden zich erover dat er wel een katholiek weekblad beschikbaar was, maar dat ze geen socialistisch tijdschrift mochten lezen. Justitieminister Jan Donner – de grootvader van de huidige minister – gaf geen duimbreed toe: het was nu eenmaal verboden om 'stemming onder lotgenooten' te maken. De vrees voor een socialistische machtsovername was niet helemaal uit de lucht gegrepen. In 1918 had SDAP-voorman Troelstra nog de revolutie uitgeroepen, al had hij zich schromelijk in zijn aanhang vergist.

Toen dertien jaar later, in 1931, de politieke gevangenen (met zwarte kraag) in Veenhuizen kwamen, bleek die schrik nog altijd niet verdwenen. Het ging om een twintigtal socialisten en anarchisten, die vanwege hun politieke overtuiging militaire dienst hadden geweigerd. Hun ideeën werden zo gevaarlijk geacht dat er speciaal voor hen zes extra cipiers werden aangesteld. Daar stond tegenover dat zij opmerkelijk genoeg wel – als enigen in de kolonie – het *Algemeen Dagblad* mochten lezen. Dankzij hun krant en de uitknipsels van Germs was tot in de gestichten het drama op de beurs van Wall Street te volgen. Aanvankelijk was de krach op die Zwarte Donderdag zo abstract en ver weg dat niemand het desastreuze effect ervan kon bevroeden: dat niet alleen Amerika, maar ook Europa in een crisis zou wegzinken. Niet eerder was de welvaartsgroei, gefinancierd door een complex van kredieten over en weer, wereldwijd zo verstrengeld geweest. Op 24 oktober 1929 werd de bodem er in een keer onderuit getrokken; Wall Street viel, het kaartenhuis stortte in elkaar.

Veenhuizen bereidde zich, zoals met elke crisis, voor op een toevloed aan 'zelfmelders', maar die bleef dit keer uit: de regering had in 1932 voor het eerst een steunregeling voor werklozen in het leven geroepen. In plaats van crisisslachtoffers kreeg de kolonie daarom kroegbazen, die het nieuwe vergunningstelsel – bedoeld om het drankmisbruik juist in deze tijd te beteugelen – hadden overtreden. En vervolgens ook souteneurs (opstaande kraag, groene streep). Zij waren het die uiteindelijk de grootste revolutie in de Drentse kolonie teweegbrachten: halsoverkop moesten er tralies voor de ramen worden geplaatst, want deze lieden ontsnapten zodra ze de kans zagen.

Voor de landlopers was de veranderende populatie van Veenhuizen, ondanks het nieuwe ijzerwerk en de aangescherpte bewaking, niet onverdeeld nadelig. De aanwezigheid van gewone criminelen gaf de werkinrichting meer politieke prioriteit, zodat eindelijk de maatregelen werden genomen die al veel te lang op zich lieten wachten. Ineens werd de arbeid gemoderniseerd en aangepast aan die in de buitenwereld, en werd de al jaren bepleite ambtenaar aangesteld die speciaal was belast met de reclassering. Een bijkomend effect van die gemengde Veenhuizer bevolking was de mogelijkheid om de verschillende categorieën voortaan met elkaar te vergelijken. Uit de statistieken kwam naar voren dat van de gewone misdadigers 69 procent als 'definitief gereclasseerd' werd beschouwd, terwijl bij de landlopers, ondanks de A-klasse en alle inspanningen van dominee Germs, slechts een heel klein aantal weer kon aarden in de gewone wereld. Directeur Faber, geboren en getogen in Veenhuizen, had het kunnen voorspellen:

Zoo goed heb ik ze echter wel leeren kennen, dat een enkele uitzondering daargelaten, ik durf te zeggen, dat een landlooper niet te reclasseren is. Het is een bijzonder soort mensch, abnormaal, zonder wilskracht en ongeschikt voor het maatschappelijke leven en zoo zal ook de classificatie naar leeftijd enz. hier geen nut hebben. Hier niet en voor de toekomst niet.

Deskundigen van buiten Veenhuizen trokken uit dat barre reclasseringsresultaat heel andere conclusies. In de crisisjaren was er een stroom van studies en opiniestukken over de landlopers verschenen, waaraan ook de invloedrijke strafrechthervormer Willem Pompe had bijgedragen. Pompe, die samen met forensisch psychiater Pieter Baan pleitte voor een persoonlijk op elke delinquent toegesneden benadering, stelde zichzelf hardop de vraag die iedereen tot dan toe had gemeden: waarom eigenlijk zou het strafbaar moeten zijn om zonder middelen van bestaan rond te zwerven? Hij kon er niets anders van maken dan dat het antwoord verborgen lag in 'de afkeer die de gezeten burgers voelen voor de armen'.

22 Dossier 139.628

Woningtype B stond bij het Gemeentelijk Woningbedrijf bekend als de 'gebroken kap'. Het was een van de drie woningtypen die samen het nieuwe satellietdorp vormden voor de arbeiders aan de overkant van het IJ. Het dak met een knik (een 'breuk') in de schuine lijn moest het silhouet nabootsen van een boerderij. Zo paste het mooi in het landelijke decor van de dijk en de weilanden met echte boerenbedrijven. Hoewel de huizen uitzonderlijk goedkoop waren gebouwd – niet eens onderheid, maar staand op een fundament van betonnen platen – moest er toch waardering uit spreken voor de toekomstige bewoners. Ter verfraaiing werd er op de hoeken een patroontje van gekantelde stenen ingemetseld, een ornament van de architecten van de Amsterdamse School. De woningen voldeden aan de modernste eisen. Ze waren voorzien van elektra, stromend water, en een wc met stortbak. De keuken en de wc werden van elkaar gescheiden door twee deuren. Voor de hygiëne waren de keukenkastjes donkerblauw geschilderd, dat hield de vliegen op afstand. En de klepraampjes en roosters garandeerden een gezonde ventilatie.

Omdat er geen badcellen waren, werd de wijk voorzien van een badhuis met een aparte ingang voor mannen en vrouwen. Je kreeg twintig minuten: vijftien voor het douchen, en vijf om je aan te kleden, daarna gingen de deuren onverbiddelijk open.

Maar het beste kon je de opvoedkundige bedoeling van dit eerste tuindorp van Amsterdam zien aan de opzet van het Verenigingsgebouw. Het Zonnehuis was als stralend middelpunt ontworpen, met twee grote theaterzalen – een met 284 zitplaatsen, en een met 150 – verder een kleedkamer, orkestbak, buffet, garderobe, bestuurs- en clubkamers. Een bloeiend verenigingsleven was nu eenmaal essentieel, wilde je de arbeidersklasse opstoten in de vaart der volkeren. Alleen kerken en cafés waren niet gepland. Die speelden in het sociaal-democratisch ideaal geen rol van betekenis. Maar ze kwamen er natuurlijk wel. De katholieke kerk wist het boerenhuis op te kopen van de familie Knook aan de voet van de Oostzanerdijk. In de stolpboerderij, tussen de appelbomen, richtte de pastoor zijn kerk in. Hij zag uit op de Kometensingel, de straat die het hele tuindorp omarmde.

Bij de inspectie in de bovenwoning van Roza Dingemans had de opzichteres van de gemeente niet lang hoeven aarzelen. Toen ze de linnenkast opende en het beddengoed bekeek, zag ze direct dat ze hier met een keurige huisvrouw van doen had. De thuiswonende kinderen, de oudste en de baby, waren schoon en gehoorzaam. Wouter had ze niet getroffen, die was bij zijn baas op de Keizersgracht, waar hij, zo had Roza verteld, al jaren werkte. De opzichteres wist niet van zijn drankgebruik. Ze zag alleen een fatsoenlijk gezin dat dringend woonruimte behoefde. En daarom, zo luidde haar oordeel, was plaatsing onder toezicht, in de woonschool of in Floradorp, niet nodig. Het moet voor Roza een opluchting zijn geweest. De opzichteres vertelde dat ze een eengezinswoning kregen toegewezen van wel zestig vierkante meter met een tuin, in het splinternieuwe Tuindorp Oostzaan. Ver weg, dat wel. De enige verbinding met de rest van de stad, de pont bij het Tolhuis tegenover het Centraal Station, was vijf kilometer verderop. Maar wat deerde dat?

Volgens het reglement mochten ze in de woning, type B, geen dieren houden, en in het weekeinde geen was buiten hangen. De huur van vijf gulden vijfenzeventig moest stipt elke maandag worden betaald als de blokman aan de deur kwam. Zolang ze zich aan deze regels hielden, kon er niets misgaan. Wouter tekende het contract, en op 14 november 1925, direct na de verhuizing, konden ze eindelijk de meisjes uit het kindertehuis ophalen. Meer dan een half jaar waren ze overgeleverd geweest aan de liefdeloze zorg van de nonnen, maar daar kwam nu een einde aan. Het was precies op tijd om hun verjaardagen in familiekring te vieren:

Betsy werd diezelfde maand nog drie, een week later werd Toosje twee.

Op dit punt in het verhaal gekomen, merkte ik dat ik begon te dralen. Er viel nog te vertellen dat er in het nieuwe huis drie kinderen waren geboren – Harm, Janna en Wies. Dat alle kinderen, vijf meisjes en twee jongens, waren blijven leven, aangezien de kindersterfte eindelijk was teruggedrongen. Het credo rust-regelmaat-reinheid wist verreweg de meeste zuigelingen door de eerste jaren te slepen, vooral in de nieuwe wijken, waar het advies van de consultatiebureaus niet hoefde te concurreren met onzinnige bakerpraatjes. Ik kon ook nog beschrijven hoe prettig Roza het had gevonden dat ze tegenover de kerk-in-de-stolpboerderij kwam te wonen. Ze had het geluk in moeilijke tijden bij de pastoor een luisterend oor te vinden, waar ze veel troost uit putte. Hij was blijkbaar ook op haar gesteld: toen ze eens erg wanhopig was geweest, had hij haar zelfs een kus gegeven. 'Een kuise, hoor,' had ze erbij verteld, maar toch.

Voor de kinderen was het tuindorp een verademing vergeleken bij de binnenstad. Ze zwierven er door de weilanden en de appelboomgaard, die eigenlijk verboden terrein was. De jongens gingen slootje springen en lachten de meisjes uit als die niet durfden. Toen Roza's moeder Helena een tijdje bij hen inwoonde, was de aanwezigheid van al dat water minder leuk. Helena, ver in de zeventig, was dement en liep telkens de deur uit om haar eigen huis te zoeken, en dan moest Roza met het oog op de slootjes telkens weer haastig de buurt uitkammen. Omdat het op die manier voor Roza geen doen was, zegde zus Tinie haar betrekking op om moeder thuis te verzorgen op hun halve woning aan de Lauriergracht. Betaald zorgverlof bestond nog niet: moeder en dochter raakten afhankelijk van de bedeling. Na twee jaar voortmodderen, stierf Helena op 8 december 1934 haar 'zoete, veilige dood', en kon Tinie eindelijk toetreden tot De Goede Herder in Zoeterwoude.

Tot nu toe was het me gelukt om – met moeite soms – mijn voorzaten min of meer als personages te beschouwen in het grotere verhaal dat ik wilde vertellen. Ik wist dat er nog narigheid zou volgen: de crisis, de steun, de drank, met mijn eigen moeder als kind van de rekening. Daar was ik op voorbereid, daar had ik me voor geharnast. Maar tegen de rauwheid van het steundossier bleek ik minder opgewassen. Dossier nummer 139.628 van de Dienst voor Maatschappelijke Steun telde 134 pagina's, en besloeg een periode van tweeëntwintig jaar. Ik had de tekst ontcijferd en uitgetypt. Met een accentueerstift de belangrijkste passages aangestreept. Vervolgens lag het naast mijn computer onbeschrijfbaar te wezen.

Mijn opa en oma, zo realiseerde ik me, hadden nooit gelezen wat de ambtenaren over hen optekenden. De feiten kenden ze, die hadden ze zelf aangedragen, maar ik was blij dat de bevoogdende toon, en de dreigende onderstrepingen in het dossier ze bespaard waren gebleven. Afhankelijk te zijn van de steun was ellendig genoeg. Er waren boeken volgeschreven over de schaamte die al die werklozen, met hoevelen ze ook waren, hadden gevoeld. Dat je moest rondlopen in herkenbare steunkleding (het rode draadje in de kousen, de steunjekkers, de truitjes voor alle jongens hetzelfde), en dat iedereen aan het gat in je fietsplaatje kon zien dat je was vrijgesteld van fietsbelasting – omdat je geen werk had. Misschien was de controle nog het ergst, en de willekeur ervan. Overal kon je een controleur treffen: als iemand je een kop koffie aanbood in een café, of als je rondhing bij de bioscoop. Dan kon er ineens zo'n steunmedewerker op je afstappen om op beschuldigende toon te informeren waar je dat geld vandaan had. Het kwam voor dat 'de bezoeker', zoals de controleur aan huis spottend werd genoemd, juist aanbelde op de dag dat een van je kinderen jarig was, en dan in de kasten snuffelde om te zien of je niet toevallig een cadeautje had gekocht – wat op verzwegen inkomsten kon duiden. Het stempel van de schande werd zelfs in je trouwboekje geplaatst, telkens als je zo'n fietsplaatje voor werklozen kreeg, zodat je er voor de rest van je leven niet meer vanaf kwam.

Dralen had geen zin. Dit wás geen mooi verhaal. Roza en Wouter deden hun eerste aanvraag voor onderstand in 1934.

21 januari 1934

De man heeft geen vakkennis, hij is altijd als loopknecht en incasseerder werkzaam geweest. Gedurende 12 jaar was hij als zoodanig in betrekking bij de firma Schmitz, Keizersgracht 146, wegens verduistering werd de man hier ontslagen.

Werd daarna d. d. 28 juli 1930 geplaatst als incasseerder bij de NV Centrale Warenmagazijnen, NZ Voorburgwal alhier, op een salaris van ƒ 32,- per week. Volgens persoonlijke informatie aldaar werd de man op 20 januari 1934 wegens verduistering ontslagen.

Hier werd tevens vernomen dat de man onbetrouwbaar is, hij verduisterde in de loop van 1933 een bedrag van ca ƒ 1000,- , welke gelden echter door bemiddeling van pastoor Wesseling (kerk Kometensingel) voor aanvrager werden aangezuiverd, hetgeen tot gevolg had, dat hij in zijn functie werd gehandhaafd.

Door middel van eenige informatie werd tevens vernomen, dat de man in loterijbriefjes handelde, hetgeen aanvrager bij nadere bespreking toegaf. De leverancier van deze loterij, deelde bij bezoek mede, dat de man hem nog voor een bedrag van ƒ 340,- heeft opgelicht welk feit de laatste 2 maanden heeft plaatsgevonden.

De man geeft voor, dat hij al deze gelden in zijn huishouden heeft verbruikt, hetgeen echter onjuist blijkt te zijn, hij gaf zijn vrouw iedere week ƒ 30,-. Volgens informatie bij pastoor Wesseling is de man een deugniet, vroeger was hij een ernstig drankmisbruiker, het laatste jaar heeft de pastoor daaromtrent niets meer vernomen. Waar de man het geld gelaten heeft is raadselachtig.

Van 's mans loon werd iedere week een gulden ingehouden voor delging van de schuld welke de man bij pastoor W had, hiervan is nu slechts ƒ 110,- afbetaald w. o. gelden welke de man niet zelf heeft bijeen gebracht.

De heer Fles Heymansplein (sigarenwinkelier & agent van

de NV De Nette Stad) waar de man nu ƒ 340,- schuld heeft, wil
geen vervolging tegen aanvrager instellen omdat hij in dat
geval in 't geheel geen cent meer terugziet. Fles hoopt dat
belanghebbende spoedig werk krijgt en hem dan zal
afbetalen.
De vrouw van aanvrager staat zeer gunstig bekend, zij is een
zuinige, heldere huisvrouw.
Situatie: - 7 kinderen 3 tot 12 jaar
          - Huur 5,75 p/w
          - Directe aanleiding: werkloosheid
Besluit op 2 feb : steun voorlopig afwijzen, eerst behoorlijke
verklaring van de man wat hij met het verduisterde geld
heeft gedaan.

6 februari 1934
Aanvrager verklaart dat hij in diverse café's groote vertering
heeft gemaakt en met vrienden het geld heeft opgemaakt.
Het gezin is thans ten einde raad, er is geen cent meer in
huis. Van de Gem. Woningdienst heeft men een aanzegging
gekregen de woning te ontruimen daar men 4 weken
huurschuld heeft. Kruidenier, melkboer, bakker en
groenteboer heeft men de laatste weken niet kunnen
betalen. Pastoor Wesseling van de kerk aan de
Kometensingel heeft het gezin nog enigszins in natura
geholpen, doch kan wegens gebrek aan middelen geen hulp
meer verlenen. Ter wille van vrouw en kinderen is het m.i.
thans wel gewenst onderstand toe te staan. Huurschuld
bedraagt ƒ 23,-.
Besluit ingaande 15 februari: ƒ 11,75 per week, ƒ 5,75
huurinhouding, ƒ 0,50 cent afbetaling huurschuld.

23 april 1934
In bijgaand schrijven, afkomstig van de echtgenoote van
steuntrekker wordt melding gemaakt dat de man nog in
loterijbriefjes zou handelen.

Uit het onderzoek is gebleken dat de man nog contributie
int bij oude klanten welke nog bij hem schuldig zijn van de
vorige loterij. Volgens persoonlijke informatie van de heer
Fles Heijmansplein aan wie aanvrager nog *f* 340,- schuldig is
aan loterijgeld verklaart deze dat de man het ge-inde bedrag
aan hem afdraagt. Belanghebbende is gewaarschuwd deze
bezigheid te staken. Bedeeling voorlopig onveranderd
voortzetten. Indien de man met bovengenoemde
werkzaamheden doorgaat zal zijn vrouw evenals zij dat nu
gedaan heeft ons daarvan verwittigen.

12 juli 1934
De man is een zeer onbetrouwbaar mensch; hij werd reeds
eenige malen betrapt dat hij loterijbriefjes verkocht, zonder
dat hij verdiensten opgaf. Thans blijkt dat hij als knecht
werkzaam is bij vd. Meij groentenhandelaar Olympiaweg
99, dit feit is door de controleur geconstateerd. Volgens een
persoonlijke verklaring van de werkgever zou de man niet
bij hem werkzaam zijn geweest, doch slechts in het bezit
gesteld zijn van eenige groente en aardappels. De pastoor
gaat zelfs zoo ver een schriftelijke verklaring omtrent een en
ander af te leggen. De echtgenoote van aanvrager is ten
kantore komen mededeelen dat haar man inderdaad bij
bovengenoemde werkgever werkzaam is en de werktijden
geregeld worden naar de tijd dat aanvrager moet stempelen.
Bovendien is gebleken dat de man wederom loterijbriefjes
verkoopt. Van deze verdiensten staat hij niets aan zijn gezin
af.
Besluit: intrekken steun.

16 juli 1934
Het gezin ontving op 29 juni jl de laatste uitkeering van deze
zijde, omdat bij controle was gebleken dat de man
werkzaam was in de groentezaak van vd Meij Olympiaweg
99 zonder hiervan opgave te doen. De man heeft d.d. 12 juli

zijn gezin verlaten zonder mededeling te doen van zijn toekomstige verblijfplaats. De vrouw heeft bij de politie aan de Adelaarsweg van dit feit aangifte gedaan. Het gezin is geheel zonder middelen van bestaan en heeft ƒ 24,50 huurschuld. Van kerkelijke zijde kan geen hulp verleend worden bij gebrek aan middelen. De vrouw heeft steeds haar medewerking verleend, indien haar man verdiensten verzweeg. Ze zal zoodra haar man in het gezin mocht terugkeren hiervan terstond mededeeling doen.
Besluit: 7 weken ƒ 17,50.

13 aug 1934
De man is inmiddels weer thuisgekomen met het vooropgezette doel aan de vrouw het leven zuur te maken. De man stempelt wel doch is m. i. een hoogst onbetrouwbaar persoon die dan ook gecontroleerd wordt. Volgens de vrouw werkte de man, maar van eventuele verdiensten kreeg echter het gezin niets ten goede, daar de vrouw weigert iets te accepteren zoolang de man niet opgeeft waar hij werkt.
Besluit: 4 wkn ƒ 17,50, uitbetalen aan de vrouw.

11 sept 1934
De vrouw wil man onder geen beding meer tot de woning toelaten, op haar verzoek wordt het huurcontract door de Gem. Woningdienst op haar naam gebracht. Zij heeft bewijs van onvermogen voor echtscheiding aangevraagd. De vrouw verzoekt dringend het geld bij haar thuis bezorgd te krijgen omdat zij geen hulp bij haar kinderen heeft indien zij het geld moet komen halen.

22 mei 1935
De man zocht toenadering tot zijn gezin, doch gaat dit niet verder doen dan dat hij de kinderen bezoekt. Hij werkt bij fa. V.d. Meij en verdient slechts ƒ 6,- + kost.

18 juni 1935
Bij bezoek blijkt het navolgende:
Vrouw + dochter 13 jaar slapen in 2 persoonsledikant
2 jongens van 10 en 8 slapen in 2 persoonsbed
3 meisjes van 12 – 11 – 6 slapen in 2 persoonsbed
Het jongste kind van bijna 5 jaar ligt in een klein
kinderledikant. Dit laatste is te klein en men weet geen
oplossing voor de kwestie. Eenige hulp is m. i. hier wel
gewenscht.
Besluit: f 20,80 voor bed en beddegoed.

26 november 1935
De vrouw verzoekt per brief tramvergoeding voor de
14-jarige dochter die den St Rosa MULO school bezoekt.
Door de afd Onderwijs is indertijd het verzoek reeds
afgewezen aangezien de afstand te gering was. Kan nu
bezwaarlijk wel geholpen worden.
Besluit: afwijzen voor tramvergoeding dochter.

25 februari 1936
De man is op zaterdag 22 Februari weer in het gezin
teruggekeerd. Reeds lang is door den pastoor van de
parochie gepoogd de menschen weer bij elkaar te brengen
en nu de man wegens slapte bij zijn werkgever zonder werk
kwam, is hij gezwicht. Hij schijnt een stuk gekalmeerd en
gedraagt zich volgens de vrouw zeer netjes.
In verband hiermee is het wel gewenscht steun te verhoogen
tot f 19,- pw.
In verband met 's mans antecedenten steun uitbetalen aan
de vrouw.

Dit waren de eerste zeventien pagina's van het steundossier, er lagen er nog ruim honderd in het verschiet. Ze verhaalden van een
aaneenschakeling van uitzichtloze gebeurtenissen die de jaren
dertig typeerden. Maar voor mij onthulden ze meer dan alleen de

armoede en ellende die bij de crisisjaren hoorden: ze gingen boven alles over onmacht.

Mijn opa die zoveel geld had gestolen om in de kroeg de gevierde man te kunnen zijn dat hij zijn gezin erdoor van inkomsten had beroofd, en dan, om het goed te maken, geld ging innen voor een benadeelde sigarenwinkelier. En zijn vrouw die hem aangaf uit vrees dat ze die paar gulden waar ze het mee moest doen ook nog zou verliezen, om vervolgens te horen dat de steun alsnog werd ingetrokken. Ook Wouters vlucht uit huis verraadde zijn machteloosheid. In andere tijden was hij een typische Veenhuizen-klant geweest, hoewel ik niet zeker wist of hij in zijn eentje ver zou komen.

Misschien vergoelijkte ik het gedrag van mijn opa door het toe te dichten aan onmacht. Misschien maakte ik hem daarmee onschuldiger dan hij was. Hij hád zijn gezin brodeloos gemaakt, hij verdrónk het geld waarvan zijn kinderen moesten eten, hij máákte zijn vrouw het leven zuur, zozeer dat ze ondanks haar katholieke geloof een echtscheiding in gang zette. Het was nog een geluk dat geen van zijn werkgevers aangifte had gedaan: voor het verduisteren van zulke bedragen had hij evengoed in de gevangenis kunnen belanden. Uit het steundossier kwam niet bepaald een man naar voren die het voordeel van de twijfel verdiende, maar mijn beeld werd gekleurd door de goedbedoelde onhandigheid die ik me herinnerde van toen ik een jaar of tien, elf was, en mijn opa in de tachtig.

'Alsjeblieft, hier heb je een kwartje,' zei hij dan tegen mij en een vriendinnetje, 'gaan jullie maar lekker een ijsje kopen.' Waarna ik niet wist wat ik moest doen: ijsjes van een kwartje bestonden niet eens meer. Mijn opa maakte op mij de indruk van iemand die graag aardig wilde zijn voor iedereen, maar zelden in staat was zijn prachtige beloften waar te maken. Omdat ik uit de verhalen wist dat hij erg aan zijn vrouw hing en geregeld was komen smeken hem 'terug te nemen', was ik in hem een eenzame jongen van negen gaan zien, die altijd was blijven zoeken naar zijn moeder. Het tragische was dat hij de huiselijke gezelligheid waar hij naar verlangde, met zijn drankgebruik telkens weer wist te verpesten. En dan had hij niets anders dan zijn onbeholpenheid om het weer goed te maken. Zoals die ene keer, in het voorjaar van 1935, toen hij het huis binnendrong met een cadeautje en zijn kinderen tevergeefs smeekte om een kus – die gebeurtenis was zelfs in het steundossier aangestipt.

De onmacht van mijn oma was van een andere soort. Die leek eerder een ingesleten eigenschap, iets wat onder haar huid was gekropen door het generaties lang overgeleverd zijn aan het oordeel van mensen met een hogere positie. Tobias, haar overgrootvader, had nog zelf voor een ondergeschikt beroep gekozen door zich als zeventienjarige bij het leger te melden, maar Cato en Teunis waren weerloos toen de bestuurders hen tot 'onmaatschappelijk' bestempelden. Het lot van Harmen was bezegeld door rechter Van Asch van Wijck. En Helena was met haar kinderen afhankelijk geweest van de gunsten van mevrouw Slicher. Mijn oma, door moeder-overste weggestuurd van haar zelfgekozen bestemming, moest in haar twaalfjarig dienstbodebestaan een extra zintuig hebben ontwikkeld voor de grillen van hoger geplaatsten. En nu wist ze feilloos hoe ze binnen de pas moest lopen van de steun; haar jongste lag al veel te lang opgekruld in een te klein bed. Was het zo vreemd dat ze geen risico's durfde te nemen en haar eigen man bij de ambtenaren aangaf?

Toch viel het me op dat ze steeds meer haar eigen koers was gaan varen. Ze nam harde beslissingen die noodzakelijk waren om met haar gezin te overleven. Daarom was het haar gelukt om haar man de deur te wijzen en zelfs op een scheiding aan te sturen. Daarom ook kon ze steeds beter hulp vragen. Ze verzocht het geld van de steun thuis te ontvangen zodat ze haar kleintjes niet hoefde bloot te stellen aan dat overvolle steunlokaal; ze bleef vragen om tramgeld voor haar oudste dochter die vijf kilometer verderop naar school ging, ook toen dat al een keer was geweigerd. Ze wist zelfs, zo had mijn moeder verteld, soms een cent opzij te leggen voor de katholieke bibliotheek. Ondanks het commentaar dat het opleverde, wilde ze dat haar kinderen boeken konden lenen.

Roza had zich na anderhalf jaar toch met Wouter verzoend. Ze was er na bemiddeling van de pastoor mee akkoord gegaan omdat hij beterschap beloofde. Maar misschien ook, zo hoopte ik, omdat mijn oma ondanks alles toch nog van mijn opa hield.

23 De Rimboe

De noordelijke IJ-oever van Amsterdam is net als een krappe eeuw terug weer volop in beweging. Ook het oude klooster aan het Noordhollands Kanaal heeft onlangs een facelift gekregen. Universal Studio's houdt er kantoor in een structuur van metalen buizen, die als een spinnenweb tussen de sacrale muren hangt. Wat vroeger de Ritakerk was, is nu in bezit van een vastgoedfonds dat op zijn website potentiële investeerders waarschuwt dat 'in het verleden behaalde resultaten geen garantie bieden voor de toekomst.' Bij het voorportaal met de gemetselde banken vloeien heden en verleden in elkaar over. Vroeger aten hier de zwervers het brood dat ze van de zusters kregen, nu is het de ingang van het Leger des Heils. Alleen de Rosaschool is nog altijd de Rosaschool, al voert de huidige directie verdraagzaamheid hoog in het vaandel, en zag die van destijds uitsluitend rooms-katholieken voor vol aan.

Met de bouw van het klooster, dat vanwege zijn omvang ook wel 'het tweede Vaticaan' werd genoemd, lieten de katholieken begin jaren twintig hun herwonnen zelfvertrouwen spreken. Toen de polders over het IJ werden volgebouwd met arbeiderswoningen, zetten zij welgeteld vijf katholieke scholen neer, niet al te ver van de pont. Het had het gemeentebestuur destijds zo geërgerd, dat het op zijn beurt de vier geplande openbare scholen er vlakbij plaatste. Niet dat onderwijs over het IJ zo'n heel hoge prioriteit had. Er waren weinig vervolgopleidingen te vinden in zo'n arbeidersbuurt. Bijna alle kinderen gingen naar de huishoudschool of de ambachtsschool tot ze veertien waren, om vervolgens te gaan bijdragen aan het gezinsinkomen.

Ook Roza's kinderen zouden gaan verdienen. Eerst Lenie, dan Betsy, dan Toos, en zo verder. Maar toen Lenie in de laatste klas van de lagere school zat, had pastoor Wesseling Roza erover aangesproken. 'Ze doet het goed in de les,' had hij gezegd. 'U kunt haar beter laten doorleren.' Hij had erop aangedrongen dat ze naar de mulo ging. Het was een riskante investering, zeker in crisistijd. Je kind laten doorleren betekende langer wachten op die broodnodige extra inkomsten. Maar de pastoor had gezegd dat het echt beter was: 'Dan kan ze later meer verdienen.' Dat de mulo buiten Tuindorp Oostzaan lag, leek geen groot obstakel: Roza had erop gerekend dat de steun zou bijdragen in de kosten voor het tramgeld. Maar toen dat verzoek werd afgewezen, terwijl haar dochter al op de mulo was begonnen, moet voor haar een echo hebben geklonken van haar eigen gefnuikte ambitie. Ze besloot haar kinderen niet al bij voorbaat hun kans te ontnemen en was bereid daarvoor een prijs te betalen. Ik had alleen niet kunnen bevroeden dat ze er haar nette woning in Tuindorp Oostzaan voor zou opofferen. Toch stond het zo in het steundossier.

11 mei 1936
Men gaat a. s. vrijdag 15-5 verhuizen naar Weegbreestraat 1, Floradorp. De nieuwe huur wordt aldaar f 4,25. Reden van verhuizing is lagere huur en dichter bij de school van dochter wonen.
Men vraagt eenige vergoeding voor verhuiskosten.
Besluit: f 3,- voor takel en blok.

Floradorp, dat heette in de volksmond 'de Rimboe'. Voor kinderen in de omliggende straten was de buurt verboden terrein. Zelfs de volwassenen gingen er liever met een boogje omheen, vooral als het donker was: je wist nooit wat voor gespuis je daar tegen het lijf kon lopen.

Ook vandaag de dag is Floradorp nog berucht. In krantenartikelen over die buurt wordt de term 'Rimboe' steevast gebezigd. Weliswaar als verwijzing naar vroeger, maar onverminderd met een behaaglijk soort griezelgevoel. De volkswijk staat bekend als een buurt met veel criminaliteit, een grote onderlinge verbondenheid, en jaarlijks gegarandeerd hommeles. Legendarisch zijn de veldslagen met de politie en de brandweer rond oud en nieuw. De buurtbewoners vinden hun traditionele nieuwjaarsvuur van kerstbomen (en huisvuil, en auto's, en eigenlijk alles wat lekker fikt) een gewoon, gezellig straatfeest. De politie vindt het vuur altijd weer te groot en te gevaarlijk, en dan krijg je confrontaties die van lieverlee bij de feesten zijn gaan horen. De oorzaak van dat eigengereide, weinig gezagsgetrouwe gedrag zou zijn dat driekwart van de kostwinners er zonder werk zit. En dat al generaties lang. De problemen van de buurt zijn een erfenis uit het verleden, want de bewoners van Floradorp zijn vooral de kinderen en kleinkinderen van de 'ontoelaatbaren' voor wie deze wijk ooit was gebouwd.

Voor Roza en Wouter betekende de verhuizing naar de Weegbreestraat een nieuwe start. Op de sociale ladder was het een stap omlaag, maar een voordeel was wel dat niemand hier wist wat er eerder in huize Dingemans was voorgevallen. Geen van de nieuwe buren had Wouter over straat zien zwalken of hem tevergeefs op de ramen zien tikken, geen mens kon weten dat Roza een scheiding van tafel en bed had overwogen. Zelfs pastoor Wesseling, die getuige was geweest van de ellendigste momenten, zou hen niet meer aan die tijd kunnen herinneren. Aanvankelijk was de steun nog aan Roza uitbetaald, maar een jaar na hun hereniging liet ze de ambtenaren weten dat ze haar man weer vertrouwde, en werden ze een gezin als alle andere. Nu ze dicht bij de mulo woonden, mocht ook mijn moeder doorleren. Voor Roza was de opleiding van haar dochters, met vreemde talen en vakken als boekhouden, zo'n serieuze zaak dat de kinderen, als ze hun schoolwerk deden, niet hoefden te helpen met de taken in huis. Roza trok zich zelfs aan haar dochters op: vaak vroeg ze hen naar de precieze spelling van een woord, want ze vond het vervelend als ze fouten maakte.

Toch ging het gevoel niet weg dat de verhuizing naar Floradorp een nederlaag was. Het gezin Dingemans woonde nu tussen buren die vaak al veel langer in de steun zaten, en die lak hadden gekregen aan alles en iedereen. Roza had zich nooit overgegeven aan die uitzichtloosheid. Zij vermaakte de afdragertjes van haar kinderen tot nette kleding, en voerde een fatsoenlijk huishouden. Haar gezin stond ook niet onder toezicht, daar was geen reden voor. Maar zodra ze een buitenstaander haar adres moest opgeven, was het allemaal verloren moeite. Dan zagen ze alleen nog een asociaal, een 'aap' in de Rimboe.

Floradorp, Veenhuizen, het was in feite hetzelfde: als je van zo'n plek kwam, was het oordeel al geveld. Daarom deed Roza wat haar oma Cato ook had gedaan bij haar vertrek uit Veenhuizen: ze drukte haar kinderen op het hart om te verzwijgen waar ze vandaan kwamen. Als iemand naar hun adres vroeg, moesten ze zeggen dat ze in de Sneeuwbalstraat woonden, die net buiten Floradorp lag. Het was bijna geen liegen. Weegbreestraat 1 lag om de hoek, het scheelde maar een paar meter.

Alleen als Wouter emplooi zou vinden, was het mogelijk om naar een betere buurt te verhuizen, maar ook in de tweede helft van de jaren dertig was dat voor een ongeschoolde arbeider een illusie. De werkloosheid nam inmiddels zo'n omvang aan, en trof zo veel gezinnen, dat de regering zon op nieuwe maatregelen. De tijd was voorbij dat werklozen net zo lang aan hun lot werden overgelaten tot ze 'totaal gedegenereerd' in Veenhuizen moesten spitten. Maar het idee dat liefdadigheid mensen lui maakte, bleef onverminderd in zwang. Toen de crisis aanhield, vreesde men dat de steuntrekkers het werkritme ontwend zouden raken en zouden afglijden naar de totale lediggang. Om dat te voorkomen werd een beproefd middel uit de kast gehaald en op grote schaal ingezet: de werkverschaffing. Met zo min mogelijk machines en zoveel mogelijk mankracht werden er kanalen gegraven, parken aangelegd, watergebieden ingepolderd. Per toerbeurt moesten de werklozen een paar maanden in de aarde wroeten. Dat was meteen een goede manier om te testen of ze werkelijk onvrijwillig werkloos waren, en geen nietsnutten die het wel zo gemakkelijk vonden om op kosten van de staat te leven.

Wouter kreeg zijn eerste oproep in 1937. De Arbeidsbeurs selecteerde hem voor de vervening bij Ilpendam. Het was tijdens de wintermaanden. Verzwakt door de crisis, en met het gestel van een drankverslaafde sleepte mijn opa zich erdoor, tot hij ziek werd en toestemming kreeg om thuis te blijven. In 1939 was hij aan de beurt voor een karwei dat met meer allure was omkleed: het grote Boschplan. Het idee om een recreatiebos voor alle Amsterdammers aan te leggen, was een paar jaar eerder groots gepresenteerd. Het bos zou niet alleen groen bieden aan de hoofdstad, het zou ook werk creëren: 'Vijf jaar werk voor duizend man!' Met een opgewekte propagandacampagne wilde het stadsbestuur de crisisstemming keren, in de hoop zo de werkloosheid langs psychologische weg te lijf te gaan.

De Amsterdammers omarmden het bemoedigende nieuws met graagte: de tentoonstelling waarop het Boschplan werd voorgesteld, ontving in twee weken tijd meer dan vijftienduizend bezoekers, terwijl de toegang toch tien cent bedroeg. Op de bijbehorende poster stonden lieftallige hertjes, spelende kinderen, en een ranke roeiboot op de Bosbaan. Onderaan een rij mannen met Malevitsj-achtige schouders die trots de bomen plantten. De werkelijkheid was minder stralend, de schouders van de werklozen waren een stuk smaller. In zes jaar tijd verzetten twintigduizend mannen met spade en kruiwagen drie miljoen kubieke meter grond, met als enige hulpmiddel een rij kiepkarretjes op rails. Hun loon werd per ploeg vastgesteld aan de hand van de hoeveelheid afgegraven aarde. En dat bedrag slonk aanzienlijk toen de Arbeidsbeurs in 1939 ook mannen als Wouter ging oproepen, die niet gewend waren een schop vast te houden. Elke dag opnieuw kwam hij thuis met bloedende, opengebarsten handen, hij wist het bedrag van de steun maar nauwelijks bij elkaar te spitten.

Door de slechte vooruitzichten bleek de mulo alleen te zijn weggelegd voor de twee oudste kinderen. Voor de anderen viel het eenvoudig niet op te brengen. En daarom werd Toos zodra ze veertien was, eropuit gestuurd om geld te verdienen. Roza liet haar een betrekking nemen in een naaiatelier in de stad. Hele dagen zat ze voorovergebogen knoopsgaten te naaien, ze kreeg er kramp van in haar nek. Maar toen ze haar moeder haar eerste loon overhandigde, stond ze te stralen. Het was het eerste gewone in-komen in jaren: twee gulden, waarvan één voor de tram. Roza kon niets anders doen dan het direct bij de steun opgeven, zo waren nu eenmaal de regels.

Wanneer ik op een doordeweekse dag in 2006 in Floradorp rond-loop, bekruipt me een gevoel van beklemming. De straten zijn smaller dan in de buurten rondom, de huizen ogen kaal. Terwijl ik foto's neem van de kazerneachtige blokken, begrijp ik ineens waar die 'onverklaarbare trots' van mijn oma vandaan kwam. Het had natuurlijk niets te maken met die zogenaamde aanzienlijke achtergrond; mijn oma had ook geen buitengewoon trots karak-ter. Het is veel eenvoudiger: ze werd zo hard in een hoek geduwd, telkens weer – als dochter van een Veenhuizen-klant, als Jordaan-kind, als dienstbode, als vrouw van een steuntrekker die alcoho-list was bovendien, en vervolgens als inwoonster van een buurt die 'asociaal' heette – dat ze wel móest terugvechten. Anders ging ze voorgoed onderuit. Haar huis in de Weegbreestraat stond aan de rand van de Rimboe. Vanuit haar zijraam zag ze de Sneeuwbal-straat, die de grens van Floradorp vormde. De woningen waar ze op uitkeek, verschillen niet veel van die van haar, behalve dat ie-dereen vond dat dáár, aan de overzijde, wél fatsoenlijke mensen woonden. Die aanblik moet haar ambitie hebben gevoed om haar gezin hoe dan ook over de grens te krijgen. Het begint tot me door te dringen dat haar vasthoudendheid ook mijn ontsnapping is geweest. Als het gezin Floradorp niet had verlaten, was mijn moe-der er misschien ook blijven hangen – en dan was ik geboren met het stempel asociaal op mijn voorhoofd.

Hoe cynisch het ook klinkt, het was de oorlog die de kansen voor het gezin Dingemans zou doen keren, maar niet zonder een prijs. In de jaren ervoor waren de kinderen één voor één gaan werken. Koos en Harm werden leerling-winkelbediende, de meisjes met mulo-diploma kregen kantoorbanen waarmee ze, zoals de pas-toor al had voorspeld, direct vier keer zoveel verdienden als de anderen. Nu de kleintjes naar school gingen, was Roza ook weer gaan poetsen bij notarissen en andere notabelen. Maar het gezinsinkomen schoot nog altijd tekort.

De kentering begon zich voorzichtig af te tekenen op 24 augustus 1939, een week voor Duitsland met zijn blitzkrieg Dantzig binnenviel, en Nederland alsnog de mobilisatie afkondigde. Koos en Harm waren te jong voor het leger, hun vader, 46, te oud. Maar de opengevallen plaatsen in de fabrieken bezorgden Wouter na zes jaar steun wel voor een paar maanden werk aan de lopende band. En dat was het begin.

Een half jaar later liepen de nazi's Nederland onder de voet. Ik zocht naarstig in het steundossier naar de gevolgen voor Roza en Wouter. Het leek me dat de bezetting het leven van een steuntrekker nog moeilijker maakte, maar merkwaardig genoeg kon ik daarvan in het dossier aanvankelijk geen spoor terugvinden. De formulieren waren hetzelfde, de regels ook, en zelfs het handschrift van de ambtenaar die zich met de familie Dingemans bezighield. Het enige verschil was dat de Arbeidsbeurs, onder Duits bewind, vanaf 1940 ook werklozen ging selecteren voor werk over de grens. In Duitsland zelf, bij voorkeur.

ELISABETH

24 De Liefde

Hoe mijn moeder en mijn vader elkaar hebben ontmoet, is bij ons thuis een klassiek verhaal. Het gebeurde tijdens de oorlog, in 1943, in De Liefde. De kerk aan de Amsterdamse Bilderdijkstraat begon die dag een actie voor jongens die in Duitsland tewerk waren gesteld. Om hun gedwongen verblijf in het land van de vijand draaglijker te maken, stuurde de pastoor ze elke week een stichtelijke boodschap, maar dat was voor die jongens natuurlijk niet erg opwindend. Daarom werd er vanaf de preekstoel een oproep gedaan aan meisjes uit de parochie om de andere zijde van de brief te vullen. Mijn moeder, eenentwintig jaar, voelde zich aangesproken. Toen ze zich na de mis ging opgeven, werd haar aandacht getrokken door een jongeman achter de inschrijftafel.

'Hij had gróte ogen' (hier spreidde ze duim en wijsvinger uiteen) 'en lánge wimpers' (haar vinger zwierde langs een denkbeeldige krul).

'Geef mij maar vier adressen,' was het eerste wat ze tegen die jongeman zei, waarop hij haar een beetje streng toesprak.

'Maar juffrouw, weet u wel dat u elke week moet schrijven?'

Mijn moeder haalde koket haar schouders op en reageerde met gespeelde verbazing: 'Dat méént u niet.'

Verrast knipperde de jongeman eens met die blauwe ogen van hem, om vervolgens met zijn blik op de lijst haar naam en adres te vragen. Betsy Dingemans uit de Potgieterstraat, dat wist hij dan vast.

Chris Jansen had geluk dat hij daar achter die inschrijftafel zat. Het had weinig gescheeld of hij was zelf een van die jongens ver van huis geweest. Volgens een oproep had hij zich in Charkov moeten melden, in de Oekraïne, om aan het levensgevaarlijke oostfront loopgraven te stutten. Hij was er alleen onderuit gekomen omdat hij op kantoor werkte bij de Duitse AEG. Zijn baas, een 'goede Duitser', had op gezag van diens nationaliteit verklaard dat Chris voor het functioneren van het bedrijf onmisbaar was. Het bood geen garantie, maar voorlopig hoefde Chris niet van huis.

Talloze jongens en mannen hadden het minder getroffen. De Duitsers eisten botweg iedereen op die ze nodig hadden om hun oorlogsmachinerie te laten doorstomen. In 1943 waren er genoeg gezinnen in de parochie die vader of broers moesten missen, vandaar dat er veel animo was voor de brievenactie. Elke week bezorgden de vrijwilligers de brieven van de pastoor bij de meisjes om de achterzijde te beschrijven, en een paar dagen later haalden ze ze weer op.

Betsy had al snel in de gaten dat de Potgieterstraat niet in de wijk lag van Chris Jansen, maar toch was hij het steeds die bij haar aan de deur verscheen. Ze voerden korte gesprekjes over de drempel – alstublieft juffrouw, dankuwel meneer – die gepaard gingen met steeds meer gedraal en veelzeggende blikken. Na een poosje was het uitgelopen op hun eerste afspraakje, een wandeling in het Vondelpark.

Als ik mijn moeder vraag naar de oorlogsjaren, zegt ze dat mijn vader de eerste was aan wie ze de waarheid had durven vertellen.

'Het was fijn dat ik er met hem over kon praten.'

We zitten met zijn drieën aan tafel in de keuken van hun drempelloze seniorenflat. Mijn ouders zijn inmiddels vijfenvijftig jaar getrouwd. Met zicht op de stijgende en dalende vliegtuigen van Schiphol vertellen ze, elkaar aanvullend, over hun ontmoeting en over de kennismaking met hun wederzijdse ouders.

Op het eerste gezicht hadden de families van Betsy en Chris veel gemeen. Ze woonden allebei in een zijstraat van de Nassaukade op een bovenhuis. Beide gezinnen telden zeven kinderen. Qua vroomheid hoefden ze niet voor elkaar onder te doen: de Jansens hadden twee zoons en een dochter in het klooster, waarvan een zelfs op het grootseminarie, de familie Dingemans telde drie tantes die non waren, plus nog een oom als seminariestudent. Vader Jansen was net als vader Dingemans in de crisistijd zijn werk kwijt geraakt. Maar ondanks deze overeenkomsten had Betsy de verschillen gevoeld zodra ze bij haar verkering over de vloer kwam. Vader Jansen was een gezinshoofd met autoriteit. Je kon aan zijn houding zien dat hij de baas was geweest bij een grote kuiperij op de Bloemgracht, waar hij leiding had gegeven aan wel dertig man. In de goede jaren had het gezin een huishoudster gehad en een naaister, in het weekend mochten ze soms toeren in de auto-met-chauffeur van de bedrijfseigenaar. Toen die eigenaar onverwacht overleed, halverwege de crisisjaren, had vader Jansen in het statige grand café Americain besprekingen gevoerd met banken en leveranciers om te zien of hij het bedrijf kon overnemen. Maar de risico's waren te groot voor een man van negenenvijftig die een gezin moest onderhouden, helemaal in zo'n instabiele tijd: de kuiperij was uiteindelijk ten onder gegaan, en zo belandde vader Jansen in de steun. Er bleek alleen wel een verschil te zijn tussen de ene werkloze en de andere. Vader Jansen gold in de kerk als een gerespecteerd vrijwilliger, die het erebaantje van collectant bekleedde. Anders dan gewone steuntrekkers wist hij te ontkomen aan de vernedering van het stempelen. Via zijn connecties had hij geregeld dat hij als betrouwbaar heer werd vrijgesteld van die dagelijkse controle; hij kreeg zijn centen bovendien elke week aan huis bezorgd.

Betsy's verkering met Chris Jansen bracht haar in contact met een andere wereld. Ze mocht mee naar de feestelijke diners bij de broer van Chris op het grootseminarie, waar gerechten werden opgediend die ze nog nooit had geproefd. Via die broer kreeg ze soms ook extraatjes, distributiebonnen en eten voor thuis. Chris was zo graag bij haar dat hij geregeld tot na spertijd bleef. Maar hoe mooi alles ook was, Betsy kon de verschillen nooit helemaal uit haar hoofd zetten.

'Ik had een jas uit twee stoffen', vertelt ze. 'En een baret. Anderen hadden een hoed.'

Aan de keukentafel in de seniorenflat komt het hardnekkige

minderwaardigheidsgevoel van vroeger weer pijnlijk terug. Ze herinnert zich hoe een wildvreemde vrouw in die tijd eens had opgemerkt dat haar schoenen versleten waren. 'Ze zei: "Ik heb nog een paar over in die maat, zal ik ze even halen?"' Mijn moeder had zich vreselijk opgelaten gevoeld. 'Ik bedankte haar snel en loog dat ik thuis nog andere had.' Ze kijkt mijn vader aan en zegt: 'Jij had het nog bijna uitgemaakt, hè?'

Hij knikt. Ik houd mijn adem in, dit heb ik nooit eerder gehoord.

'We kenden elkaar een paar maanden,' vertelt mijn vader. 'Het was dik aan hoor, daar niet van, maar mijn vader vond dat je er een beetje slordig uitzag. Hij had het er met mij over gehad, en waarschuwde me dat ik wel goed moest nadenken.'

Verbaasd leg ik mijn handen op de tafelrand. 'Slordig?' Zoals ik mijn moeder ken, is ze juist heel netjes en precies.

'Ja,' zegt mijn vader, 'hij vond dat ze oude kleren had.'

Mijn moeder: 'Maar ik had niks. En het was ook nog oorlog.'

'Dat is zo, je had niks.'

Mijn ouders werpen elkaar een liefdevolle blik toe, maar ik ben geschokt. Ik had nooit vermoed dat het huwelijk van mijn eigen ouders bijna was gestruikeld over een verschil in stand of rijkdom. Zelf vatten ze het nogal luchtig op, met een soort triomf brengt mijn moeder de ontknoping: 'Ik zag meteen dat er iets was, dat je het uit wilde maken. Maar je kon het niet, hè. Toen je me in de ogen keek was je weer verkocht.'

De gelukkige omstandigheid dat de familie Dingemans tijdens de oorlog in de Potgieterstraat was beland, in een fatsoenlijke buurt, had een beladen achtergrond. Betsy had staan stampvoeten toen ze hoorde dat haar moeder Roza het gezin mee zou nemen naar de goede kant van het IJ, maar dat kwam vooral omdat ze haar vriendinnen uit de buurt niet wilde kwijtraken. De aanleiding, de kans die zich plotseling had voorgedaan om uit Floradorp te vertrekken, daarover viel minder makkelijk te praten. Het kwam namelijk dankzij, en niet ondanks de oorlog: Wouter was in 1941 door de steun naar Duitsland gestuurd. Met het loon dat hij daar in een fabriek verdiende, plus de inkomsten van de kinderen, hadden ze kunnen verhuizen.

Dat gegeven, dat mijn opa tijdens de bezetting in Duitsland was gaan werken, maakte het voor mij bijna onmogelijk om die periode te beschrijven. Hoe zou ik, geboren in 1964, daarover iets zinnigs kunnen zeggen? Het liefst had ik de hele episode weggelaten, maar ik kon moeilijk een complete wereldoorlog afdoen als het decor achter de ontmoeting tussen mijn ouders. Hoe onbetekenend het ook afstak tegen de grote gruwelen van de oorlog, dit verhaal hoorde erbij; alleen al vanwege de littekens die mijn familie had opgelopen toen mijn opa naar Duitsland ging – 'vrijwillig' zoals mijn moeder het noemde. Voor haar had de schande zich vastgezet in dat ene woord, vrijwillig, een woord dat schreeuwde van verontwaardiging. Aan de keukentafel vertelt ze dat het in haar ogen simpel was en schrijnend tegelijk: de oorlog zette alles op scherp en toonde het allerlelijkste gezicht van de armoede.

'Kijk, dat is wat armoede met je doet. Je verliest je waardigheid.'

De gedachte eraan is na zestig jaar nog altijd ondraaglijk. Maar ik vermoed dat dit ook is ingegeven door wat er met Koos was gebeurd.

Koos was Betsy's drie jaar jongere broer. Hij hield ervan samen met Harm zijn zussen te plagen. Ze moesten ook wel, met die overmacht van vijf tegen twee. Vooral de oudere meiden wilden hun broertjes nog wel eens bemoederen, maar samen konden ze hen wel aan. Koos had, net als Harm, in Amsterdam kunnen blijven, hij was pas zestien, maar in 1941 besloten zijn ouders op advies van de kapelaan dat zijn vader hem mee zou nemen.

'Vrijwillig' was een arbitrair begrip. Hoe vrij was je om je eigen keuzen te maken in bezettingstijd? Hoe zwaar viel het Wouter aan te rekenen dat hij met zijn zoon bij de vijand was gaan werken? Aarzelend, omdat ik niet wist of ik het wel wilde weten, ging ik te rade bij onverdachte instellingen als het Rode Kruis en het NIOD. Ik legde hun de vraag voor hoe 'fout' het was geweest te gaan werken in Duitsland, en hoe zij het woord 'vrijwillig' uitlegden. De geruststellende toon waarmee de medewerkers hun reactie inzetten – 'u moet niet te snel een oordeel vellen', en: 'voor je gezin zorgen was ook erg belangrijk' – gaven me een ongemakkelijk gevoel. Er was kennelijk wel degelijk iets waar ik me voor zou moeten schamen. Tot mijn opluchting verwees een NIOD-medewerker me naar een boek, een standaardwerk dat de hele werkverschaffing tijdens de oorlog in kaart had gebracht. Ik noteerde de titel en leende het bij de openbare bibliotheek, zodat ik het thuis kon lezen, en niet voor iedereen zichtbaar in de studiezaal.

Al vanaf het begin van de bezetting, zo las ik, hadden de Duitsers hun oog laten vallen op de Nederlandse werklozen voor het op gang houden van hun aanvalsmachine. Aanvankelijk, om de Hollanders aan te spreken als broedervolk, waren ze gepaaid met beloften van een goed loon, extra distributiebonnen voor kleding en vertering, en voorschotten voor de gezinnen van wie de vaders in Duitsland gingen werken. De propagandacampagne was groot opgezet. Op de radio waren Nederlandse vakbondslui te horen die vertelden dat er niets mis was met het werken over de grens: je kreeg er propere arbeid voor goed geld. Sterker nog, het was je maatschappelijke plicht om na al die jaren van hand ophouden weer eens zelf voor je gezin te zorgen. Maar de vriendelijke methode leverde niet genoeg aanmeldingen op, en daarom werd, meteen al in de zomer van 1940, besloten dat er een stok achter de deur nodig was. Na een eenvoudig administratief besluit heette werk in Duitsland voortaan 'passende arbeid'. En dat betekende: uitsluiting van de steun voor wie weigerde te gaan.

Mijn opa was in 1941 vertrokken. Helemaal vrijwillig kon je dat dus niet noemen. Vooral niet voor een gezin dat na jaren van gebrek geen enkele reserve had om op terug te vallen, en waarin alle zintuigen afgestemd stonden op overleven. Maar ik las ook dat veel werklozen ondanks die sanctie toch hadden geweigerd de vijand te dienen. Ze probeerden er op allerlei manieren onderuit te komen: met een ongeschiktheidsverklaring van een betrouwbare dokter, via een behulpzame steunambtenaar, of, als dat niet lukte, met een beroep op hun familie voor voedsel en onderdak. Mijn opa en oma waren niet zulke helden geweest. Dat was de realiteit. Daar moest ik het mee doen.

Maar Koos was een lastiger verhaal. Hij was niet werkloos. En hij was nog niet eens volwassen. Dat mijn oom op een gegeven moment toch naar Duitsland zou zijn gestuurd, lag voor de hand. De oorlogsindustrie was onverzadigbaar. Nadat de werklozen, de makkelijkste prooi, zich hadden laten sturen (en erachter kwamen dat ze niet meer terug mochten naar huis), konden vanaf maart 1942 álle jongens en mannen, werkloos of niet, worden opgeroepen voor de *Arbeitseinsatz*. Met steeds drastischere maatregelen, vooral na de weerstand die de nazi's aan het front bij Stalingrad ondervonden, plukte de bezetter hele jaargangen jongemannen zo van huis en haard om kogels te gieten of de Duitse soldaten in hun gewone werk te vervangen. Voor Koos was het misschien nog een voordeel dat hij samen met zijn vader ver van huis was en niet alleen. Maar dat liet onverlet dat hij nooit een oproep had ontvangen, hij was gegáán. Van mijn moeder mocht ik een paar brieven inzien, die hij vanuit zijn *Lager* in Berlijn had gestuurd. Ze waren met potlood geschreven op papier van oorlogskwaliteit, dat nu bijna uit elkaar viel. Op de ene zijde van het vel schreef hij zijn moeder, op de andere zijn broer of een zus.

Moeder,
Wat hebben we gesmuld en gerookt. Brood met stroop, roggebrood. 't Is allemaal aangekomen. Ik krijg weer een steenpuist, ik hoop dat 't een grote wordt, dan kan ik misschien een paar dagen in 't lager blijven, en geen puinruimen meer.
Jammer dat de kolen opraken, want je kan er niet buiten. Probeer maar wat kolen in de Vondelstraat te krijgen. Zijn de centen goed of niet?
Nou moeder, ik schei ermee uit. De groeten en een poot van Koos.

Beste Betsy,

Wat een lef, nu te schrijven dat ik niet met mijn benen op de stoelen mag zitten, dat moet je eens zeggen als ik er bij ben! Als we naar 't werk marcheren zingen we altijd Ouwe Taaie. Ik ben met vader zondagmorgen voor het eerst hier naar de Kerk geweest. 't Was een hoogmis. Op de preekstoel werd de bekendmaking voorgelezen hoe de kerk te verlaten tijdens Fliegeralarm.

Ze zitten op 't ogenblik naast ons op de kamer te zingen en te brullen, want ze gaan morgen naar Holland. Ik wou dat ik 't was. 't Is wel voor een paar dagen en dan meteen weer weg. Maar je ziet elkaar weer eens. 't Valt niet mee zolang van huis te zijn.

Koos had heimwee, zoals al die buitenlandse arbeiders in Duitsland. Maar hij putte hoop uit het steeds grotere tekort aan grondstoffen voor de niet bij name genoemde fabriek waar hij werkte.

We hebben kans dat we veel eerder naar huis komen als we denken, maandag worden we naar een andere lager overgeplaatst, alleen onze firma. De rest gaat naar Holland, maar dan komen wij ook wel eens aan de beurt. Nu Betsy, amuseer je en hou je taai, Koos.

Deze laatste brief, van 7 april 1943, was voor mijn moeder te pijnlijk om te herlezen. Niet lang nadat ze die had ontvangen, ergens begin mei, was er op een avond een man in uniform aan de deur verschenen die naar haar moeder had gevraagd. Roza zat in de kerk. Ze moest worden gehaald, zei de man, het was dringend, er was iets met Koos.

'Zo hard ik kon, ben ik naar De Liefde gehold. Ik rende huilend over het gangpad. De kapelaan vroeg van achter het altaar: wie zoekt u? Mijn moeder dacht eerst dat het om Harm ging, dat hij was opgepakt.'

De aanzegger aan de deur vertelde dat Koos in zijn barak ziek was geworden. Hij had een infectie opgelopen die op zijn longen was geslagen. Het ging niet goed. Moeder mocht naar hem toe met een trein die de volgende dag zou vertrekken. Tijdens Roza's afwezigheid moesten Betsy en de anderen afwachten. Er was geen telefoon, de post werkte traag. Vanuit Berlijn kwam geen enkel bericht.

'Een week of twee later, toen ik uit mijn werk kwam, zag ik de koffers staan, ook die van Koos en van mijn vader. Ik dacht dat ze mijn broertje mee naar huis hadden genomen, maar toen ik boven kwam was hij er niet.'

Roza had in Berlijn met moeite de weg gevonden naar het ziekenhuis en daar de naam van haar zoon genoemd.

'Er ist eingeschlafen,' had een verpleegster gezegd. Maar Roza had het niet goed begrepen.

'Laat hem maar lekker slapen, ik wacht wel even,' had ze geantwoord.

'Nein,' had de verpleegster toen gezegd, 'er ist eingeschlafen – für ewig.'

De dood van Koos was altijd een open wond gebleven in de familie. Mijn jong gestorven oom was de verpersoonlijking geworden van de hoge prijs van de armoede.

Toen ik bij het Rode Kruis meldde dat Koos in Duitsland was gestorven, verwees een medewerker me naar de Oorlogsgravenstichting, die een lijst bijhoudt van mensen die destijds in den vreemde waren doodgegaan. Het leek mij onwaarschijnlijk dat Koos daarin werd genoemd, aangezien er op de website alleen sprake was van een 'slachtofferregister'. Maar zijn naam stond er wel degelijk bij.

Achternaam:	Dingemans
Voornaam:	Jakobus Alphonsus Maria
Beroep:	Leerling-verkoper
Geboorteplaats:	Amsterdam
Geboortedatum:	10-02-1925

Overlijdensplaats:	Berlin, Stadtkr. Berlin
Overlijdensdatum:	08-05-1943
Begraafplaats:	onbekend
Gedenkboek:	37

Koos was in deze lijst aangemerkt als oorlogsslachtoffer. Terwijl zijn eigen verwanten het nog altijd moeilijk vonden over hem te praten, hadden onbekenden zich ingespannen om hem eervol te gedenken. De Berlijnse zusterorganisatie die zich bekommert om het markeren van de oorlogsgraven, noemde mijn oom zelfs een 'slachtoffer van dwangarbeid', ook nadat ik door de telefoon had uitgelegd hoe het werkelijk was gegaan.

Het Rode Kruis stuurde mij het medische dossier van mijn oom uit het Krankenhaus Weißensee. Daarin staat dat Koos op de dertiende dag na zijn opname in het ziekenhuis was bezweken aan een hersenvliesontsteking als complicatie van een longontsteking, en algehele zwakte:

Todesursache: Pneumokokken, Meningitis, Kreislaufschwäche.

De brievenactie van de parochie waar Betsy zich een paar maanden later voor opgaf, kon niets aan de dood van haar broer veranderen. Dat ze andere jongens van hun heimwee afleidde, verzachtte hooguit even haar eigen verdriet. Het bleef in haar hoofd nadreunen dat Koos niet had hóeven gaan. Maar dat kon ze met niemand delen. Chris was de eerste geweest die ze in vertrouwen had genomen.

Er klinkt haast spijt door in mijn moeders stem: 'Later hebben we toch gewoon verder geleefd.'

25 Speciaal onderzoek

In de chaotische maanden na de oorlog had vader Wouter weer de gang naar de steun moeten maken. Er was nog gebrek aan de meest elementaire levensbehoeften en er werden woekerprijzen gerekend op de zwarte markt. Uit de aanvraag van 1945 (pagina 48 van het dossier inmiddels) valt af te lezen hoe het gezin zich opnieuw had gegroepeerd: Lenie en Toos trouwden zodra het kon, Harm ontvluchtte de afwezigheid van zijn broer door zich aan te melden bij de marine, Koos kwam niet meer in het dossier voor. Alleen Betsy en haar twee jongste zussen woonden nog bij hun ouders. Volgens het steundossier had de oorlog moeder zo 'zwak en ziekelijk' gemaakt, dat dochter Janna het huishouden moest verzorgen. Het hele gezin vreesde de toekomst: dat vader weer naar de drank zou grijpen.

> Hoewel man volgens vrouw geen reden tot klachten geeft, hetgeen vrouw vooral toeschrijft aan 't feit dat er de laatste jaren geen alcohol te krijgen is, verzocht zij medewerking om man ten spoedigsten voor werk geplaatst te krijgen.

De steunmedewerker had Roza's opmerking genoteerd, veel meer kon hij niet doen. Het was bekend dat Wouter Dingemans met zijn zoon in het land van de vijand had gewerkt. Daarom moest er, vóór de steun kon worden toegekend, een 'speciaal onderzoek' plaatsvinden, om te zien of de zuiveringsinstanties hem als verdachte hadden aangemerkt.

De uitslag van zo'n onderzoek leek mij een scherpe morele graadmeter: er was in 1945 nog geen filter van relativering geschoven tussen de feiten en het oordeel. Daarom was ik des te meer opgelucht over de uitkomst. Mijn opa werd omschreven als 'politiek betrouwbaar. Bij Politieke Opsporingsdienst onbekend, eveneens onbekend bij Hulppolitie, Zwarte Handel onbekend. Speciaal onderzoek heeft geen reden gegeven tot bijzonderheden.'

Al met al waren er genoeg aanleidingen geweest voor mijn opa om in Veenhuizen te belanden. Zijn drankverslaving had hem de baan op kunnen jagen, hij had veroordeeld kunnen worden voor zijn verduisteringspraktijken, en als zijn werk in Duitsland was bestempeld tot collaboratie, hadden ze hem alsnog naar Drenthe kunnen sturen: na de Tweede Wereldoorlog waren veel collaborateurs vastgezet in de Veenhuizer gestichten. Onder hen bevonden zich evidente landverraders, maar ook meelopers, lieden die in andere omstandigheden nooit achter de tralies zouden zijn gekomen, en die nu spijt hadden als haren op hun hoofd dat ze op het verkeerde paard hadden gewed. Tewerkgestelden konden aanvankelijk ook worden opgepakt: wie bunkers of kazernes had moeten bouwen voor het Duitse leger gold niet zomaar als zuiver op de graat.

De sfeer in de kolonie, het min of meer harmonieus samenleven van verpleegden en beambten, was na de komst van de collaborateurs omgeslagen. De zogeheten politieke delinquenten werden verguisd en beschimpt, niet alle cipiers konden hun persoonlijke wraakgevoelens opzijzetten. Daar kwam nog bij dat de traditionele Veenhuizen-klant in de jaren '40-'45 plotseling sterk in de minderheid was geraakt. Hun aantal was teruggelopen tot nog geen tweehonderdvijftig man. Hoewel de werkinrichting nooit onder direct Duits bestuur was geplaatst, waren de slaapkooien tijdens de oorlog wel gevuld met ander volk: zwarthandelaren, smokkelaars, fraudeurs met distributiebonnen. En tegelijk was het verschijnsel landloperij uitgestorven. Door de overal aanwezige Ausweis-controle kwam een zwerver zonder vast adres niet ver. De bezetter had weinig geduld met zulke oncontroleerbare types en stuurde ze regelrecht als dwangarbeider naar Duitsland.

Zo eenvoudig was het uiteindelijk geweest: met het landloperprobleem werd na meer dan een eeuw van heropvoeden korte metten gemaakt door de nazi's, die geen pardon kenden.

Na 1945 veranderde in Veenhuizen ook de mentaliteit van de leiding. De bewakers merkten dat het eerst aan hoofddirecteur Wijers. De vroeger zo statige, afstandelijke heer had tijdens de bezetting ondergedoken gezeten, en toen hij terugkeerde op zijn post was hij ineens een stuk milder. Nu hij zelf had meegemaakt hoe het voelde om je vrijheid kwijt te zijn, kon hij zich beter inleven in de situatie van een cipier in een gesloten dorp, en zelfs in die van een gevangene. Wellicht was dat ook waarom hij was ingegaan op een ongebruikelijk verzoek van een van de collaborateurs, Adolf Gantzert, een kunstschilder uit Amsterdam. Deze tot Nederlander genaturaliseerde Duitser, die vastzat wegens landverraad, wilde de kale katholieke kerk van de werkinrichting opsieren met een schildering. En Wijers, Veenhuizens eerste katholieke directeur, had hem, tot verbazing van de ambtenaren, toestemming gegeven om zijn straftijd aan deze meesterproef te wijden. Met een eigen bewaarder met karabijn op wacht bij de kerkdeur, en op steigers van Veenhuizer makelij, werkte Gantzert jarenlang aan een imposant tafereel in het koepelgewelf: het koor, omringd door elf apostelen (minus Judas) met verwonderde blikken; erboven de engelen, die de attributen van de kruisiging (spijkers, touw, kruis) nog bij zich dragen; en temidden van hen, in een stralend licht, Christus die ten hemel wordt opgenomen. Deze schildering had het kerkgebouw een halve eeuw later gered van de sloop: vanwege Gantzerts werk was het in 1992 tot monument verklaard, maar dat had Wijers vooraf niet kunnen vermoeden.

Met zijn nieuwe mildheid en begrip tegenover de gevangenen stond hij niet alleen. Op invloedrijke posities in Den Haag zaten nu mannen – en voor het eerst ook vrouwen – die als verzetslieden of gijzelaars aan den lijve hadden ondervonden wat het was om opgesloten te zijn. Door hun ervaring waren ze gaan zien dat het reguliere gevangenissysteem, waarin de meeste criminelen nog altijd in eenzaamheid hun straf uitzaten, onmenselijk was en vooral: ondoelmatig. Het hielp een misdadiger niet van zijn misdadige gedrag af, hij kwam vrij als een maatschappelijk kreupel wezen. De werkwijze in Veenhuizen, met gemeenschappelijke slaapzalen en overdag collectieve arbeid, leek een beter en ook humaner alternatief.

Gevoed door deze naoorlogse inzichten werkte de broer van hoofddirecteur Wijers – de minister van Justitie – een nieuw gevangenisregime uit. Die zogeheten Beginselwet van 1951 bracht een ommekeer teweeg: de eenzame opsluiting werd afgeschaft, voortaan gingen alle gedetineerden aan het werk, gezamenlijk, net als in Veenhuizen, en zaten ze alleen nog 's avonds en 's nachts in hun cel. Daarbij werd de aard van hun straf meer toegesneden op hun persoonlijke geval, en lag het accent voortaan op de terugkeer naar het gewone leven – compleet met vakonderwijs en reclassering. Het was of de minister het rapport van 1907 over Veenhuizen erbij had gehaald. Blijkbaar was er een oorlog voor nodig geweest, en een paar decennia uittesten op de landlopers, voor de geesten rijp waren om die ideeën in te voeren.

Mijn opa was de dans van Veenhuizen ontsprongen. Maar zoals ik me hem herinner, met zijn goeiige, ietwat gedesoriënteerde blik, had hij wel iets weg van de laatste landloper van Veenhuizen: zijn leeftijdgenoot Rinus de Vet.

Ouwe Rinus woonde al ver voor de oorlog in de kolonie, en hij zou tot het allerlaatst blijven. Met hem was een tijdperk ten einde gekomen: zijn vertrek in de jaren zeventig markeerde de sluiting van de rijkswerkinrichting. Wie tegenwoordig in Veenhuizen zijn naam noemt, krijgt te horen dat hij een soort dorpsopa was geweest. Volwassen bewoners van nu praten over hem als over een dierbaar familielid, dat hen nog heeft leren vissen. Ouwe Rinus kweekte dahlia's bij het afgebroken Derde Gesticht, dat kan iedereen je vertellen. In zijn jonge jaren haalde Rinus elke ochtend de ambtenarenkinderen van huis om ze met paard en wagen naar school te brengen. Hij was koetsier van de directeur, en telkens als hij na drie jaar ontslagen werd, bleef zijn baantje voor hem vrij, omdat iedereen wist dat hij toch snel weer terug zou zijn. Maar na de oorlog was zijn manier van leven, een landlopersbestaan binnen de veilige marges van Veenhuizen, verdwenen. Zijn medeverpleegden raakten op leeftijd en de stijging van de welvaart voorkwam een aanwas van nieuwe landlopers. Vanuit zijn positie aan de zijlijn, als laatste van een uitstervende soort, was Rinus de Vet getuige geweest van de toestroom van een heel ander type veroordeelden.

De Drentse gestichten, die als voorloper van het aangepaste gevangenisregime snel op de nieuwe eisen waren ingesteld, kregen al spoedig lichtgestraften binnen hun muren – de beveiliging was nog niet geschikt voor zware criminelen. Eerst kwamen er Indië-weigeraars, dienstplichtige militairen die niet wilden meedoen met de politionele acties. En ook Jehova's getuigen die het leger schuwden vanwege hun geloof ('gij zult niet doden'), maar die verder zo gezagsgetrouw waren dat ze geen bewaking nodig hadden. In de jaren zestig, in de aanloop tot de lange-harenrebellie in het leger, werden er dienstplichtigen ondergebracht die met hun meerderen hadden gebotst. En dan was er nog de categorie die 'Hilversum 3' werd genoemd: mannen die met drank op een auto-ongeluk hadden veroorzaakt. De dorpskinderen stonden voor hen in de rij om een handtekening, want onder hen bevonden zich opvallend veel radio- en televisiepresentatoren.

Naarmate de muren hoger werden, de sloten talrijker en het hekwerk steviger, werd binnen die afrastering in de jaren zeventig het regime steeds milder. Juist toen de zwaarder gestraften Veenhuizen binnenkwamen, begon de slinger door te slaan naar de 'softe' kant. Dat iemands daden werden beïnvloed door zijn opvoeding en maatschappelijke positie werd nu niet alleen onderkend, soms leek het wel of een ellendige jeugd een excuus was voor misdadig gedrag. Criminelen moesten niet worden gedisciplineerd of aangepakt, ze moesten worden gered uit hun milieu door een leger van 'bejegeningsambtenaren'.

In die sfeer van persoonlijke, begripvolle benadering had Ouwe Rinus zijn laatste veroordeling gekregen tijdens een speciaal voor hem ingelaste zitting. Bij gebrek aan strafbare feiten om deze 81-jarige voor op te sluiten had de rechter nog een maal met zijn hand over het hart gestreken: Rinus kreeg – vooruit dan – nog één jaar en drie dagen om het af te leren.

In 1973, na precies honderdvijftig jaar, hield de rijkswerkinrichting voor landlopers op te bestaan.

Tien jaar later, in 1983, had het ministerie van Justitie Veenhuizen verlost van haar positie van gesloten dorp. Nu de gestichten waren gemoderniseerd tot penitentiaire inrichtingen en afgeschermd met hoge hekken en bewakingscamera's, werd de rest van het dorp stukje bij beetje opengesteld. Buitenstaanders, die niets met de strafinrichtingen te maken hadden, konden op bezoek komen zonder vooraf toestemming te vragen, en de bewakers mochten voortaan gaan en staan waar ze wilden. De dienstwoningen van het ministerie van Justitie werden gewone huurhuizen, zodat zelfs niet-personeel zich er kon vestigen.

Het unieke stukje Nederlands grondgebied verloor zijn status aparte als justitiedorp; de talrijke bordjes 'Verboden Toegang Art. 461 Wetboek van Strafrecht' waren alleen nooit weggehaald – uit desinteresse of nostalgie, dat is niet duidelijk.

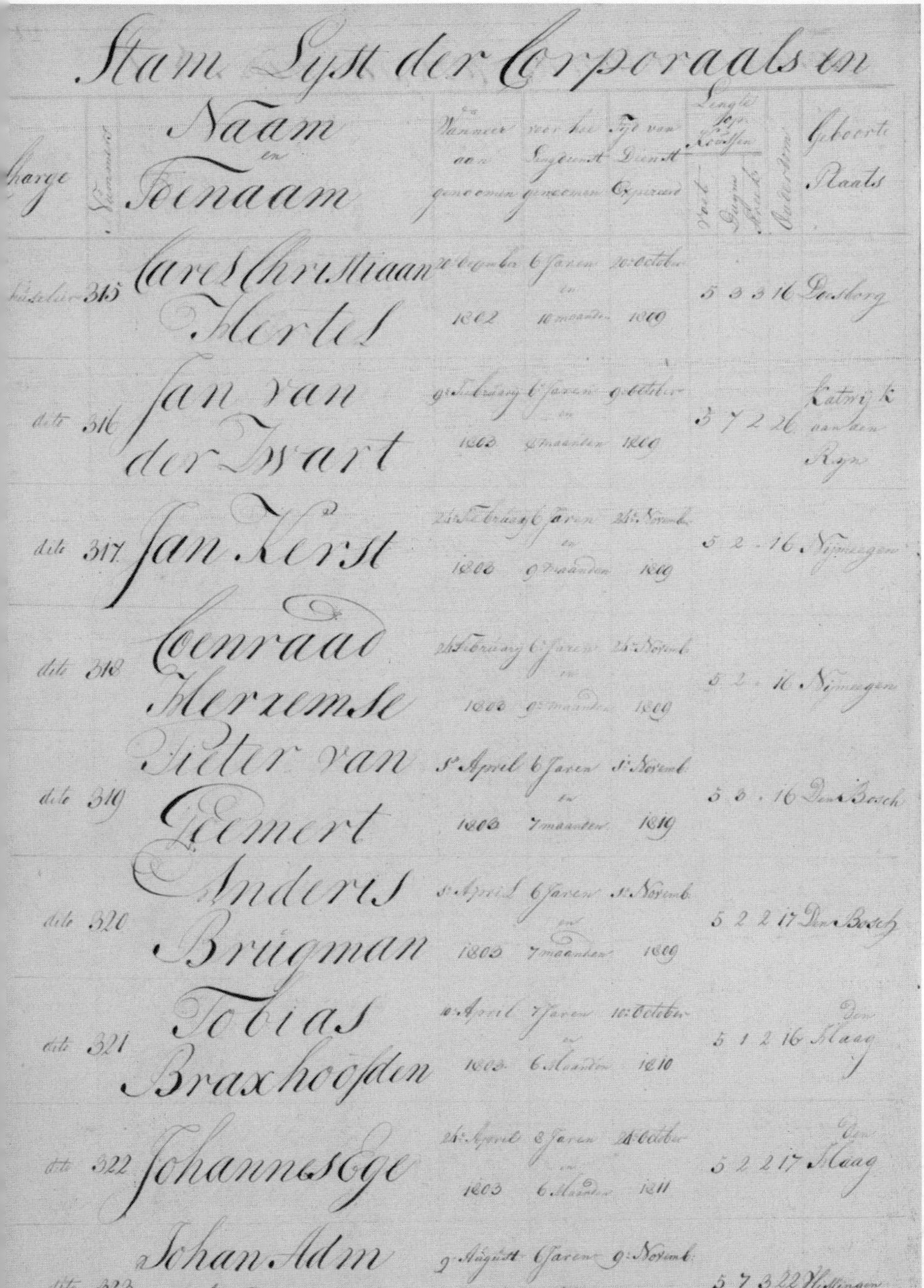

Stam Lijst der Corporaals en

Charge	Nummer	Naam en Toenaam	Wanneer aangenomen	voor hoe lang geëngageerd	Tijd van Dienst expireert	Lengte: Voet	Duim	Streep	Ouderdom	Geboorte Plaats
Fuselier	315	Carel Christiaan Hertel	10 9ber 1802	6 Jaren en 10 maanden	10 October 1809	5	3	3	16	Doesborg
dito	316	Jan van der Zwart	9 February 1803	6 Jaren en 8 maanden	9 October 1809	5	7	2	26	Katwijk aan den Rijn
dito	317	Jan Kerst	25 February 1803	6 Jaren en 9 maanden	25 Novemb 1809	5	2	-	16	Nijmegen
dito	318	Coenraad Herremse	25 February 1803	6 Jaren en 9 maanden	25 Novemb 1809	5	2	-	16	Nijmegen
dito	319	Pieter van Geemert	5 April 1803	6 Jaren en 7 maanden	5 Novemb 1809	5	3	-	16	Den Bosch
dito	320	Anderis Brugman	5 April 1803	6 Jaren en 7 maanden	5 Novemb 1809	5	2	2	17	Den Bosch
dito	321	Tobias Braxhoofden	10 April 1803	7 Jaren en 6 Maanden	10 October 1810	5	1	2	16	Den Haag
dito	322	Johannes Ege	26 April 1803	8 Jaren en 6 Maanden	26 October 1811	5	2	2	17	Den Haag
dito	323	Johan Adm [illegible]	9 Augustus	6 Jaren en	9 Novemb	5	7	3	22	Vlissingen

Tobias Braxhoofden, inschrijving in het leger, 1803.

No 9   Voor ons Herman Hubert van Lier Burgemeester Ambtenaar van den Burgerlijken Stand in de Gemeente
Norg, Kanton en Arrondissement Assen, in de Provincie Drenthe zijn gecompareerd:
Anthonie Johannes Geijbert, jonkman, oud ontrend drie
en twintig jaren, van beroep arbeider, wonende te Veenhuizen, gemeente Norg, geboren te Rotterdam, den
Twee en October, achttien honderd twaalf, blijkens acte uitgegeven door den Ambtenaar van den Burgerlijken Stand aldaar den dertiende, Junij laatstleden meer-
derjarige zoon, van Pieter Geijbert, en van Johanna van
der Weijde, arbeiders te Veenhuizen voornoemd, hebbende voldaan aan de Wet op de nationale mili-
tie, blijkens Certificaat van den Heer Gouverneur
der Provincie Drenthe, ten deze overgelegd ons
degom ter eenre. — en
Katarina Petronella Braxhoofden, jonge dochter oud ontrend een en twintig jaren van beroep
arbeidster te Veenhuizen meergemeend, geboren
te Namen den achttienden September, achttien
honderd veertien, blijkens acte van notoriteit

huizen gemeente Norg woonachtig geene verman-
ten der partijen, als getuigen, welke deze acte
met den jongen man en bruid welke lees naderen hebben ons Burgemeester na voorlezing heb-
ber geteekend, hebbende de jonge vrouwe en beide
Echtgenooten moeders verklaard niet te kunnen schrijven en daarom niet mede geteekend
gevende echter alle vier hier present wezenden,
hunne toestemming tot dit huwelijk.

P.J. Gijben
D. Gijben
F. Braxhoofden
Jurgens

W. von Pelberg
F. Kommer
Pieter Schultz
W.H. van Lier Burgem

Trouwakte Cato Braxhoofden en Teunis Gijben, 1835 in Veenhuizen.

29 October 1900

JUSTITIA.

711

Ufm 816

In de zaak tusschen

den **Officier van Justitie**
bij de **Arrondissements-Rechtbank** te
UTRECHT.

EN

Keijzer

oud *40* jaar, geboren te *Harlingen*
zonder beroep en zonder vaste woonplaats
(in verzekerde bewaring)

Vonnis Harmen Keijzer bij eerste veroordeling tot Veenhuizen, 1900.

VERKLAART voorschreven feit wettig en overtuigend bewezen en dat het daarstelt landlooperij.

VERKLAART den beklaagde *Keijzer* voornoemd

schuldig aan die overtreding.

VEROORDEELT beklaagde tot hechtenis voor den tijd van *drie* dagen
en tot plaatsing in een rijkswerkinrichting voor den tijd van *drie jaar*

Gewezen bij de Heeren Mrs. *van Walré* **Vice**
President *Crommelin en Jhr. v. Asch v. Wijck* Rechters
bijgestaan door Mr. *Moll* Substituut Griffier
en in het openbaar uitgesproken den *29 OCTOBER* negentienhonderd en
door Mr *van Walré* **Vice President**

SIGNALEMENT-KAART.

No _5374_   Datum van opname _14 Januari 1900_

Naam: _Keijzer_

Voornamen:

Bijnamen: _geene_

Geboren _21 Oct.r_ 18_52_ te _Harlingen_ Prov _Friesland_

Zoon van _Wouter_ en _Elisabeth Schuur_

Beroep _schoenmaker_ laatste woonplaats _Amsterdam_

Identiteitspapieren _geene_

Relaties _gehuwd met_ _Gijbing te Amsterdam_

Militaire diensten _geene_

Vroegere veroordeelingen, aantal _geene_

Misdrijf waarvoor bij het laatste vonnis veroordeeld. Door welken rechter? _Landl. Utrecht_

Feit, waarvan thans verdacht

Geboortejaar 1852

Metingen en Beschrijving:

Lengte 1 m. _50.4_	Lengte _18.9_	l. voet _24.3_	klasse _1.2_
Rugwelving _0_	Breedte _15.6_	l. middenv. _11.0_	aureool _licht_
Uitgestr. armen 1 m _9_	Grootste horizont. breedte der juk-beenderen _14.0_	l. pink _8.6_	omtrek _m bl_
Bovenlijf o m. _844_	Lengte r. oor _6.6_	l. onderarm _41.7_	bijzonderh. _geene_

Hoofd. / kleur linkeroog.

VOORHOOFD:

Onderrand _m_	Hoogte _bl_	
Profiel _sah_	Breedte _m_	
Bijzonderheden _geene_		

NEUS:

Wortel _m_ (diepte)	Lengte _m_	
Rug _rl_	Vooruitst. _m_	
Basis _schuinb_	Breedte _bv_	
Bijzonderheden _geene_		

Opgemaakt in duplo/triplo door _den Directeur_

te Veenhuizen I

Signalementkaart Harmen Keijzer 1900.

PLAATS TOT AANHECHTING VAN HET PORTRET.

(te nemen op 1/7 der ware grootte).

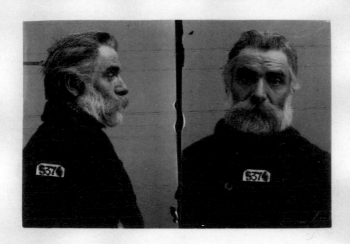

Rechteroor:

Rand		Lel		Antitragus		Vouw	
voor	*sv*	omtrek	*geg*	richting	*verahribor*	beneden	*bol*
boven	*sv*	aanhechting	*m*	profiel	*geg*	boven	*vbhol*
achter	*lel*	model	*sv*	buiging	*svbl*		
opening	*open*	grootte	*m*	grootte	*m*		

algemeene vorm _____ *ovaal* _____ stand of afwijking _____ *sv*

bijzonderheden _____ *geene*

baard	*snknevel* *grijs*	Gelaat	tint	*engl*	schouderbreedte	*m*	karakteristieke trekken.
haar	*id*		kleur (pigment)	*sv*	" buiging	*svafk*	
			bloed	*doorsch*	middel	*m*	

478   CASM

Bergen of dalen, niets is in staat
ons van de Liefde Gods te scheiden.

BID VOOR DE ZIEL VAN ZALIGER

GIJBEN

Wed. van ~~FRANS~~ KEIJZER,
lid der H. Familie J. M. J.

*Geboren te Norg (bij Assen), den 9en
Juni 1856, overleden te Amsterdam den
8 December 1934, voorzien van de H. H.
Sacramenten der Stervenden en den 11den
d.a.v. begraven op het R.K. kerkhof
St. Barbara.*

De hooge jaren zijn eene eerekroon,
als zij gevonden worden op den weg der
gerechtelijkheid.

           Prov.

Haar leven ging voorbij in eenvoudigen,
oprechten en welgemeenden dienst van
God, en zooals zij in en voor God
heeft geleefd, zoo ook is zij in den
Heer, met groot vertrouwen en volle over-
geving aan Zijn H. Wil gestorven.

O zoete, o, veilige dood, die door
Maria's Naam beschermd wordt.

           H. Alf.

Heer, help ons en toef niet. Want bij
Hem is barmhartigheid en overvloedige
verlossing.

Jesus, Maria, Jozef, sta mij bij in
mijnen doodstrijd, geef dat ik in Uw
gezelschap in vrede sterven.

(aanhoudende verzuchting der
overledene).

MIJN JESUS BARMHARTIGHEID!

        (300 d. afl.)

Fa. Kersjes. Hartenstraat 22. A'dam.

Bidprentje Helena Gijben.

Helena Gijben in haar halve woning aan de Lauriergracht.

Goudbloemgracht, gedempt in 1857, daarna Willemsstraat.

Roza Keijzer, 16 jaar, op de dag
van intrede in het klooster.

Oude Looiersstraat 1890.

De Goede Herder in Zoeterwoude.

Dienstbode op de Prinsengracht.

Amsterdamse dienstbode in het gebruikelijke uniform.

Roza Keijzer, ca. 1915.

Roza Keijzer, ca. 1920, verloofd.

Wouter Dingemans, ca. 1920, verloofd.

Kobus Dingemans, vader van Wouter.

Wouter Dingemans (midden)
met vader, broer en zussen.

Het Bosplan: uitgraven van de roeibaan, 1936.

Stempellokaal, crisis jaren dertig.

Kometensingel Tuindorp Oostzaan in aanbouw, 1920.

Kerk-in-stolpboerderij aan de Kometensingel, 1935.

26 De kuur

Zes jaar na hun ontmoeting in De Liefde gaven Betsy en Chris elkaar het jawoord. De trouwfoto staat nog altijd bij mijn ouders op het nachtkastje. 'Over datzelfde gangpad waar ik huilend om Koos had gerend, liep ik toen als bruid met vier bruidsmeisjes aan mijn sleep naar het altaar,' vertelt mijn moeder.

De stemming aan de keukentafel is omgeslagen, de herinneringen die boven komen zijn een stuk positiever gekleurd.

'Weet je hoe we hieraan komen?' Mijn vader tikt op zijn trouwring. 'Er was na de oorlog geen goud, en toen mochten we een paar schakels laten omsmelten van mijn vaders horlogeketting.'

Voor mijn moeder was haar huwelijk de uitweg geweest uit de armoede, dat had ze zich altijd terdege gerealiseerd.

'Van het eerste geld dat we overhielden hebben we een broodtrommel gekocht, dat weet ik nog goed.'

Ondanks de opgewektheid van de wederopbouwjaren, had Betsy zich wel zorgen gemaakt om haar ouders. Wouter had na de oorlog weliswaar snel werk gevonden: 's ochtends als broodloper bij een bakkerij in de buurt, 's middags als stoker in dienst van de pastoor van De Liefde. Maar hoe meer hij verdiende, hoe groter de schulden. Het patroon van voor de oorlog herhaalde zich in al zijn pijnlijkheid. Wouter was weer gaan drinken zoals Roza al had gevreesd, en wanneer de alcohol in zijn bloed kwam, verloor hij de controle over zichzelf. Al van één ouwe klare raakte hij bevangen door een euforische stemming. Hij gaf rondjes aan de hele kroeg, hij gaf geld weg aan wie het maar nodig had. Op een dag, in de zomer van 1952, had hij driehonderd gulden inééns gespendeerd. Het was de zoveelste keer dat Wouter het gezin opzadelde met een schuld, maar nu was het voor Roza de druppel. Haar woede en wanhoop zetten zich om in vastberadenheid: Wouter móest stoppen met drinken.

Er bestond sinds kort een middel tegen de drank. Het ging om een kuur die maakte dat je ziek werd als je een borrel nam, waardoor je geen alcohol meer zou lusten. In huis bij Betsy en Chris, die inmiddels drie dochtertjes hadden, bespraken ze hoe ze Wouter zover konden krijgen dat hij die kuur zou ondergaan. Er was maar één ding waar hij nog minder buiten kon dan de drank, en dat was de aanwezigheid van zijn vrouw. Vandaar dat Chris tegen zijn schoonmoeder zei: 'Dan trekt u toch bij ons in?' Praktisch gezien was dat geen bezwaar. Als kostwinner – hij had een kantoorbaan – verdiende Chris genoeg om met zijn gezin een zolderetage te kunnen huren. Als de kleintjes zouden inschikken kon Roza er nog wel bij.

Mijn oma stemde in. Thuis in de Potgieterstraat liet ze op de eettafel een briefje achter waarop stond dat ze pas zou terugkeren als Wouter naar de kliniek ging. Alsof het was afgesproken, voerde de pastoor de volgende dag de druk op door zijn stoker op staande voet te ontslaan. Hij had er genoeg van een alcoholist te moeten dulden in zijn kerk, helemaal als die niet fatsoenlijk bij zijn vrouw woonde. Toen het tot Wouter doordrong wat er gebeurde, raakte hij compleet van slag. Hij was zijn thuis kwijt, zijn werk, zijn houvast. Eerst ging hij langs bij Lenie, zijn oudste dochter om samen met haar man een stuk of wat hartversterkertjes te nemen. Vervolgens ging hij op zoek naar zijn vrouw.

Mijn moeder weet nog dat Wouter al gauw bij haar had aangebeld. Zo verfomfaaid en hulpeloos had ze haar vader niet eerder gezien. Hij smeekte Roza om terug te komen met de stellige belofte dat hij nooit meer geld zou weggeven, dat hij geen druppel meer zou drinken. Maar Roza hield voet bij stuk, en na een paar dagen was Wouter gezwicht: hij meldde zich bij de Valeriuskliniek voor een ontwenningskuur.

Refusal heette het nieuwe, kort na de oorlog geregistreerde medicijn tegen drankverslaving. Het was een paardenmiddel, maar misschien juist daarom in zwang. De kuur in de Valeriuskliniek, die Wouter na bijna een halve eeuw van zijn drankzucht ging verlossen, was een eenvoudige behandeling. Eerst moest hij een paar dagen ontgiften, daarna werd hem het wondermiddel toegediend. Vervolgens kreeg hij van de artsen een 'proefdronk' van jenever om te testen of het aansloeg. Het effect was gunstig: twee dagen lang lag Wouter doodziek in bed. Toen hij weer was hersteld, en de doktoren verder geen bezwaar hadden geconstateerd, was de behandeling klaar. Met een doosje pillen – '1 maal daags 1 tablet' – stond hij binnen twee weken weer op straat.

Nu zijn drankprobleem was opgelost, meldde Wouter zich de volgende dag weer bij de bakkerij om zijn wijk te lopen. Hij ging ook naar de steun om het ontslag door de pastoor aan te vechten. Maar hoewel alles gewoon leek, en Roza weer was thuis gekomen, voelde hij zich verloren. Wat moest hij nog? Hij begon langs cafés te lopen om er naar binnen te staren, hij zwierf rusteloos over straat; het was of iets onzichtbaars hem voortdreef. Tot op een dag zijn zintuigen met hem aan de haal gingen. Zijn omgeving kwam hem ineens vreemd en vijandig voor. In het bijzijn van zijn gezin begon hij aan zijn kleren te trekken. Hij liep razend en tierend heen en weer en beval dat iedereen moest knielen en bidden. Toen schreeuwde hij dat ze allemaal het huis uit moesten. Roza was zich een ongeluk geschrokken en ging op een holletje naar de dokter. Die liet de ziekenbroeders komen om Wouter mee te nemen naar een gesticht voor zenuwpatiënten.

Wat er precies met haar vader was gebeurd, kan mijn moeder me niet vertellen. 'Een overreactie op zijn kuur,' zegt ze, 'zo heb ik het altijd begrepen.'

Maar volgens het steundossier had hij een heel jaar in psychiatrische inrichtingen doorgebracht. Eerst in het Amsterdamse Paviljoen III, daarna in de St. Willibrordusstichting in Heiloo bij de Broeders van Onze Lieve Vrouwe van Lourdes.

De Willibrordusstichting was destijds een vooruitstrevende inrichting. Voor de oorlog al pasten ze er de elektroshocktherapie toe, en de insulinecomakuur, waarbij patiënten dagelijks een paar uur in een kunstmatige coma verkeerden. Anders dan de krankzinnigengestichten waarin de 'psychopaten' uit Veenhuizen begin van de eeuw waren ondergebracht, hadden de broeders hun patiënten niet weggestopt achter dikke muren in de bossen. Zij geloofden dat geesteszieken beter af waren in een normale omgeving, omringd door vriendelijke tuinen.

In de jaren vijftig, toen Wouter in Heiloo kwam, was de psychoanalyse in opkomst. Voor de broeders was het een hele toer om die nieuwe 'praattherapie' van Freud, waarbij onderdrukte seksuele verlangens een cruciale rol speelden, met de katholieke zedenleer in het reine te brengen, maar ze waren die lastige discussie niet uit de weg gegaan. Tijdens Wouters verblijf werd er geëxperimenteerd met individuele therapie en groepstherapie, met arbeids- en bewegingstherapie, en ook met vingerverf. Soms mocht een groepje patiënten onder begeleiding theedrinken in het dorp. Dat heette sociotherapie.

Tegen mijn verwachting in reageert de geneesheer-directeur van wat nu GGZ Willibrord heet, positief op mijn verzoek om inzage in het medische dossier van mijn opa. In een jarendertig kamer in hetzelfde gebouw waar Wouter maanden had doorgebracht, begint de psychiater met te zeggen dat mijn opa tegenwoordig nooit zou zijn opgenomen, zo ernstig was het niet met hem geweest. Maar er was wel iets aan de hand. Wouter was na de dood van zijn moeder op straat opgegroeid. Volgens de diagnose had hij daardoor nooit geleerd hoe hij zich tegenover anderen een houding moest geven, wat de wereld voor hem angstwekkend onbegrijpelijk maakte. Iemand als hij, zo vertelde de psychiater, had grote behoefte aan regelmaat en waardering. Viel die structuur weg, dan werd de psychische nood hoog en was drinken voor hem de enige manier om zijn angsten de baas te blijven. Op dat mechanisme had zijn geestelijk gestel bijna vijftig jaar geleund. Het was daarom niet zo verwonderlijk dat Wouter na zo'n abrupte ontwenningskuur buiten zinnen was geraakt: de enige – dubieuze – bodem onder zijn bestaan was in één keer weggetrokken. Wouter werd in Heiloo geplaatst in Glorieux B, de observatieafdeling der neurotici. Zijn behandeling bestond uit rust en regelmaat, en de nieuwe arbeidstherapie om hem bezig te houden. Terwijl ik naar de psychiater luister, bedenk ik dat ditzelfde verhaal opgaat voor mijn overgrootvader Harmen die er ook als jongen alleen voor had gestaan. Dominee De Graaf had een eeuw geleden de doorsnee landloper in Veenhuizen herkend als een labiele man met een onthechte kindertijd, die psychisch alleen overeind bleef als hij vluchtte in de drank of letterlijk, door te gaan zwerven. De ingebouwde drang van zo iemand om telkens weer uit zichzelf de veilige regelmaat van de gestichten op te zoeken, paste in dat patroon. Het leek erop dat Roza, onbedoeld, een echtgenoot had gekozen die uit hetzelfde hout was gesneden als haar vader.

Het grote verschil was dat de maatschappelijke opvattingen waren veranderd. Anders dan Harmen werd Wouter beschouwd als patënt, en Roza hoefde ondertussen geen huisuitzetting te vrezen. Volgens de naoorlogse idealen mochten zieken, werklozen en bejaarden niet langer aan hun lot worden overgelaten. In plaats daarvan zette de overheid zich aan de taak een vangnet te creëren voor iedereen die buiten zijn schuld tot armoede dreigde te vervallen.

Het gebouw van de verzorgingsstaat werd steen voor steen opgetrokken. Het was begonnen met de noodwet van 'vadertje Drees' in 1947, die iedereen ouder dan vijfenzestig een bescheiden pensioen toekende. Zomaar. Zonder dat er een opzichteres zou controleren of je fatsoenlijk was. In 1949 kwam de Werkloosheidswet, daarna de Weduwen- en Wezenwet, gevolgd door de Algemene Bijstandswet, en tot slot de Wet op de Arbeidsongeschiktheid. Iedereen die door overmacht geen inkomen had, zou toch altijd een basisbedrag ontvangen om niet te verpauperen. En het belangrijkste was: het ging niet meer om een gunst, je hoefde niet meer op de knieën, het was van nu af aan een vanzelfsprekend recht.

Uit het steundossier van de familie Dingemans in de jaren vijftig valt die omslag duidelijk af te lezen. De toon is veranderd van bemoeizuchtig in zakelijk. Mijn opa werd door de ambtenaren niet langer getypeerd als een 'deugniet' die eropuit zou zijn 'zijn vrouw het leven zuur te maken'; hij heette voortaan een 'partij', en van de weeromstuit raakte hij verstrikt in de wirwar van regelingen.

Het punt was dat Wouters ontslag door de pastoor hem weliswaar werkloos maakte, maar dat hij dat ontslag aanvocht. Hij vond het onrechtvaardig dat hij was weggestuurd omdat hij even niet bij zijn vrouw woonde – zo had hij het begrepen. Maar de pastoor zei dat het evenzeer lag aan zijn drankgebruik, wat hem 'werkloos door schuld' zou maken, waardoor hij juist niet in aanmerking kwam voor die nieuwe ww.

Kan niet naar de bedrijfsvereniging verwezen worden, omdat hij ontslagen is op staande voet en niet accoord gaat met het ontslag.

De zaak was 'in onderzoek', en tot die tijd wist niemand precies wat ze met het geval aan moesten. Een extra complicatie was dat mijn opa tegelijk nog zijn bakkersbaantje had, en dus niet volledig werkloos was. Alleen kon hij nu niet met zijn broodkar op pad, omdat hij in een inrichting zat.

De bakkersfirma Brons heeft de ziekenhuisopname reeds doorgegeven aan zijn Bedrijfsvereniging voor de Ziektewet doch heeft nog geen bericht ontvangen.

De ambtenaren kwamen er niet uit; welke instantie moest mijn opa een uitkering geven? Ze schreven elkaar notities met teksten als: 'Een vreemde historie!' En: 'Wilt u dit geval eens bespreken met het GAK?' In de tussentijd moest mijn oma telkens bij het loket gaan bedelen om een nooduitkering.

Deze toestand waarin mijn opa en oma verzeild waren geraakt, doet me beschaamd terugdenken aan mijn eigen tijd als uitzendkracht bij de Sociale Dienst, midden jaren tachtig. Als twintigjarige werkte ik in de functie van 'berekenaar' op een afdeling vol werkloze leraren en doctorandussen in de geschiedenis, een afgekeurde kroegbaas, een wegbezuinigde boekhouder en een zwangere fysiotherapeute – dat was de werkverschaffing in die periode. Dag in dag uit spitten we door stapels dossiers met aantekeningen van maatschappelijk werkers die wij moesten omzetten in cijfercodes voor de ponstypistes. Het was de bedoeling dat de juiste gaatjes in de ponskaarten via een computer zouden leiden tot het rechtmatige bedrag op de bankrekening van de mensen die ergens achter die dossiers schuil moesten gaan, maar die wij nooit te zien kregen. Al die tijd lag er een groen dossier van een zekere familie Khan op mijn bureau, waar ik niet uit kwam. Telkens weer legde ik het weg, en ergens in mijn achterhoofd zoemde vaag het besef dat de familie Khan alleen door mij elke maand opnieuw in onzekerheid verkeerde.

Mijn opa en oma hadden destijds anderhalf jaar moeten wachten op een besluit. De hele episode besloeg in het dossier 44 pagina's. 'Partij loopt!' noteerde een ambtenaar ten slotte.

Op de dag af een jaar nadat Wouter door de ziekenbroeders was meegenomen, keerde hij naar huis terug. Niet omdat hij genezen was verklaard, maar omdat de ziekte-uitkering op die datum zou stoppen. De verzorgingsstaat was nog niet af, wie langer ziek was dan een jaar kon alleen terugvallen op de steun, en daarvoor moest je beschikbaar zijn voor werk.

De broeders uit Heiloo hadden Roza op het hart gedrukt dat Wouter voor zijn gezondheid snel emplooi nodig had. Uit het medische dossier dat de psychiater me liet zien, bleek dat ze de toekomst van mijn opa met zorg tegemoet zagen. Er stond: 'Perspectief niet al te best.'

Maar onverwacht had de levensloop van Wouter vanaf dat moment een gunstige wending genomen. Roza's noodgreep naar de Refusal had er via een omweg – een afkoelingsperiode van een jaar – toe geleid dat zij en Wouter er uiteindelijk in slaagden een gezamenlijk evenwicht te vinden.

Nu de kinderen uit huis waren, kwam het op Wouter neer om voor Roza te zorgen als ze ziek was, en dat gebeurde steeds vaker. Mijn opa vervulde die rol met toewijding, wat hem het nodige houvast bood. Hij had een halve dagtaak aan het halen van de boodschappen of het afgeven van recepten bij de apotheek. Was de wachtkamer bij de dokter overvol, dan wist hij Roza altijd wel met een kwinkslag eerder aan de beurt te krijgen, waar zij dan weer van genoot. Hij voelde zich gewenst en gewaardeerd, en op zijn drieënzestigste vond hij alsnog een baan die voor hem op maat gemaakt leek. Als conciërge op een huishoudschool was hij blijven werken tot hij zeventig was, om pas daarna 'van Drees' te trekken.

Mijn moeder herinnert zich nog goed het plezier dat haar ouders hadden beleefd toen ze voor het eerst in hun leven op vakantie gingen.

'Ze zaten een week in een pension waar ze niets hoefden te doen. Er werd voor ze gekookt en alles. Dat was wel even wennen.'

Roza en Wouter waren maar gaan wandelen, dat vonden ze ook mooi. Ik vraag mijn moeder of ze nog weet waar dat was.

'Ergens in Drenthe,' zegt ze, 'In een plaatsje dat, geloof ik, Bakkeveen heet.'

We pakken de kaart erbij en dan zien we het alle drie: tijdens hun eerste vakantie waren Roza en Wouter op een haar na in Veenhuizen geweest, het scheelde hemelsbreed maar een paar kilometer.

VEENHUIZEN (BIJ NORG)

27 Het Vierde Gesticht

Op de stoep voor station Assen staan groepjes mensen elkaar tersluiks op te nemen. Sommigen warmen zich aan een beker thee, anderen happen van een rondo die ze half in het cellofaantje laten om geen vette handen te krijgen. Het weinige dat wordt gezegd, klinkt net iets te luid; het is een beetje of we in de rij staan voor de achtbaan. Als de boevenbus arriveert, neemt het geroezemoes toe. De bestuurder stapt uit en begint een presentielijst op te lezen, alsof we op appèl moeten verschijnen. Wanneer je naam is genoemd, mag je naar binnen. De bankjes zijn krap en gammel, er wordt geschikt met lange jassen die niet mogen kreuken, de wind waait door de kieren. Iedereen weet dat op deze bankjes echte misdadigers hebben gezeten.

De antieke bus zet zich pruttelend in beweging om ons naar de officiële opening van het Landelijk Gevangenismuseum te brengen. Het vroegere Tweede Gesticht, waarin Harmen en duizenden anderen in hun hangmatten en slaapkooien hadden gewoond, is in krap drie jaar tijd, sinds die eerste keer dat ik ervoor stond, daadwerkelijk omgetoverd tot een toeristische attractie met een culturele inslag. Aan het geschuifel om me heen hoor ik dat de projectleider die me dit had voorgespiegeld, in zijn opzet is geslaagd: het unheimische gevoel van de nabijheid van vijf echte gevangenissen vergroot onmiskenbaar de aantrekkingskracht.

Ik vraag de bestuurder me eerder te laten uitstappen, omdat ik in Veenhuizen nog iets moet doen wat ik almaar voor me uit heb geschoven. Het blijkt een flinke wandeling van de halte naar de uiterste rand van de vroegere kolonie. Vlak bij de grenshuisjes, daar waar de verharde weg overgaat in een zandpad, ligt, verscholen in de bossen, het Vierde Gesticht.

In verschillende teksten over de tijd van de Maatschappij van

Weldadigheid heb ik gelezen dat het Vierde altijd met geheim-
zinnigheid was omkleed. De enige kar die de begraafplaats aan-
deed, vertrok voor zonsopgang, de wielen omwonden met lappen
zodat niemand verontrust zou raken van het geknars op de keien.
De berijders waren vrijwilligers, gelokt door de belofte van een
borrel, verder mocht er geen kolonist komen.

Ook nu valt er niemand te bekennen. Ik zuig mijn longen vol
boslucht en wandel de stilte binnen. Er staan twee treurwilgen op
een pas gemaaid grasveld dat door een smal paadje in tweeën
wordt gedeeld. Achterin rijen kruisen van wit beton. Maar mijn
blik wordt getrokken door de grafzerken. Het zijn fraaie, ver-
weerde stenen, die tezamen de geschiedenis van Veenhuizen lijken te vertellen. Ik zie een kleine, ovale plaat met bloemenranken
voor een zuigeling van een paar maanden, en een zerk zonder op-
smuk voor een Adelborst 2e klasse die aan de vliegende tering was
bezweken. Kapitein Thonhäuser, ooit belast met het 'toezigt der
militaire gezinnen en het kommando der Kompagnie der Veteranen', wordt herdacht met een krans van steen. Hij overleed in
1845, een jaar na zijn ondergeschikte, sergeant Tobias Braxhoofden. Maar het graf van Tobias kan ik nergens vinden.

Op het informatiebord bij de ingang zijn met punaises wat
A-viertjes geprikt, tegen de regen beschermd door plastic hoesjes.
'Het Vierde Gesticht', zo staat er, was de bijnaam die de kolonisten
de begraafplaats schertsend hadden gegeven. Je kwam er volgens
de overlevering onherroepelijk terecht als je eenmaal in het hospitaal – tussen de waslijnen met natte lakens – was opgenomen.
Niemand mocht afscheid komen nemen in je laatste uren, en
zelfs bij de begrafenis waren verwanten en vrienden niet welkom:
de dood in Veenhuizen was taboe. Toch spreekt uit de grafstenen
eerder liefdevolle aandacht dan verdoezeling, maar in de Drentse
kolonie werd nu eenmaal gemeten met twee maten: onder de
grafzerken blijken alleen ambtenaren te liggen en militaire veteranen vanaf de rang van officier. Voor hen was het laatste afscheid
geen taboe. De overleden verpleegden van na 1875 liggen onder
de genummerde kruisen die elk een dubbelgraf markeren, ano-

niem, om hun familie niet te kwetsen. Een groep betrokken dorpsbewoners is de afgelopen jaren in de archieven gedoken om deze doden te identificeren: her en der hangt een zwart kaartje met daarop een naam en een sterfdatum.

Tijdens de eerste vijftig jaar, toen Tobias en Christina, Cato en Teunis, Helena en haar broertjes en zusjes in de kazernes van generaal Van den Bosch leefden, waren alle kolonisten, alle leden van arbeidershuisgezinnen én de veteranenfamilies ter aarde besteld in een collectief graf dat nu een egaal grasveld is waarop twee treurwilgen staan: een voor de protestanten en een voor de rooms-katholieken. Elfduizendtweehonderdvijfentachtig lichamen zijn, volgens het informatiebord, naamloos onder deze gazonnetjes geborgen, waarvan tweeduizenddriehonderdvierenzestig bezweken aan de cholera. Ze waren zonder ceremonieel in een jutezak in de kuil geslingerd.

Ik probeer nuchter te blijven onder het kille feit dat de hiërarchie van rangen en standen hier gold tot in de dood. Ik kan het alleen niet begrijpen. Waaróm mocht Cato haar zuigelingen niet begraven, of haar tweeëntwintigjarige zoon? Ik volg het pad dat de hervormden van de roomsen scheidt, en voel onverwacht verdriet. Hier hebben ze dus een rustplaats gevonden. De zuigelingen en de peuters, de grote kinderen en de anderen die ik mijn voorzaten noem. Er liggen zestien van mijn bloedverwanten onder dit gras. Ik beeld me in dat ik hier sta namens Cato, bij wijze van compensatie, omdat zij zelf nooit de mogelijkheid heeft gehad haar dierbaren te gedenken. En terwijl ik me in haar probeer te verplaatsen, zie ik ineens de bizarre consequentie van haar overstap van het ene geloof naar het andere. Links liggen haar man, haar kinderen, haar schoonouders, neefjes en nichtjes, in de gewijde aarde van de katholieken. Haar vader en broertjes en zusjes liggen aan de andere kant, bij de hervormden. De treurwilgen strekken hun takken beschermend over hen uit. Ik vraag me af: aan welke kant zou zij zich hebben thuis gevoeld?

Na nog een laatste ronde over de begraafplaats sluit ik het hek achter me, en ga op weg naar de opening van het museum. Lopend tussen de velden die mijn voorouders mede hebben ontgonnen, moet ik eraan denken hoe de armoedeketen in mijn familie uiteindelijk is doorbroken. Mijn oma had het lef haar oudste dochters naar de mulo te sturen, mijn moeder trouwde vervolgens een man waar ze van op aan kon. Maar de emancipatie had zich ook mentaal moeten voltrekken. Voor mij, althans vanuit mijn perspectief, had die zich afgespeeld toen ik in de zesde klas van de lagere school zat.

Het was een katholieke school in Amsterdam-West. Daar, in een wederopbouwwijk, bewoonden mijn ouders met inmiddels vier dochters een verdieping boven de warme bakker: het huis waar ik in 1964 als vijfde werd geboren. Een paar jaar voor ik naar school ging, was het jongens- en meisjesonderwijs samengevoegd. De zusters en broeders hadden hun kloosterkleed afgelegd en stonden nu als 'juffrouw' en 'meester' in gewone kleren voor de klas. Toen ik twaalf was, in 1977, raakte juist de Cito-toets in zwang, die min of meer objectief – op basis van leerprestaties – het passende vervolgonderwijs aangaf. Het was een van die nieuwe instrumenten die het mogelijk maakten te breken met de ingebakken vooroordelen van de standenmaatschappij. De uitslag van mijn toets luidde ondubbelzinnig: vwo, maar de onderwijzeres was niet onder de indruk. 'Het is een typisch mavo-klantje,' zei ze tegen mijn ouders, en ze verwees mij naar de katholieke mavo in de buurt.

Vier keer op rij hadden mijn ouders zoiets gehoord, en vier keer hadden ze het advies van de school opgevolgd zonder vragen te stellen. Mijn zussen, die allemaal hoge cijfers haalden, waren stuk voor stuk naar de mulo of de mavo gestuurd. Hbs of gymnasium was voor meisjes met onze achtergrond geen passende keuze – in de jaren zestig vond niemand dat nog vreemd. Maar omdat mijn zussen inmiddels lieten zien dat ze via allerlei omwegen toch de universiteit konden bereiken, begonnen mijn ouders het schooladvies in twijfel te trekken. Ze wonnen inlichtingen in en hakten toen de knoop door. Je kon zeggen dat ze zich daarmee voor het eerst onttrokken aan de wet van de dubbeltjes en de kwartjes, en dat knellende keurslijf voorgoed aflegden: ze stuurden mij naar de brugklas voor havo en vwo. De katholieke, dat wel.

Nog net op tijd voor de opening kom ik aan bij het Gevangenismuseum. Het voormalige Tweede Gesticht is aan de buitenkant opgeknapt maar niet veranderd; de tralies, vers geschilderd, springen hooguit wat meer in het oog. Bij de ingang staan breedgeschouderde mannen met oortjes – om ons te beschermen of juist in de gaten te houden, dat is niet duidelijk.

De poort waar Harmen honderd jaar geleden dagelijks onderdoor liep, is verbouwd tot een rolstoelvriendelijke entree met moderne kapstokken; de stinkende privaten zijn vervangen door een toiletruimte met roestvrijstalen design-wc's. De dames schikken er hun kapsels en stiften hun lippen. Net als de heren in hun Hugo-Bosspakken ogen ze voor mij, in deze vroegere opbergplaats voor lastig gespuis, behoorlijk misplaatst. Maar zelf schijnen ze dat niet zo te ervaren.

In de ontvangstzaal is de tweedeling van het gesticht – binnenzijde, buitenzijde – zichtbaar gebleven met behulp van constructiebalken, maar in plaats van benauwdheid heerst er nu een gevoel van ruimte, aangezien alle tussenwanden en plafonds zijn uitgebroken. De museumdirecteur meldt trots dat de gehele top van de Dienst Justitiële Inrichtingen present is. Alleen minister Donner heeft op het laatste moment verstek laten gaan, omdat hij in de Tweede Kamer de zoveelste ontsnapping van een tbs'er moet toelichten.

Terwijl de sprekers elkaar opvolgen, laat ik mijn blik over het publiek glijden. Daar zitten we dan: een zaal vol nette dames en heren, die zich nooit tussen de landlopers zouden hebben vertoond, luisterend naar gewichtige speeches over de 'internationale uitstraling' van het museum (de buitenlandse bezoeken aan de Maatschappij van Weldadigheid schieten mij te binnen), en de pogingen Veenhuizen 'op de kaart te zetten' (de ideeën van de projectleider blijken een voor een werkelijkheid te worden). Ook al hebben mijn voorouders tussen deze muren gewoond, ik ben zonder twijfel bij een ander milieu gaan horen. Net als de rest van de gasten sta ik mijlenver af van de paupers van vroeger, en ook van de gevangenen die het decor van dit museum vormen.

Wanneer de hoogste ambtenaar van Justitie haar vingerafdruk aan een speciaal daarvoor geplaatste identificatiezuil prijsgeeft, is het museum geopend. Een bandje op de binnenplaats barst los in vrolijke dixieland, de wijnglazen gaan rond. Sommige genodigden beginnen de tentoonstelling te bekijken.

Bij het deel van de expositie over de geschiedenis van Veenhuizen herken ik de maquette van het Tweede Gesticht, die volgens het nieuwe bijschrift was gemaakt door een verpleegde in de tijd dat mijn overgrootvader hier zat. Verderop staan producten uitgestald van de schoenmakerij en de smederij, waaraan hij in theorie eigenhandig kan hebben gewerkt. Maar het zijn de slaapkooien die mij de pas doen inhouden. Zes witte alkoven van gevlochten bandstaal op een rij – 90 cm breed, 1 meter 85 lang. Ze zijn net zo dicht opeen geplaatst als vroeger, toen elke zaal er honderdtwintig telde, en dat maakt dat ze er nog krapper uitzien dan die ene losse kooi, die ik tijdens mijn eerste bezoek aan Veenhuizen had gezien. Een van de alkoven staat uitnodigend open. Terwijl ik naar binnen kijk, komen er twee dames in mijn richting aangelopen. Boven het geklikklak van hun hakken uit hoor ik ze praten over projectindicaties en programmatyperingen.

'Ach, wat schattig,' laat een van hen zich met een blik op de kooien spontaan ontvallen. 'Kijk nou toch, dit was vast en zeker voor de kleine crimineeltjes.'

Ik voel het bloed naar mijn wangen stijgen. Ik wil ze inwrijven hoezeer ze ernaast zitten, maar in plaats daarvan stap ik de kooi binnen, bij wijze van onopgemerkt statement. Tot mijn verbazing is het daarbinnen niet eens onaangenaam. Het voelt zelfs veilig, alsof je je op een eilandje hebt teruggetrokken, op een plek waar niemand je kan raken.

Verantwoording

Op een avond in 2006 bekeek ik een onwaarschijnlijk televisie-programma van de EO, waarin een willekeurige zwerver van de straat wordt geplukt. 'Hij heeft geen idéé dat ik zijn leven op z'n kop ga zetten,' zegt de opgewonden presentatrice voor ze op een verkoper van de daklozenkrant afstapt. Ze vraagt om een week van zijn leven en neemt hem in een stretch-limousine mee naar een duur hotel, waar ze al even enthousiast door de deur van de badkamer roept: 'Is het lekker onder de douche?' De man, die sinds anderhalf jaar op straat leeft, wordt vervolgens in een badlaken gewikkeld en van alle kanten bekeken door een styliste die hem een nieuwe outfit zal aanmeten.

Veenhuizen bestaat niet meer als heropvoedingskamp, maar als ik de televisie aanzet of een krant opsla, lijkt het wel of er een vervolgverhaal is ingezet.

'Amsterdamse korpschef wil verbod op landloperij herinvoeren'.

'Verloederde junks opgesloten in Drenthe'.

'Prep camp moet werklust opwekken'.

Nu de fluwelen-handschoenaanpak van de jaren zeventig en tachtig is verlaten, slaat de pendule weer door naar de andere kant. Gespierde taal voert opnieuw de boventoon: wie niet kan meekomen in de maatschappij heeft het aan zichzelf te wijten. Zelfs het woord 'onderklasse' is terug van weggeweest. Alleen heten de buurten die voor berucht doorgaan tegenwoordig Amsterdam Slotervaart of Rotterdam Katendrecht; het stigma van de onderklasse keert terug in achternamen met een Marokkaanse of Turkse klank.

Anders gezegd: dit verhaal zal voorlopig geen einde nemen.

Met mijn familie is het goed gekomen. Mijn opa en oma sleten hun laatste jaren zonder geldzorgen in een hofje in de Amsterdamse Jordaan, waar mijn oma op 76-jarige leeftijd stierf. Mijn opa overleed een paar jaar later, nadat hij op zijn tachtigste nog een vliegreis naar de andere kant van de wereld had gemaakt.

Ik heb de geschiedenis van mijn familie zo zorgvuldig mogelijk en getrouw aan de feiten gereconstrueerd, alleen een aantal namen is om redenen van privacy verzonnen. Omwille van de leesbaarheid is ook een aantal citaten ingekort, en heb ik her en der een aanpassing gedaan in de spelling.

Bij het vergaren van informatie voor dit boek hebben veel mensen mij geholpen. Ik mocht hen ondervragen, ze stuurden me materiaal toe, of ze gingen na een enkel e-mailtje spontaan voor mij op onderzoek uit. Ik ben hen allemaal zeer erkentelijk voor hun waardevolle inbreng.

Bovenal dank ik mijn familieleden, die openhartig hun herinneringen en fotoboeken met mij hebben gedeeld.

Evenzeer bedank ik al die anderen die mij te woord stonden: Geert de Wilde en Jan de Maar, die me hun kennis en contacten over Veenhuizen ter beschikking stelden; Henk Timmerman, destijds de projectleider van het Ontwikkelingsbureau Veenhuizen; Patrick Heiligers van Erfgoedlogies Oud-Bergveen in Veenhuizen; Frans Wesseling, de pastoor van Veenhuizen; de heer Koetsier, geneesheer-directeur GGZ Noord-Holland Noord; Duck Zandbergen, archivaris van GGZ Buitenamstel. En Angelique Smienk en Marianne Gantzert, voor hun tijd en persoonlijke verhaal.

Gerard Sloos stuurde mij zijn stamboom van de familie Braxhoofden tussen 1530 en 1800. Marcel Stappers ging zonder mij ooit te hebben ontmoet voor mij in de Belgische archieven spitten. Anneke Visser van de Vereniging Oud-Harlingen dook in het archief van het weeshuis van Harlingen. De medewerkers van Stichting Oud Zoeterwoude stuurden me informatie, en Thea Onderwater sprong na een vraag van mij direct op de fiets om te controleren of iets er werkelijk uitzag zoals ik vermoedde.

Ook ben ik alle archivarissen dankbaar die ik met ongeduldige vragen heb bestookt. Twee van hen wil ik hier speciaal noemen: Egbert-Jan Brink van het Drents Archief en Pieter Flinkenflögel van het Amsterdams Stadsarchief. Verder hebben Rop Zoutberg en Maaike van Gelderen mij elk op hun eigen manier een hart onder de riem gestoken. Net als Joost Jansen, zonder wiens steun en software ik beslist in het web van mijn voorouders verstrikt zou zijn geraakt.

Dan zijn er nog drie mensen die me – soms zonder dat ze het wisten – op een beslissend moment op het juiste spoor hebben gezet: Heleen Buijs, Tanja Hendriks, Leonoor Broeder.

Verder wil ik mijn uitgever Plien van Albada en redacteur Anneke Willemsen bedanken voor hun vertrouwen in dit boek. Linda Müter en Christine van Eerd hebben als kritische proeflezers waardevol commentaar gegeven op een eerdere versie van de tekst, waar ik veel aan heb gehad.

Cruciaal voor mij is de reactie van mijn ouders, die zich ongevraagd geconfronteerd zagen met een niets-verhullend boek over hun achtergrond, en me toch bleven steunen. Daar bewonder ik hen om.

Tot slot bedank ik Frank Westerman, die me de magie van de taal heeft getoond, en me als geen ander heeft geleerd verhalen te zien in een zee van feiten.

Amsterdam, 16 december 2007

Bronnen

OVER VEENHUIZEN EN DE MAATSCHAPPIJ VAN WELDADIGHEID:

Dr. L. Ali Cohen en mr. W. De Sitter, *Verslag van het Eerste congres over het Armwezen, gehouden te Groningen, den 26sten en 27sten junij 1854,* H. R. Roelfsema en de Erven C. M. van Volhuis Hoitsema, Groningen, 1854.

R. Berends, A.H. Huusen Jr, R. Mensen en R. De Windt, *Arbeid ter Disciplinering en Bestraffing, Veenhuizen als onvrije kolonie van de Maatschappij van Weldadigheid 1823-1859,* De Walburg Pers, Zutphen, 1984.

A. Brienen en W. P. Barnaart, *Verslag van de commissie van Weldadigheid,* oktober 1826.

J. A. Bientjes en dr. H. R. Offerhaus, *De Rijkswerkinrichtingen Veenhuizen in haar oorsprong en wettelijke organisatie,* L. Hansma, Assen, 1905.

Egbert-Jan Brink, 'Menschenmeting en menschenherkenning, opkomst en ondergang van de Bertillonage', in: *Spiegel Historiael,* juni 1997.

J. Domela Nieuwenhuis en J. W. Van Asch van Wijck, *Verslag der Staatscommissie, ingesteld bij Koninklijk besluit van 22 september 1903, No. 51: bedelarij en landlooperij, woonwagens en woonschepen, habituele dronkenschap,* 's Gravenhage: Algemeene Landsdrukkerij, 1907.

Dr. ir. J. D. Dorgelo, *De koloniën van de Maatschappij van Weldadigheid (1818-1859), een landbouwkundig en sociaal-economisch experiment,* Van Gorcum & Comp. N.V. – Dr. H. J. Prakke & H. M. G. Prakke, Assen, 1964.

Douwe Draaisma (red.), *Een laboratorium voor de ziel, Gerard Heymans en het begin van de experimentele psychologie,* Historische Uitgeverij/Universiteitsmuseum, Groningen, 1992.

A. F. Eilerts de Haan, *De Noord-Nederlandsche landbouwkoloniën. Eene Studie over de Maatschappij van Weldadigheid,* D. B. Centen, Amsterdam, 1872.

'Een onherroepelijk verlorene', *De Rijkswerkinrichtingen te Veenhuizen. Afdrukken van indrukken,* W. L. Brusse, Rotterdam, 1904.

'Een oud-lijfeigene', *Veenhuizen wezen en schijn*, Gebr. Stuffers, Den Haag, 1907.

Paul van der Erve, '*Doch hier, hier wenkt Weldadigheid*', *De wezenzorg bij de Maatschappij van Weldadigheid 1819-1869*, doctoraalscriptie Universiteit van Amsterdam, 1980.

Ruurd Faber, *Veenhuizen, één, twee, drie*, Uitgeverij Hummelen, Assen, 1983.

Ron Govaars, 'Wij, landlopers, hebben Veenhuizen groot gemaakt', in: *De Telegraaf*, 11 september 1970.

Dr. H. T. de Graaf, *Karakter en behandeling van veroordeelden wegens landlooperij en bedelarij*, Pr. Noordhoff, Groningen, 1914.

v. H., 'Mr. Borgesius en de onherroepelijk verlorenen', in: *De Amsterdammer*, 15 juni 1902.

Jan de Heer, 'Projekt van de Maatschappij van Weldadigheid', in: *Te Elfder Ure*, 1978.

G. J. Heering, 'Levensbericht van Prof. Dr. H. T. de Graaf', in: *Jaarboek van de Maatschappij der Nederlandse Letterkunde*, 1931, op www.dbnl.org.

Dr. J. Heringa, prof. dr. D. P. Blok, prof. dr. M. G. Buist en prof. dr. H. T. Waterbolk, (red), *Geschiedenis van Drenthe*, Boom, Meppel, 1985.

T.L. Hoff, gewezen kolonist, *De koloniën van weldadigheid te Ommerschans en Veenhuizen naar waarheid geschetst*, [S.I], [1839].

B. Th. Kleine Staarmann, *Wrakhout, Mensen in nood*, Drukkerij "St. Maarten", Tiel, 1960.

Ir. C. A. Kloosterhuis, *De bevolking van de vrije koloniën der Maatschappij van Weldadigheid*, De Walburg Pers, Zutphen, 1981.

J. Kuyper, *Atlas Nederland*, op www.atlas1868.nl.

L. Lambregts, *Een steen in de vijver, Ontstaan, groei en ontwikkeling van de Maatschappij van Weldadigheid*, drukkerij Van Kerkvoorde & Hollander b.v., Steenwijk, 1985.

Jacob van Lennep, Geert Mak en Marita Mathijsen, *De zomer van 1923. Lopen met Van Lennep*, Waanders Uitgevers, Zwolle, 2000.

A. B. Meerten-Schilperoort, *Het noorden van ons vaderland; of Vluchtige schetsen en aangename herinnering van een Reistogtje door Utrecht, door Vriesland, Groningen, Drenthe en Overijssel*, T. J. van Tricht, Assen, 1840.

Tjibbe Geerts van der Meulen, 'Twee dagen heer', 1851, fragment uit: *De Boerhoorn*, Historische Vereniging Nörg, 2001.

F. Offereins-Reitsema, 'De gedwongen opzending van kinderen uit het Groene Weeshuis te Groningen naar de kolonie Veenhuizen', in: *De Nieuwe Drentse Volksalmanak*, 1988.

Dr. H. Prakke, *Deining in Drenthe, Historisch-sociografische speurtocht door de 'Olde landschap', 'De Achtste der Zeven Provinciën', Van Gorcum & Comp. N.V. – Dr. H. J. Prakke & H. M. G. Prakke, Assen, 1995.

Elly de Rover-Wijnstekers, *De afscheiding van 1834 te Smilde*, Kropswolde, mei 2000, uit archief Geschiedenis Hollandscheveld op http://members. lycos.nl/veldeling/smilde.htm.

M. C. Rudolfs, *De wees van Amsterdam*, Schoonhoven: Van Nooten, [1888], heruitgave 1993.

Wil Schackmann, *De proefkolonie*, Mouria, Amsterdam, 2006.

'Veritas', *'s Rijks Bedelaarsgestichten Ommerschans en Veenhuizen*, overdruk uit de Provinciale Groninger Courant, [1869].

H. J. Versfelt, *Kaarten van Drenthe 1500-1900*, Heveskes Uitgevers, Groningen/Veendam, 2004.

W. F. van Voorst, *Aalmoezeniersweeshuis en inrichting voor stads-bestedelingen*, Stadsdrukkerij, Amsterdam, 1916.

Gerben E. de Vries, *Honderd jaar gemeenschapsregime in Esserheem Veenhuizen 1895-1995*, Gouda Quint bv (S. Gouda Quint – D. Brouwer en Zoon), Arnhem, 1995.

Dr. J. J. Westendorp Boerma, *Johannes van den Bosch als sociaal hervormer. De maatschappij van weldadigheid*, Noordhoff, Groningen, 1927.

Dr. J. J. Westendorp Boerma, *Een geestdriftig Nederlander Johannes van den Bosch*, N.V. Em. Querido's Uitgeversmij, Amsterdam, 1950.

Biografisch Woordenboek van het Socialisme van de Arbeidersbeweging in Nederland, op www.iisg.nl.

OVER DE PATRIOTTISCHE REVOLUTIE EN NAPOLEON:

W. A. Feitsma, *Delft en haar krijgsgeschiedenis*, Uitgeverij Elmar, Rijswijk, 1987.

Ronald Pawly en Patrice Coucelle, *Mémoires et Uniformes de Lambert de Stuers & historique du 3e Régiment de Grenadiers à pied de la Garde Impériale*, Éditions de la Belle Alliance, Brussel, 2004.

Simon Schama, *Patriotten en bevrijders: revolutie in de Noordelijke Nederlanden, 1780-1813*, Uitgeversmaatschappij Agon, 1989.

Geert van Uythoven, *The Batavian Army in 1805*, op http://home.wanadoo.nl/g.vanuythoven.

H. J. Wolters, *Het Bataafse leger*, op www.van-der-werf.nl/bataafse_leger.htm.

Austrian War of 1805, op www.2020site.org.

OVER DE GOEDE HERDER, DE VOORZIENIGHEID EN DE ONZE LIEVE VROUW KERK:

Aro b.v., *Verkenning plan Hoge Rijndijk west, Zoeterwoude*, september 1975.

Bernard van Baaren, *Schetsen en Kiekjes uit "De Goede Herder"*, [Pieterse, Amsterdam, 1922].

Dom. A. Beekman, *De Goede Herder in Nederland*, N.V. Dekker & van de Vegt en J. W. Van Leeuwen, Utrecht-Nijmegen, 1932.

Maria van de H. Euphrasia, *Leve Jezus en Maria! Praktische regels ten gebruike der religieusen van den Goeden Herder voor de leiding der klassen*, Klooster De Goede Herder, Leiderdorp, 1927.

Annelies van Heijst, *Liefdewerk, een herwaardering van de caritas bij de Arme Zusters van het Goddelijk Kind, sinds 1852*, Uitgeverij Verloren, Hilversum, 2002.

John Jansen van Galen, 'Liefdesgesticht' Larenstein, radioprogramma OVT, 19 januari 2003, Vpro op http://geschiedenis.vpro.nl.

Meertensinstituut, *Amsterdam, O.L. Vrouw van Altijddurende Bijstand, Bedevaartplaatsen in Nederland*, op www.meertens.knaw.nl.

Gerard van Westerloo, *Roosje*, De Bezige Bij, Amsterdam, 1994.

'Een bezoek aan het klooster van den Goeden Herder te Soeterwoude', in: *De Katholieke Illustratie*, 1869.

'Zusters van de Goede Herder', in: *De Katholieke Illustratie*, 1937.

OVER DE DIENSTBODEN:

Barbara Henkes en Hanneke Oosterhof, *Kaatje ben je boven? Leven en werken van de Nederlandse dienstbodes 1900-1940*, SUN, Nijmegen, 1985.

Herman Heijermans, De meid, Maarssen: NCA, [1987].

Jannie Poelstra, *Luiden van een andere beweging, huishoudelijke arbeid in Nederland 1840-1920*, Het spinhuis, Amsterdam, 1996.

OVER AMSTERDAM-NOORD EN DE SOCIALE WONINGBOUW:

Drs. M. M. Bakker en drs. F. M. van de Poll, *Architectuur en stedebouw in Amsterdam 1850-1940*, Waanders Uitgevers, Zwolle/Rijksdienst voor de Monumentenzorg, Zeist, 1992.

Antje Dijk en Stephan Steinmetz, *Asterdorp, Monstrans*, Amsterdam, 1983.

Jan Donkers, *Zo dicht bij Amsterdam*, Uitgeverij Atlas, Amsterdam/Antwerpen, vierde, herziene druk 2004.

Hes van Huizen (red), *Bouwen om te wonen in een stad die leeft: 75 jaar Woningbedrijf Amsterdam*, Woningbedrijf Amsterdam, Brouwer, Utrecht, 1990.

Amsterdam-Noord: van tuindorp tot trommelwoning, [S.I.], 1995.

Historische foto's van Amsterdam, op http://beeldbank.amsterdam.nl/, informatie over het stratenplan en oude plattegronden op www.dewoonomgeving.nl.

OVER DE WERKLOZENBESTRIJDING, DE ARBEIDERSBESCHAVING
EN DE CRISISJAREN:

J. Th. Balk, *Een kruiwagen vol bomen, verleden en heden van het Amsterdamse Bos*, Stadsdrukkerij, Amsterdam, 1979.

Ruud Lindeman, 'Het Amsterdamse Bos en de crisis van de jaren dertig', in: *De Gids*, vol. 145, 1982.

Marieke Hellevoort, 'Affiche voor de Boschplan-expositie', in: *Ons Amsterdam*, 1994.

Ali de Regt, *Arbeidersgezinnen en beschavingsarbeid, onwikkelingen in Nederland 1870-1940*, Boom, Meppel, 1984.

Piet de Rooy, *Werklozenzorg en werkloosheidsbestrijding 1917-1940, landelijk en Amsterdams beleid*, Van Gennep Amsterdam, 1978.

Piet de Rooy, *Crisis in Nederland, beelden en interviews uit de jaren dertig*, Uitgeverij Elmar b.v., Rijswijk, 1986.

Hans Wynants, *Verbeter de mensch* [Beeld & Geluid], Wynants & van Bronkhorst [prod.] RVU, documentaire uitgezonden in 2001.

Geschiedenis van de Gemeente Arbeidsbeurs, Stadsarchief Amsterdam, via www.stadsarchief.amsterdam.nl.

OVER DE ARBEIDSINZET TIJDENS DE TWEEDE WERELDOORLOG:

B. A. Sijes, *De arbeidsinzet, de gedwongen arbeid van de Nederlanders in Duitsland, 1940-1945*, Martinus Nijhoff, 's-Gravenhage, 1966.

OVER DE REFUSALKUUR EN DE ST. WILLIBRORDUS STICHTING:

Catharina Th. Bakker en Leonie de Goei, *Een bron van zorg en goede werken*, Uitgeverij SUN, Amsterdam, 2002.

Dr. Joh. Booij, *Behandeling van alcoholisme met Refusal (Antabus)*, in: *de Geneeskundige Gids*, 1949.

VOOR HET (GENEALOGISCH) ONDERZOEK HEB IK VERDER GEBRUIKGEMAAKT VAN DE VOLGENDE ARCHIEVEN:

Het Drents Archief, het Amsterdams Stadsarchief, het Nationaal Archief, het Haags Gemeentearchief, het Gemeentearchief Rotterdam, het Gemeentearchief Delft, het Utrechts Archief, Tresoar – Fries Historisch en Letterkundig Centrum, het Gemeentearchief Harlingen, het gemeentearchief van Franeker, het Streekarchief Voorne-Putten en Rozenburg, het gemeentearchief van Zoeterwoude, Archives de l'Etat à Namur, het archief van OPZ Geel, de Stichting Historisch Centrum Amsterdam-Noord, het Historisch Archief Tuindorp Oostzaan, het archief van Ymere, en de genealogische site http://top.archiefplein.nl.

Verantwoording illustraties

Johannes van den Bosch, schilderij door Cornelis Kruseman, Collectie
Rijksmuseum Twente, Enschede, Bruikleen Rijksmuseum Amsterdam
(fotografie R. Klein Gotink).

Gravure Derde Gesticht Veenhuizen, 1826, De Vriend des Vaderlands I, 1827,
Gevangenismuseum Veenhuizen.

Gravure binnentuin Derde Gesticht Veenhuizen 1826, De Vriend des Vaderlands
II, 1828, Provinciaal Museum Drenthe.

Foto slaapzaal Veenhuizen, Gevangenismuseum Veenhuizen.

Foto slaapkooien Veenhuizen, Gevangenismuseum Veenhuizen.

Foto personeelswoning Veenhuizen, Gevangenismuseum Veenhuizen.

Oudemannenhuis Derde Gesticht Veenhuizen, Gevangenismuseum
Veenhuizen.

Derde Gesticht 1903, Gevangenismuseum Veenhuizen.

Katje, getekend door verpleegde J.W. Spaans, Gevangenismuseum
Veenhuizen.

Dominee Germs, A. ten Hoor, Veenhuizen (foto's Sipke Kadijk, Leens),
Gerben E. de Vries, Honderd jaar gemeenschapsregime in Esserheem Veenhuizen 1895-
1995. Arnhem, Gouda Quint, 1995.

Verpleegden op weg naar hun werk, Gevangenismuseum Veenhuizen.

Schoenmakerij in Veenhuizen, Gevangenismuseum Veenhuizen.

Plattegrond Veenhuizen 1896, Topograïsche Dienst Emmen.

Inschrijving in het leger van Tobias Braxhoofden, Stamboek van de Militairen, onderofficieren en manschappen van het 3de regiment battallion Infanterie (van ligne), Nationaal Archief.

Trouwakte Cato Braxhoofden en Teunis Gijben, Drents Archief.

Vonnis Harmen Keijzer 1900, Arrondissementsrechtbank te Utrecht, Utrechts Archief.

Signalementkaart Harmen Keijzer, archief Maatschappij van Weldadigheid, Drents Archief.

Bidprentje Helena Gijben, familiearchief van de auteur.

Oude Looiersstraat 1890, Stadsarchief Amsterdam/De Beeldbank.

Goudsbloemgracht, Stadsarchief Amsterdam/De Beeldbank.

Roza Keijzer in 1907, familiearchief van de auteur.

De Goede Herder in Zoeterwoude, in: Bernard van Baaren, *Schetsen en Kiekjes uit 'De Goede Herder'*. Haarlem, M.P.J. Möllmann, 1922.

Dienstbode op de Prinsengracht, Fotograaf Breitner, Stadsarchief Amsterdam/De Beeldbank.

Amsterdamse dienstbode, Stadsarchief Amsterdam De Beeldbank.

Roza Keijzer ca. 1915, familiearchief van de auteur.

Roza Keijzer 1920, familiearchief van de auteur.

Wouter Dingemans 1920, familiearchief van de auteur.

Kobus Dingemans, familiearchief van de auteur.

Wouter Dingemans met vader etc., familiearchief van de auteur.

Helena Gijben aan de Lauriergracht, familiearchief van de auteur.

Werkverschaffing, het Bosplan. Het uitgraven van de roeibaan april 1936, Amsterdam. In: P. de Rooy en S. Groenewegen, *Crisis in Nederland: beelden en interviews uit de jaren dertig.* Rijswijk, Elmar, 1981.

Stempellokaal crisis jaren dertig. In: J.C.E. Sand en P. Bakker, *Amsterdam zooals het leeft en werkt.* Amsterdam, Scheltens & Giltay, 1933.

Kometensingel Tuindorp Oostzaan 1920, Stadsarchief Amsterdam/De Beeldbank.

Kerk-in-stolpboerderij aan de Kometensingel 1935, Stichting Historisch Archief Tuindorp Oostzaan.